Heinrich Joseph Floss

Das Kloster Rolandswerth bei Bonn

Heinrich Joseph Floss

Das Kloster Rolandswerth bei Bonn

ISBN/EAN: 9783743450851

Hergestellt in Europa, USA, Kanada, Australien, Japan

Cover: Foto ©ninafisch / pixelio.de

Manufactured and distributed by brebook publishing software (www.brebook.com)

Heinrich Joseph Floss

Das Kloster Rolandswerth bei Bonn

Das

Kloster Rolandswerth

bei Bonn.

Von

Dr. Heinrich Joseph Floß

Professor in Bonn.

Separat-Abdruck aus den Annalen des historischen Vereins für den Niederrhein.

Köln, 1868.

Verlag von J. M. Heberle (H. Lempertz).

Druck von M. DuMont-Schauberg.

Das Kloster Rolandswerth.

Ueber das Benedictinerinnen=Kloster der h. Jungfrau, das den Namen Rolandswerth, jetzt auch Nonnenwerth führt, auf der Rheininsel Rolandseck gegenüber, liefern die hier veröffentlichten Schriftstücke willkommenen Aufschluß. Sie sind zwei Papier=Handschriften in 12° entnommen, welche das Kloster bewahrte: Aufzeichnungen von Klosterfrauen, die über die Vergangenheit ihres Stifts und über ihre eigenen Erlebnisse den Mitschwestern Nachricht zu hinterlassen sich angetrieben fühlten. Beide Handschriften gelangten in den Besitz des jüngst verstorbenen Baumeisters Dr. Hundeshagen in Bonn, aus dessen Nachlaß sie wieder für das Kloster erstanden wurden. Dazu kommt das Nekrologium des Klosters.

Der ersten jener Handschriften gehören die Nachrichten an, welche hier unter III. mit der Aufschrift „Chronik“ veröffentlicht sind. Diese Handschrift hat 121 Blätter ohne Paginirung, von welchen fünf aus dem Einbande gelöst, hin und wieder beiliegen. Ihre Höhe ist 5″ 8‴, die Breite 3″ 6‴. Die fünf ersten Blätter enthalten die Aufzeichnungen von der Hand der Klosterfrau Sophia Albertz († 1670), aus Köln. Auf zwei Blättern folgen andere von der Hand ihrer Schwester Elisabeth Albertz, von welchen nur die erste Seite veröffentlicht wird; der Rest enthält rituelle Angaben und ist verstümmelt, indem etliche Blätter in der Handschrift fehlen. Die sechs nächstfolgenden Blätter liefern Nachrichten, die hier mitgetheilt werden; nur Blatt 10 blieb unberücksichtigt, da es über die Art und Weise berichtet, wie die Klosterfrauen im Jahre 1674 die Karwoche, 1674 und 1682 das Fest Mariä Verkündigung begingen, was dem Leser kaum ein Interesse abzuwinnen dürfte. Es folgte eine Beschreibung der Gebräuche des Klosters in 28 Capiteln, von welchen jetzt die 13 ersten fehlen. Die Handschrift

1*

zeigt nämlich hinter Blatt 13 eine große Lücke, dann beginnt Blatt 14: „Das 14 Capitel von den boetten, von Capittolo annali". Die Schrift sieht der Hand der Sophia Albertz sehr ähnlich. Ich setze die Ueberschriften der Capitel her: Cap. 14 handelt außer über die genannten Gegenstände noch „Von aller seellen bag", „vom h. Ollig", „von der begreffnus". Dann folgt Cap. 15 „wie man die vigilien sol leubten", Cap. 16 „vom mandato", „vom mandatum auff menbeltag", Cap. 17 „wie man sich im Reiffenter sol halten", Cap. 18 „von der beuerfen berwegen", Cap. 19 „von der Collation", Cap. 20 „von der leferfen zu Reffenter", Cap. 21 „wie sich die sollen halten, welche sich nach alter gewonheit resten vnd nit zu Chor gant", Cap. 22 „wie man sich im Capittel halten sol", Cap. 23 „von der Priorsche vnd ihrem Ampt", Cap. 24 „von dem colloquium", Cap. 25 „von den susteren vnd Conuersinen, Cap. 26 „wie man sich des freybags vnd samstags, als man bicht vnd communicirt, halten sol", Cap. 27 „wie man sich nach der Complet vnder den meridiem vnd burch den tag sol halten", „wie man sich auff den werckhauß sol halten", „wie man sich am fewr halten sol", „von der letzen", Cap. 28 „von der betrachtung". Die Abhandlung schließt auf Blatt 46a. Einzelne Angaben, welchen eine Jahreszahl beigefügt ist, habe ich mit abgedruckt; sie betreffen die Jahre 1649—1654. Die Hand, welcher man die Nachrichten auf den Blättern 8, 9, 11—13 verdankt, hat an drei Stellen, Blatt 20b, 21b und 32b, wo sie Raum fand, geschichtliche Notizen eingestreut, die ebenfalls mitgetheilt werden. Außerdem gab eine Klosterfrau auf Blatt 44b, 45a und 46b über eine Visitation vom 19. Nov. 1714 Nachricht. Auf den Blättern 47a—52a finden sich Anweisungen, wie viel Stoff für ein Paar Socken, für eine Albe, für ein Männerhembe, für ein Paar Strümpfe, für ein Leintuch erfordert wird, ferner ein Einmaleins, Anleitungen, wie man Farbe, Stärke, Kerzen macht u. bergl. Die Hand ist die nämliche, wie bei jener Abhandlung. Neuerdings folgt Blatt 53a—114b eine ausführliche Arbeit mit der Aufschrift: „Gubte vnbt alte gebrauch, welche in vnserm gotteshauß durch veille Jar auffs allerfleißigste seint gehalten worden, vnd damit dieselbige nicht ins vergeß kuemen vnd vnbergeingen, hat vnsere wolEhrw. F. Anna Maria Beckers solche auffs fleißigste ernewert vnd laßen auffschriben zu beßerem vnberricht der nachkommelingen Im eirsten Jar ihrer Election Anno domini 1651 ben 3. october." Die Arbeit hat keine Capitel, sondern nur hin und wieder

Ueberschriften; die Hand ist eine andere. Von dieser Hand rührt ferner auf Blatt 115a—118b eine Verordnung der Aebtissin vom Jahre 1651 her, die ich als Beilage abdrucke, und auf Blatt 119a—120b die Beschreibung der Kirchweihe im J. 1650. Das letzte Blatt 121 liegt lose bei und ist ohne Werth. Die Angaben habe ich chronologisch geordnet und jedesmal vermerkt, auf welchem Blatte sie sich finden.

Die zweite Handschrift kommt hier ganz zum Abdruck; sie enthält die beiden Verzeichnisse von Aebtissinnen und Klosterfrauen, welche ich unter I. und II., und die beiden Chroniken, die ich unter IV. und V. veröffentliche, nebst dem Verzeichniß der Aebte von St. Martin, das unter VI. erscheint. Die Zahl der Blätter ist 73, ohne Paginirung; von ihnen blieb Blatt 34, 36—42 und 49 ohne Schrift. Die Höhe ist 5" 9"', die Breite 3" 6"'. Man liest auf den beiden ersten Blättern:

„Anno 1700. Dießes böchlein habe ich Gertrubis Hülß meinstentheils geschrieben auß meiner zweyer AllerElsten böchlein, welche mich darzu angebrieben, nemblich vorrenan auß Schw. Gertrubis a S. Antonio, Item nach den Aebten auß Schw. Vrsula Bleckmans böchlein, Vnsere allerElste die ich funden. Item von den Abten zu S. Martin habe ich von Vnser Preiorschen seeliger Anna Schorns.

„Ich hab dießes auß Liebe zu meinen geliebten gegenwerdigen vnd nachkommenden L. Schwesteren geschrieben, dieweilen dießes Closter vnd GodtsHauß veille Zustendt hat außzustehen, theils von Kriegh, Hochen waßeren, Mißgewachs. ||

„Auch haben mich meine Elsten gebiten, daß wir nummer solten zulaßen vnd bewilligen, daß einig alte Gübter vom GodtesHauß vertauschst oder verlaufft möchten werden, welches sey auch von ihren Elsten gebiten worden. Darnach haben se allezeibt erfahrren baß se betrogen geweßen."

Die Aebte befinden sich auf Blatt 27a—28a. Demnach ist das Verzeichniß der Aebtissinnen unter I. und die Chronik unter IV., welche den Aebten vorangehen, ursprünglich aufgezeichnet von der Schwester Gertrubis a S. Antonio, das Verzeichniß unter II. und die Chronik unter V., welche auf die Aebte folgen, rühren von der Schwester Ursula Bleckmans her. Die Priorin Anna Schorns, welche die Reihenfolge der Aebte lieferte, hatte die Schicksale des Klosters während des französischen Kriegs 1675 u. A. weitläufig beschrieben; sie starb 1689 den 23. September in Folge der Ruhr. Nur die Notiz auf Blatt 35 a über den Besuch des Fürsten von Sachsen am 4. August 1707 ist von anderer Hand, alles Uebrige scheint von der Hülß geschrieben, manch= mal hat sie am Rande oder im Texte Nachträge oder Bemerkungen hinzugefügt, bloß hin und wieder gewinnt es den Anschein, als seien etliche Worte, meist zwischen den Zeilen beigefügt, von einer verschiede= nen, aber gleichzeitigen Hand; ich habe es jedesmal vermerkt. Die Klosterfrau Gertrud Hülß war 1650 im Noviziat und starb 1705 am 22. Januar. Jener Fürst von Sachsen ist Prinz Christian August von Sachsen=Zeitz, der 1695 in Paris katholisch, dann Bischof von Raab, später Erzbischof von Gran und Cardinal wurde; er war Dom= propst zu Köln. Am 3. October 1701 weihte er einen Altar in Hohen= bubberg unweit Crefeld; die Urkunde darüber ist als Beilage dem Schlusse der Chronik unter V. angefügt. Beilagen zu den Verzeichnissen der Aebtissinnen und Klosterfrauen entnehme ich einer Laacher Hand= schrift der Bonner Universitäts=Bibliothek: ein Epitaph auf die Aebtissin Demodis Buchel von Jakob Siberti aus Münstereifel, Klostergeistlichen in Laach; einen lateinischen Brief der Klosterfrau Aleidis Roscop, Raßcop oder Naiscop in Rolandswerth, voll humanistischer Wen= dungen, vom 31. October 1506, und Verse des Jakob Siberti an diese Klosterfrau. Für diese Schriftstücke bin ich Herrn Professor Dr. Freudenberg dankbar verpflichtet, welcher mich auf die Handschrift aufmerksam machte.

Ich füge noch bei, daß ich die Blätter der Handschriften durch ‖, die Seiten durch | angezeigt habe.

Das Nekrologium endlich bewahrte eine Chorschwester des Klosters, Bernardina, welche seit 1822 zu Bonn in der Gudenauergasse in stiller Zurückgezogenheit lebte. Sie hieß mit ihrem Familiennamen Anna Margaretha Geuß und war zu Poll bei Deutz am 14. März 1767 geboren. Täglich sah man sie nur noch mühsam sich zur Kirche be= wegen, bis zuletzt die Altersschwäche sie etliche Wochen an das Krankenbett fesselte. Sie starb im Alter von 90 Jahren am 24. März 1857. Als die Räume des Klosters um die Mitte des Jahrhun= derts sich wieder mit Klosterfrauen zu bevölkern anfingen, übergab sie ihnen das Nekrologium. Es ist indeß nicht „das alt Martiro= logium und seelenboch", von dem die Chronik unter V. meldet, es sei im Schwedenüberfall 1632 verkommen, auch nicht das „Martiro=

logium", worin laut der Chronik unter IV. vermerkt war, wann all=
jährlich die Gedenkfeier der Weihe der Klosterkirche vom Jahre 1481
begangen werden solle, sondern um 1700 angefertigt, vielleicht eine
Abschrift von der nämlichen Gertrud Hülß, der man die beiden anderen
Handschriften verdankt. Etliche Nachträge von anderer Hand melden
die Sterbjahre 1703, 1704, 1705, und zeigen, daß die Arbeit vor 1703
ausgeführt war. Ich vermuthe, sie sollte die Stelle des im Schweden=
krieg verkommenen sog. Martyrologiums ersetzen. Daß sie ursprüng=
lich für den officiellen Gebrauch im Kloster bestimmt war, lassen die
schönen goldenen Initialen vermuthen, womit in den ersten Monaten
die einzelnen Tage geschmückt sind. Sie werden indeß schon im
Monat April spärlich, im Monat Mai sind sie nur noch mit Men=
nig ausgeführt, vom 9. Juni ab fehlen die Anfangsbuchstaben und
sind bloß beim 18.—21. Juni und beim 25.—28. August hinzugefügt.
Zugleich sind vom 3. Juni an weder die Buchstaben zur Bezeichnung
der Wochentage, noch die Kalendertage vermerkt; offenbar sollten sie
nebst den Anfangsbuchstaben von geübter Hand nachgetragen werden,
was dann aber unterblieb. Die Angaben vertheilen sich auf 99 Blät=
tern; in der Regel kommen auf jede Seite zwei Tage und nur aus=
nahmsweise ein Tag; zwischen Blatt 98 und 99 zeigt der Einband
eine Lücke: es müssen zwei Blätter herausgerissen sein, welche den 22.
bis 27. December enthielten. Dem Nekrologium gehen 76 unbeschrie=
bene Blätter vorher, die zur Aufnahme sonstiger Nachrichten über das
Kloster bestimmt sein mochten, und ist das Ganze der Venediger Aus=
gabe des Martyrologium Romanum vom Jahre 1692, 4°, angebun=
den, wozu der Umstand mit veranlaßt haben mag, daß das alte Ge=
dächtnißbuch und was man sonst noch derart besaß, Martyrologium
zu heißen pflegte. Ich habe das auf das Kloster Rolandswerth und
auf Siegburg Bezügliche, außerdem die Aebte, Aebtissinnen, Vorsteher
und Vorsteherinnen von Klöstern, insbesondere von Kloster Laach,
Groß St. Martin und St. Agatha in Köln, die Fürsten, Erz=
bischöfe, Pfarrer und Ritter unter VII. hier mitgetheilt, dagegen die
bloßen Canonici, die Mönche und Nonnen anderer Klöster, auch die
von Groß St. Martin und St. Agatha, und die Laien, sofern nicht
ein besonderes Interesse eine Ausnahme forderte, herzusetzen mir ver=
sagen müssen. Die Kalendertage vom 3. Juni an, eben so die fehlen=
den Anfangsbuchstaben, habe ich in [ ] beigefügt; für die Richtigkeit
der ersteren dienen die Sterbetage in den aus den zwei früheren

Handschriften mitgetheilten Verzeichnissen und Chroniken zum Belege. Auf das Nekrologium machte bereits Koll in dem Linzer Schul= programm: „Zur Geschichte des Klosters Nonnenwerth", 1863, auf= merksam.

Das Kloster wurde gemäß dem Nekrologium im Jahre 1122 durch den Kölner Erzbischof Friedrich I. (1099—1131) gegründet, dem das Nekrologium auch den Bau der Burg Rolandseck und der St. Apollinariskirche zu Remagen zuschreibt. Der Erzbischof hatte auf die Bitte der Bürger von Remagen 1110 auf dem Berge, wo eine alte Mar= tinskirche stand, eine Propstei für Siegburg errichtet und den Ort dem Abte Kuno von Siegburg übergeben, worauf sogleich der Bau eines Klo= sters begonnen und die Krypta 1117 geweiht wurde [1]). Ein Neubau der alten Martinskirche mag hiernach gleichzeitig Statt gefunden haben. Erzbischof Friedrich ist auch der Erbauer der Wolkenburg, auf der er am 25. October 1131 starb [2]). Man erfährt aus dem Nekrologium, daß seine Beisetzung — in Siegburg — am 9. Dezember erfolgte. Heißt es im Eingange des unter II. veröffentlichten Verzeichnisses, das Kloster sei 1122 oder 1112 durch ihn gegründet, so kann dies auf ein Schwanken der Nachrichten zurückzuweisen scheinen. Die größere Wahrscheinlichkeit spricht indeß für das Gründungsjahr 1122. In einer Urkunde vom 1. August 1126 berichtet der Erzbischof die Stif= tung des Klosters der Benedictinerinnen auf der Rheininsel „Rü= leicheswerd". Derselbe Abt Kuno von Siegburg (1105—1132) war vorzugsweise dabei thätig; das Werth gehörte dem Siegburger Kloster; auch zwei Laien, Bogolo und Abalbero, halfen mit Rath und That. Es war fast kein Frauenkloster mehr in der Erzdiözese, wo das Gelübde der Enthaltsamkeit strenge beobachtet wurde. Diesem Mangel sollte die Stiftung abhelfen. Das Kloster wählte auf Geheiß und unter dem Beirathe des Abtes von Siegburg seine Vorsteherin, die nicht Aebtissin, sondern Priorin hieß. Die Regel war die nämliche, wie in dem Klo= ster zu Siegburg. Eine Dienerin Gottes, Eveza, wurde nachmals Klosterfrau daselbst; sie gab ein Grundstück her als Ersatz an Sieg= burg dafür, daß dieses die Insel abtrat. Die Vogtei sollte nicht

---

1) Lacomblet, Urkundenbuch. I. Nr. 284, S. 185.
2) Floß, Reihenfolge der Kölner Erzbischöfe 2c., im Handbuch der Erzbiöze[se] Köln. Aufl. 11. S. 6.

erblich werden; der Abt und die Klosterfrauen wählen den Vogt; als
der erste ist Graf Otto von Rheineck, ein gottesfürchtiger Herr, in
freiester Wahl von ihnen erkoren [1]). Eines Grafen Otto wird im
Nekrologium zum 13. September gedacht; jener erste Vogt des Klosters
dürfte gemeint sein. Kaiser Lothar bestätigte am 1. Januar 1134 die
Schirmvogtei Otto's [2]). Als Vogt von Rolandswerth unterzeichnet
dieser noch eine Urkunde im Jahre 1148 [3]). Friedrich's Nachfolger,
Erzbischof Bruno II., ist im Nekrologium zum 29. Mai erwähnt; er starb
zu Bari am 30. Mai 1137 [4]). Als sein Nachfolger Hugo schon vier
Wochen nach der Consecration verschied [5]), folgte Erzbischof Arnold I.
Dieser bestätigte den Klosterfrauen auf der „Insel der heiligen Jung=
frau" auf ihr Ansuchen 1143 ihre sämmtlichen Besitzungen, wobei er
die Schenkgeber einzeln und ihre Gabe namhaft macht [6]). Erzbischof
Friedrich, Pfalzgraf Wilhelm, ein Luzo von Honnef, haben sich frei=
gebig erwiesen. Unter den zahlreichen Wohlthätern sind mehrere
„Adalbero", einer aus Köln mit seiner Frau Liverad, und ein „Vogel"
mit seiner Frau Cuniza; sie mögen die beiden Laien sein, die bei der
Gründung sich mit Rath und That hülfreich erwiesen hatten. Graf
Arnold und seine Gemahlin Uda haben für ihre Tochter Adelheida
Güter in „Owenheim", Auenheim, dem Kloster überwiesen. Diese
Gräfin Uda und ihre Gabe, die Besitzung in Auenheim, ist im Nekro=
logium zum 20. November vermerkt. Otto und seine Gemahlin Bertha
haben Besitzthum für ihre Töchter Richmude und Odilia, eine
Mechtilbis in Köln für ihre Tochter Ilende, Heinrich von Boppard
Weinberge auf dem Unkelstein für seine Tochter Liutgarba, Heri=
bert und Richza für ihre Tochter Alverada, Arnold von Boppard
und seine Gemahlin Hildeburg ein Allod für ihre Tochter Liutgarba,
Gerrich von Boppard den Theil eines Weinbergs für seine Tochter
Guda, Liutfrid in Biesegedorf ein Grundstück für seine Tochter
Gertrudis, Adolf von Angelsdorf Theile von Land und Weinbergen
für seine Tochter Läticia gegeben. Fast alle diese Namen von Kloster=

---

1) Lacomblet, Urkundenbuch. I. Nr. 301, S. 197.
2) Urkunde in Gent. Vgl. Koll, Zur Geschichte des Klosters Nonnenwerth, S. 5.
3) Günther, Cod. dipl. I. Nr. 147, S. 317. Vgl. Dr. Wegeler, Die Burg
Rheineck. Coblenz, 1852. S. 4 ff.
4) Floß, Reihenfolge der Kölner Erzbischöfe, a. a. O.
5) Ebendaselbst.
6) Günther, a. a. O. Nr. 133, S. 272.

frauen kehren in dem Nekrologium wieder. Adalbero von Muffendorf
gab ein Haus als Stallung für das Vieh, Richwin von Kempenich drei
Hörige: eine Frau mit ihrem Sohne und ihrer Tochter. Wenn Richwin
von Kempenich mit seinem Bruder Messrid von Wied bei der Stiftung
der Abtei Laach 1093 gegenwärtig war [1]), so dürfte seine Gabe in die
allererste Zeit des Klosters fallen. Landeinwärts dehnen die Besitzungen
sich bis Ahrweiler, Eckendorf und Abendorf, in der Nachbarschaft des Klo=
sters auf beiden Seiten des Rheines, zumal über Mehlem und Oberwinter
aus. Der nämliche Erzbischof Arnold versetzt 1144 Klosterfrauen der
„Rheininsel" an die von dem Kölner Bürger Herimann auf dem Grund
und Boden der Abtei St. Pantaleon erbaute Kirche zum h. Mauritius
in Köln. Auch hier sollen dieselben frei ihre Vorsteherin wählen, diese
nicht Aebtissin, sondern Priorin heißen, sie in allen geistlichen Ange=
legenheiten dem Abte von St. Pantaleon untergeben, in allen anderen
Beziehungen aber durchaus frei sein [2]). Als erste Priorin ist Alve=
radis, früher Klosterfrau in Rolandswerth, wohl die oben erwähnte
Tochter des Heribert und der Richza, bekannt [3]). Ein Kölner Bürger,
Walbert, gründete damals in der Nähe der Insel ein Hospital mit
einer Capelle. Da sein Vermögen nicht ausreichte, steuerten die Kloster=
frauen von der „Insel der heiligen Jungfrau" reichlich bei und hatten
das Recht, den Geistlichen an dem Hospital frei zu wählen, die Abtei
Siegburg übte das Bestätigungsrecht. Die Urkunde des Abtes Nico=
laus von Siegburg darüber und die Bestätigung des Erzbischofs Ar=
nold I. sind vom Jahre 1148 [4]). Auch Erzbischof Arnold ist im
Nekrologium zum 3. April, seinem Todestage (1151), erwähnt. Von
deutschen Königen wird nur Conrad an seinem Todestage, dem 16.
Februar (1152), im Nekrologium aufgeführt [5]). Kaiser Friedrich Bar=
barossa stellte zu Sinzig 1158 dem Kloster der h. Jungfrau auf der
Rheininsel „Rülecheswerde" einen Schutzbrief aus; der Hof in Auen=

---

1) Günther, a. a. O. Nr. 72, S. 159. Beyer, Urkundenbuch. I. Nr. 388, S. 445.
Vgl. über die Urkunde Dr. Wegeler, Das Kloster Laach. Bonn, 1854. S. 5 ff.

2) Lacomblet, Urkundenbuch. I. Nr. 352, S. 241. Ennen und Eckertz, Quellen
zur Geschichte der Stadt Köln. I. Nr. 53, S. 517. Vgl. Gelen. De adm. magnitu-
dine Coloniae, S. 425.

3) Gallia Christiana. III, 782. v. Mering, Geschichte der Burgen u. s. w.
in den Rheinlanden. IV, 103.

4) Günther, a. a. O. I. Nr. 146 und 147, S. 312. 314.

5) Böhmer hat den 15. Februar. Regesta, S. 121.

heim ist von der Gräfin Uda von Deutz für ihre Tochter, welche im Kloster den Schleier nahm, und für ihr und der Ihrigen Seelenheil dem Kloster übergeben; künftig soll der jedesmalige Erzbischof von Köln die in dem Erzsprengel belegenen Güter des Klosters an des Kaisers Statt und wie der Kaiser selber schützen und vertheidigen[1]). Auch der Kanzler des Kaisers, Erzbischof Rainald von Köln, hat im Netrologium zum 16. August eine Stelle; er starb am 14. August 1167 bei Rom[2]). Erzbischof Philipp von Heinsberg stellte den Klosterfrauen auf der „Insel der heiligen Maria" auf ihr Bitten 1174 eine Bestätigungs-Urkunde ihrer sämmtlichen Besitzungen unter namentlicher Aufzählung aus. Die urkundliche Uebergabe des Hofes in Auenheim durch den Grafen Arnold und seine Gemahlin Uda für ihre Tochter Adelheid ist unter Erzbischof Bruno II. erfolgt. Adolf von Gürzenich und seine Gemahlin haben gleichfalls ein Grundstück in Auenheim für ihre Tochter Margaretha gegeben, Cunigundis von Bergheim einen Acker in Bachem für ihre Tochter Cunegundis, Sibert von Muffendorf einen Acker in Liessem für seine Tochter Gertrudis, Godefrid von Köln für seine Töchter Gertrudis und Cuniza je ein Haus in der St. Georgs- und in der St. Laurenzpfarre, Gozolf für seine Tochter Gertrudis ein Haus in der St. Brigidenpfarre, Bruder Lodewicus einen Weinberg in Mehlem für seine Nichte Liutgarba, Godefrid von Wollenburg eine Jahresrente für seine Tochter Richmudis. Auch diese Namen der Klosterfrauen liest man in dem Netrologium. Außerdem sind viele andere Schenkgeber genannt; das Kloster hat auch Mehreres durch Kauf erworben.[3]) Zu Auenheim kaufte das Kloster in „Rüleiiswerde" noch ein lehnrühriges Gut von der erwähnten Gräfin Uda, geborene von Hackenbroich, und ihren Söhnen, worüber Erzbischof Philipp 1187 eine Urkunde ausfertigte[4]).

Graf Theodorich von Cleve schenkt 1209 dem Stift St. Marien zu den Stiegen in Köln den Wildbann auf seinen Grundstücken in „Rulingiswerde", und von den Weinbergen allda am Sterbetage seines Vaters und dem Jahrestage seines eigenen Todes je eine halbe

---

1) Günther, a. a. O. I. Nr. 168, S. 362.

2) J. Ficker, Rainald von Dassel, Reichskanzler und Erzbischof von Köln. Köln, 1850. S. 114. Floß, Dreikönigenbuch. Die Uebertragung der hh. Dreikönige von Mailand nach Köln. S. 92.

3) Günther, a. a. O. I. Nr. 193, S. 411.

4) Lacomblet, Urkundenbuch. I. Nr. 505, S. 354.

Ohm Wein [1]). Abt Ludolf von St. Martin gibt 1225 einen Weinberg
in Rolandswerth, „in insula Kulingi", mit dem angränzenden Areal
dortigen Winzern in Erbpacht. Sie zahlen jährlich zwei Carraten Wein
Bonner Maßes. Das Kelterhaus, das der Abt neu gebaut hat, müssen
sie auf eigene Kosten herstellen, falls es durch Feuersbrunst, Alter oder
sonst irgendwie Schaden nehmen sollte. Bei der Traubenlese erscheint
der Bote des Abtes, den Wein abzuholen; muß er länger als zwei
Tage vom Beginne der Lese an warten, so geschieht es auf Kosten der
Pächter [2]). Heinrich von Alpheim hat einen Weingarten in „Kulincs-
werda" an einer Stelle, die Sunnehelda [3]) heißt, und verkauft ihn an
die Kirche zu Altenberg. Erzbischof Konrad von Hochstaden gibt jenen
Weingarten mittelst Urkunde vom 18. December 1252 von dem Lehens-
verbande frei mit der Verpflichtung, daß die Kirche zu Altenberg einen
Zins alljährlich auf dem Hofe des Verkäufers bei Bonn entrichte [4]).
Offenbar ist an diesen Stellen von Gerechtsamen und Besitzungen auf
dem linken Rheinufer, der Insel gegenüber, die Rede. Von den Erz-
bischöfen der mittleren Zeit nennt das Nekrologium noch Sifrid von
Westerburg an seinem Sterbetage, dem 7. April (1297), und Walram
von Jülich zum 17. August; er starb indeß am 14. August 1349 [5]).

Das Hospital in der Nähe der Insel war im Laufe der Zeit seiner
Bestimmung entfremdet worden. Die Rectoren betrachteten sich als unab-
hängig, nahmen die Früchte, Einkünfte und Renten an sich, die Aufnahme von Armen und Kranken unterblieb. Da wandte die Aebtissin
Elysa in „Rolandswerde" sich an ihren leiblichen Bruder, den Erzbischof Heinrich von Virneburg, welcher 1322 den 28. August im Ein-
verständnisse mit ihr und dem Kloster als den Patronen, denen das Colla-
tionsrecht der Capelle zustand, verfügte: Arme, Kranke und Schwache
sollen in dem Hospital Aufnahme finden, so weit die Mittel es ver-
statten. Die Verwaltung im Zeitlichen steht der Aebtissin zu; sie regelt
auch die Aufnahme. Dem zeitigen Rector gibt das Kloster jede Woche
sieben Weizensemmel, von denen 70 auf ein Malter gehen, zwei Roggen-
brode, von denen 40 aus dem Malter gewonnen werden, am Feste

---

1) Ennen und Eckertz, Quellen zur Geschichte der Stadt Köln. II. Nr. 30, S. 35
2) Ebendaselbst. Nr. 89, S. 97.
3) Sunnehelda d. i. sonniger Abhang.
4) Lacomblet, Urkundenbuch. II. Nr. 387, S. 207.
5) Floß, Reihenfolge der Kölner Erzbischöfe, S. 8 f.

des h. Remigius drei Malter Hafer und ein Malter Erbsen Bonner Maßes, weiter fünf Mark Kölnisch am Tage St. Martin, dazu im Herbste vier Ohm und vier Sechster Wein Bonner Maßes; außerdem entrichtet die Aebtissin als solche ihm noch eine Ohm alljährlich. Die Opfer während der h. Messe, welche er liest, gehören ihm; ebenso, was ihm, nicht den Armen und Kranken im Hospital, vermacht oder geschenkt wird. Außerdem liest er, wie bisher, an gewissen Festtagen das Evangelium im Kloster, und hat dafür noch eine besondere herkömmliche Spende. Wer dem Hospital durch Almosen hülfreiche Hand leistet, soll bei reumüthiger Beichte seiner Sünden 40 Tage Ablaß gewinnen [1]).

Von der Aebtissin Elisabeth, † 1328, und einer anderen Aebtissin, Aleidis von Toniberg oder Tonbergh, † 1358, aus der gräflichen Familie auf der Tomburg, besaß in den Tagen der Hülß die Klosterkirche noch die Grabsteine. Jene ist in dem hier veröffentlichten Verzeichnisse unter II. als Elisabeth Riß aufgeführt, wohl nur durch Verwechslung mit der im Nekrologium zum 11. Juni erwähnten Klosterfrau Elisabeth Nuiß. Die Urkunde des Erzbischofs nennt die Aebtissin ausdrücklich seine leibliche Schwester. v. Mering und v. Stramberg haben die Grabschrift fehlerhaft mitgetheilt [2]) und ohne zu bemerken, daß sie aus leoninischen Hexametern besteht. In der ursprünglichen Form wird sie also gelautet haben:

Hic iacet Elisa de uite tempore Lisa
    abbatissa gregis huius. tu qui modo degis [3])
Dic [4]): Qui cuncta regis, da quod sit perpete legis [5]).
    In Thomburgh nata pia uirgo sit tibi grata.
    M.CºCºCº.XXVIII. in die VII. marcii.

Ist der 7. März wirklich der Sterbetag, so fehlt diese Aebtissin Elisabeth im Nekrologium; zwei Aebtissinnen des Namens bringt es zum 26. Februar und zum 21. October, letztere mit Schenkungen für das Kloster. Auch hat ein Graf Heinrich von Virneburg zum 6. Januar und ein Ritter Philipp von Virneburg zum 4. August im Ne=

---

1) Günther, a. a. O. III, 1. Nr. 113, S. 207.

2) v. Mering, Geschichte der Burgen u. s. w. I, 90. v. Stramberg, Rheinischer Antiquarius. III. 7, 784.

3) Stramberg regis.

4) Beide Die.

5) Beide Leges.

krologium eine Stelle. Die Aebtiffin Aleidis von Tomburg ift im Nekrologium zum 13. Mai mit ähnlichen Schenkungen an das Klofter vermerkt, auch ein Herr Conrad von Tomburg als Wohlthäter des Klofters zum 6. März.

Im Herbfte des Jahres 1338 foll König Eduard III. von England auf feiner Rheinreife in Rolandswerth abgeftiegen und von hier zu der Zufammenkunft mit dem Kaifer am 5. September nach Coblenz ge= kommen fein [1]). Die Angabe beruht indeß auf Verwechslung. Die „insula Werde", wo König Eduard Herberge nahm, wo er von den Edeln der Umgegend begrüßt, und ein großer muficalifcher Wettftreit ihm zu Ehren veranftaltet wurde, ift die Infel Niederwerth, eine kleine Stunde unterhalb Coblenz [2]).

Kurz nach dem Tode der Aebtiffin Aleidis trug Erzbifchof Wilhelm von Gennep fich mit dem Plane, auf dem „Rolantzwert" eine Burg und Vefte zu errichten, um feine Macht auf dem Rheine zu verftärken. Die Städte Köln, Coblenz, Andernach und Bonn verbanden fich am 1. März 1359, diefen Burgbau erforderlichenfalls mit gewaffneter Hand zu hindern, fetzten das Contingent an Mannfchaft feft, welches jede Stadt zu ftellen habe, und befchloffen, im Falle eines Krieges mit dem Erzbifchof zur Beftreitung der Koften in die erzbifchöflichen Zölle und Gefälle zu greifen, jeden folchen Bau aber auf immer mit allen Mitteln zu hintertreiben [3]).

Fortan bis zum Jahre 1466 oder 1467, wo unter der Aebtiffin Bela Brinck oder Brincken das Klofter fich der Bursfelder Congregation anfchloß und eine Reformation deffelben Statt fand, find faft keine Nachrichten zugänglich. Das urfprüngliche Verhältniß zu Siegburg mochte frühzeitig fich lockern. Lange vor der erwähnten Elifabeth dürften die Vorfteherinnen den Namen Priorin mit dem der Aebtiffin vertaufcht haben. In dem Nekrologium erinnert an die Beziehung zu Siegburg nur die Erwähnung der Mutter des h. Anno, Angela, zum 5. Februar, und feines Vaters Walther zum 8. September, dann ein

1) Pauli, Die Rheinfahrt König Eduard's III. von England, Kölnifche Zeitung, 1855, Nr. 331. 332. Pauli, Gefchichte von England. IV, 358 f. A. Kaufmann, Quellenangaben und Bemerkungen zu Karl Simrod's Rheinfagen, S. 69.

2) Hontheim, Hist. dipl. II, 129. Rheinifcher Antiquarius. I. 4, 693 ff. Dominicus, Balbewin von Lützelburg. Coblenz. 1862. S. 368 f. A. Kaufmann, Annalen des hiftorifchen Vereins für den Niederrhein. Heft XIII und XIV, S. 271.

3) Lacomblet, Urkundenbuch. III. Nr. 589, S. 492.

Caplan Richolf von Siegburg, der zum 3. März vermerkt ist. Seit der Bursfelder Reform kennen wir die Reihenfolge der Aebtissinnen genau. Da man annehmen darf, daß die übrigen Aebtissinnen, die im Nekrologium ohne nähere Angabe des Ortes aufgeführt sind, wenigstens dem größeren Theile nach dem Kloster angehört haben, so wird es sich empfehlen, ihr Verzeichniß in der Reihenfolge der Tage, an welchen sie vorkommen, herzusetzen. Es ist das folgende:

Januar 21. Borecta, Februar 26. Elisabeth, März 29. Sophia, April 11. Agnes und Mechtildis, Mai 2. Mechtildis, Mai 13. Aleidis von Toniberg, Juni 19. Lutgardis, August 17. Mechtildis, 22. Ida und Mechtildis, September 14. Ponzecta, 22. Ida, October 21. Elisabeth, 29. Bertha. Außerdem ist noch eine Aebtissin Hadwigis auf dem Capitol zu Köln zum 13. Juli, eine Aebtissin Cunegundis auf dem Capitol zum 21. October verzeichnet.

Von Priorinnen sind nur wenige Namen, die man geneigt sein darf, der älteren Zeit zuzuweisen; ich setze sie hier: Januar 10. Gertrudis von Muffendorf, März 27. Cunegundis von Rode, April 19. Margaretha, Mai 7. Elisabeth, August 27. Sophia von Gles, December 21. Benigna.

Manche Aebte sind im Nekrologium vermerkt, welche der älteren Zeit angehören dürften, und deren Verzeichniß hier eine Stelle finden mag: Januar 20. Alfoldus von Limmersdorf, Februar 16. Nicolaus, 21. Godefridus, 25. Henricus und Anno, März 4. Philippus, 5. Rupertus, 12. Rembodo, 31. Bertolfus, April 12. Adelberto, 19. Everhardus, 21. Henricus, 29. Christianus, Mai 2. Henricus, 28. Joannes, Juni 6. Peregrinus und Lutfridus, 7. Godeschalcus, 27. Joannes, Juli 2. Waltherus, 3. Everharmus und Reinemarus, 16. Hermannus, 27. Joannes, August 25. Gotwinus, September 1. Bruno, 7. Gerwicus, 9. Godefridus, 10. Conradus, 11. Marcwardus und Reinerus, 13. Hermannus, 14. Albanus, 22. Fridericus, 24. Aleydus, November 19. Gotwinus, 25. Gerhardus. Es wird unstatthaft sein, so lange die Reihenfolgen der Aebte und die Nekrologien rheinischer Stifter nicht in genauerer Form und in größerer Anzahl vorliegen, die Abteien bestimmen zu wollen, denen jene Aebte vorstanden. Außer den Genannten ist noch Abt Egbert von Schönau, Bruder der Elisabeth von Schönau, zum

28. März, und Abt Simon von St. Martin (um 1208 [1]) zum 14. October aufgeführt.

Sehr zahlreich sind endlich die Namen der Klosterfrauen, die im Nekrologium vorkommen und die Vermuthung für sich haben, daß sie der Zeit vor dem Eintritte des Klosters in die Bursfelder Congregation angehören. Daher ich auch von ihnen ein Verzeichniß aufzustellen versuche: **Januar** 1. Elisabeth und Clementia, 4. Mechtildis und Bertradis, 13. Walburgis, Margaretha und Sophia, 17. Helena und Clementia, 19. Adelheidis, 20. Aleidis, 22. Ida, 28. Sophia, 29. Sophia, 30. Hilwigis und Benigna, 31. Gertrudis. **Februar** 7. Beatrix, 8. Gertruda, 10. Agnes, 16. Mechtildis und Demodis, 17. Gertrudis, 20. Aleidis und Gertrudis, 22. Hileburgis und Frebeburgis, 23. Richmodis, 25. Mechtildis, 27. Elisabeth, 28. Benigna und Helwigis. **März** 1. Margaretha und Cunegundis, 2. Benigna und Clara, 4. Jutta, 5. Agatha und Aleidis, 6. Uba, 7. Gertrudis, 9. Elisabeth, 18. Hadwigis, 23. Sophia und Agnes, 25. Bertha, 26. Odilia, 29. Gertrudis, 31. Alverabis von Cotenforst. **April** 1. Margaretha, 8. Uba und Elisabeth, 10. Huneburgis, 14. Goba von Wachtenbunck, 16. Elisabeth und Christina von Schauff, Petronilla von Langen, 17. Elisabeth, 18. Elisabeth und Aleidis, 19. Jutta, Christina, Frideswindis und Uba, 23. Mechtildis, 24. Agnes, Sophia von Robe, 28. Sapientia, 30. Christina und Petronella. **Mai** 2. Bertha, 4. Godestu, 5. Mechtildis, 9. Petrissa, 12. Elisabeth, 14. Petrissa, 15. Sophia und Richmodis, 17. Hildegundis und Hadwigis, 18. Hadwigis und Emburgis, 20. Lismodis, Hildegundis und Aleidis, 21. Aleidis und Mechtildis, 24. Elisabeth, 25. Christina, 29. Gertrudis und Niocta, 30. Tiza, 31. Hadwigis und Agnes. **Juni** 1. Mechtildis und Sophia, 2. Sophia, 5. Blitildis, 7. Gertrudis, 11. Margaretha von Hanrobe, 12. Mechtildis und Beatrix, 13. Gertrudis und Gertrudis, 14. Walburgis, Richiza, 15. Elisabeth, 18. Elisabeth, 21. Hadwigis, 27. Mechtildis und Allehardis. **Juli** 1. Ida und Lutgardis, 4. Christina, 6. Agnes, 7. Demodis, 9. Demodis und Margaretha, 14. Jutta, 15. Elisabeth, 16. Irmgardis, 18. Agnes, 22. Mechtildis, Kellermeisterin, 25. Walburgis und Sophia, 28. Beatrix und Alverabis, 30. Geneswindis, 31. Gertrudis. **August** 2. Christina, 7. Aleidis, 8. Agnes von Breyheim, Christina und Richmodis, 9. Hekarba und Helwigis,

---

1) Lacomblet, Urkundenbuch. II. Nr. 24, S. 14.

14. Jutta, 15. Werenbirge und Anna, 16. Aleidis und Cunitza, 18. Christina, 20. Ida, 23. Demodis, 24. Aleidis, 25. Cunitza und Benigna, 26. Sophia, 28. Gertrudis, 29. Elisabeth, 30. Bertha. **September** 1. Margaretha, Catharina Berge, 3. Beatrix, 4. Gertrudis und Sophia, 6. Gertrudis und Aleidis, 8. Abelgardis und Lutgardis, 10. Gertrudis und Elisabeth, 11. Walburgis und Christina, 15. Hildegundis, 16. Duna, 20. Bonecta und Mechtildis, 21. Mechtildis, 25. Margaretha und Alverabis, 26. Odilia und Aleidis, 27. Richmodis und Petrissa. **October** 19. Mechtildis. **November** 6. Bela, 10. Juliana, 11. Gisa von Gelem, 15. Sophia, 16. Mechtildis und Bertha, 26. Irmgardis, 30. Frideswidis und Beatrix. **December** 2. Christina, 8. Goba, Guberabis, 12. Beatrix von Breitbach. Außerdem ist noch eine Jutta hospitalaria über Rhein, d. i. an dem Hospitale, zum 18. Mai, eine Gertrudis famula am Hospitale zum 29. Juni, zwei Pfarrer von Honnef, Henricus zum 14. Februar, Ludowicus zum 20. October, zwei Burggrafen von Drachenfels, Godefridus zum 17. Februar, Rutger zum 4. Juli, zwei Gräfinnen von Drachenfels, Christina zum 25. März, Elisabeth zum 4. September aufgeführt.

Die Bursfelder Congregation, seit 1458 und 1461 durch päpstliche Bullen bestätigt und nachdrücklich empfohlen, fand auch in den rheinischen Klöstern Eingang. Zuerst waren hier St. Martin und St. Pantaleon 1450 ihr beigetreten. Der neue Abt von St. Martin seit 29. September 1454, Adam Mayer, wirkte vorzugsweise für die Ausbreitung. Auf sein Betreiben nahm das Augustinerinnen-Kloster St. Agatha zu Köln 1459 die Benedictinerregel an und wurde der Congregation einverleibt. Dann trat 1468 Mettlach, 1469 Brauweiler, 1474 Laach, 1478 Werden, 1490 Deutz, Gladbach erst 1511 ihr bei [1]). 1466 oder 1467 hatte unter der Beihülfe des Abtes Adam Mayer auch Rolandswerth sich der Congregation angeschlossen. Aebtissin war damals Bela Brinck oder Brincken; in den Verzeichnissen und im Nekrologium ist sie als die erste Reformatorin des Klosters gepriesen. An die 35 Jahre ist Adam Mayer ein treuer Commissar des Klosters geblieben, hat in Anlaß der Reform desselben viele Fährlichkeiten, Mühen, Arbeiten und Beschwerden überwinden müssen, und starb 1499 den 19. Februar, nicht ohne daß die Klosterfrauen in den rühmlichsten

---

1) Gallia Christiana. III, 751. 737. 742. 781. 763. 746. Leuchfeld, Antiq. Bursfeldenses, S. 69. 149. 114. 63. 105. 144. 142. 82. Wegeler, Das Kloster Laach. S. 46.

Ausdrücken seiner Verdienste gedenken; auch seine Eltern, Petrus und
Geisa von Eschweiler, sind in dem Nekrologium zum 31. Decem=
ber eingetragen. Die Priorin zur Zeit der Bursfelder Reform in
Rolandswerth hieß Agnes Aspeschlagh, die Kellermeisterin Gertrudis
Heben; die Schwestern waren: Catharina Mechelen, Regina Blanckart,
die nach der Bela Brinck Aebtissin wurde, Walburgis Plettenbergh,
Johanna Haßell, Mechtildis Kölffgen und Eva Gemündt. Der Re=
formation halber kamen zwei Klosterfrauen aus St. Agatha in Köln
herüber, nämlich Catharina Grewell, die später wieder dahin zurück=
kehrte, und Christina Paffendorff, welche in Rolandswerth ihre Tage
beschloß. Wiederum trafen zu dem gleichen Zwecke zwei andere Kloster=
frauen aus dem Kloster Hagenbusch bei Xanten ein: Guda von dem
Camp, † 1512 den 21. März, die Priorin wurde, wohl nach der
Agnes Aspeschlagh, und dieses Amt mehr als 30 Jahre bekleidete, mit
ihr die bereits erwähnte gelehrte Aleidis Roscop, Schulmeisterin in Ro=
landswerth, † 1507 den 15. December. Was diese Klosterfrauen von
geistlichen Uebungen in ihren Klöstern hatten, führten sie in Rolands=
werth ein, so ein Ablaßgebet, eine Andacht: „Das geistliche Häuschen",
im Advent, und andere Gebete, die in der Karwoche und an Fest=
tagen gesprochen wurden.

Schwere Mißgeschicke trafen inzwischen Rolandswerth. Die Aelte=
sten erzählten später, das Kloster sei schier zweimal zum Theil abge=
brannt: einmal während eines Krieges zur Zeit der Aebtissin Bela
Brinck; der Brand vernichtete die sämmtlichen Papiere, auch die Güter=
verzeichnisse, die aus dem Munde der Leute wieder aufgestellt werden
mußten, wobei freilich Vieles verloren ging. Man sagte nachmals im
Kloster, bis nach Mehlem sei kein Morgen Landes gewesen, der nicht
dem Kloster gehörte, d. h. grundpächtig war. Unter dem Kriege,
welcher die Papiere des Klosters einäscherte, sind die stiftischen Wir=
ren unter Erzbischof Rupert von der Pfalz gemeint, der Karl den
Kühnen von Burgund 1474 in das Land rief. Ein Schutzbrief
Kaiser Maximilian's für das Kloster, welcher, 1486 zum römi=
schen König gewählt, wohl auf seinem Zug nach Köln und Aachen
das Werth besuchte, gedachte des Schadens, den die Klosterfrauen durch
den Burgundischen Krieg erlitten. Der neue Erzbischof Hermann unter=
zog in Person 1481 am 6. Mai sich der anstrengenden Handlung, das
Kloster und die Kirche von Neuem zu weihen, und verordnete, daß der
Tag der gegenwärtigen Weihe fürder, so lange das Kloster stehe, am

erften Sonntag nach der Octav des Ofterfeftes gehalten werden folle. Auch verlieh der Erzbifchof an dem Tage fonderlichen Ablaß, welchen er durch feinen ihn begleitenden Weihbifchof Arnold von Unkel öffent= lich verkündigen ließ. Am folgenden Tage weihte der Erzbifchof unter Affiftenz des erwähnten Weihbifchofs drei Altäre in der Kirche des Klofters und verlieh denjenigen, welche am Tage der Kirchweihe die Kirche und einen jeden Altar befuchen nebft drei Vater unfer, einen Ablaß von 40 Tagen. Sie ift die erfte Weihe, von der in der Folge die Klofterfrauen eigentlich wußten, wann und von wem fie vorgenom= men wurde, weil es im Capitelsbuche verzeichnet war; über die ur= fprüngliche Weihe des Klofters und der Kirche fehlte alle Kunde, weil fämmtliche Papiere unter der Bela Brinck verbrannten.

Die erwähnte Aleibis Roscop war aus Goch gebürtig und eine Schülerin des nachmaligen Hausmeifters Bruder Benedictus von Laach, der ihr zwei Schriften widmete, die er verfaßte. Ihre feine humaniftifche Bildung erwarb ihr hohen Ruf. Die Bewunderung theilte der Cardinal=Legat Raymund, welcher wiederholt in Gefandt= fchaftsreifen nach Deutfchland kam. Sie hatte einen Brief an ihn gerichtet, der den Cardinal=Legaten entzückte. Er kam auf das Ro= landswerth, wohl als er 1503 wegen der Türkenhülfe am Rheine weilte [1]). Dem Klofter verlieh er ein Jubeljahr, ausgedehnte Abläffe und andere Privilegien, worüber er auch eine Urkunde ausfertigte. Das Nekrologium verzeichnet den Cardinal=Legaten zum 24. Januar. Den Brief der Aleibis an ihn befaß man in Laach, desgleichen einen Brief an Erzbifchof Hermann, einen Brief an ihren Lehrer Benedictus, einen an den Prior Johann von Rhoba, zwei Briefe an Johannes Buß= bach und an Jakob Siberti, und außerdem noch verfchiedene andere Briefe, auch denjenigen, den ich aus einer Laacher Handfchrift der Bonner Univerfitäts=Bibliothek hier veröffentliche. Auch hatte fie fieben Homilien über den h. Paulus verfaßt und ein deutfches Werk über das Anhören der h. Meffe im Auftrage des Abtes Adam Mayer ins Lateinifche übertragen [2]). Der Kloftergeiftliche Johannes Bußbach widmete ihr durch ein Schreiben, das in dem Linzer Programm

---

1) Baronii Annales. Luccaer Ausg. XXX, 427.

2) Hartheim, Bibliotheca Coloniensis, S. 15, aus Joh. Bußbach's Auctarium de scriptoribus ecclesiasticis in der Handfchrift 356 (220ᵛ, c.) der Bonner Uni= verfitäts=Bibliothek, Bl. 89.

nicht ohne Fehler abgedruckt ist, seine Schrift: De illustribus mu-
lieribus [1]).

Bela Brinck starb 1482 am 21. August. Ihr folgte Regina
Blanckart. Von dieser heißt es in dem Verzeichnisse unter II. ausdrücklich, daß sie 1490 den 20. März starb und acht Jahre in dem Kloster
Aebtissin war. Sie starb indeß nicht in dem Kloster. Das Verzeichniß
drückt sich räthselhaft aus: „wie sie mit Catharina von Hessen gewesen
und wohin sie gekommen, wo gestorben, wissen wir nicht. Unsere Aeltesten
sagten, daß sie noch zurecht gekommen und in einem Kloster gestorben
wären." Die Catharina von Hessen wird im Nekrologium zum 14. December als „einstmals Klosterfrau unserer Innung" erwähnt, auch
heißt es von der Regina Blanckart im Nekrologium: „Unsere ehrwür-
dige und geliebte Mutter Regina Blanckart, einstmals Lenkerin dieses
Klosters". Ohne auf dieses einstmals viel Gewicht zu legen — es ist
die Aleidis von Tomburg ganz so „einstmals Aebtissin" genannt —,
so scheint doch, daß die Aebtissin Regina Blanckart und die Klosterfrau
Catharina von Hessen, sei es aus irgend welcher Nothwendigkeit, sei es
in sonstiger Veranlassung, das Kloster verließen, und die erstere bald in
irgend einem anderen Kloster ihre Tage beschloß, ohne daß man in
der Folgezeit ihre Ruhestätte in der Erinnerung behielt.

Es folgte die Aebtissin Demodis von Buchel, welche dem Kloster
siebenzehn Jahre sehr fleißig und vorsichtig vorstand und am 22. November 1507 starb. Der Klostergeistliche Siberti von Laach schrieb ihr
die aus einer Laacher Handschrift der Bonner Universitäts-Bibliothek
unten mitgetheilte Grabschrift. Ihre Ruhestätte befand sich im Chore der
Klosterkirche. Die Schweden haben 1632 den Grabstein zerschlagen.

Damals zeichnete sich ihre Schwester Gertrudis Buchel durch kalli-
graphische Talente und als Malerin aus. Die Familie Buchel scheint
zu dem Kloster in enger Beziehung gestanden zu haben. Das Nekrologium nennt eine Sophia von Buchel als besondere Gönnerin des
Klosters zum 8. April, einen Jakobus Buchel, Canonicus und Cantor
in Bonn, der dem Kloster treue Dienste widmete, zum 1. Mai, eine
Klosterfrau Elisabeth Buchel zum 9. Mai, einen Johannes Buchel,
Canonicus und Scholasticus in Bonn, der sich gegen das Kloster frei-
gebig erwies, zum 12. Mai, eine Wittwe Agnes Buchel als besondere
Gönnerin des Klosters zum 12. October, eine Kellermeisterin des Klosters,

---

1) Die Handschr. Bl. 49 ff. J. Koll, Zur Gesch. des Klosters Nonnenwerth, 13 ff.

Christina von Buchel, zum 14. October, und einen Johannes Buchel
als treuen Beistand des Klosters zum 27. October. Die Gertrudis
Buchel schrieb Bücher für den Gebrauch des Klosters ab. Dieses be=
wahrte sechs pergamentene Chorbücher, zwei Graduales und vier Anti=
phonarien von ihrer Hand; auch malte sie die großen goldenen Initialen.
Letzteres hatte sie zu Bonn im Engelthaler Kloster erlernt, wo sie deß=
halb ein halbes Jahr zubrachte. Sie hatte außerdem andere kleinere
Bücher geschrieben, von denen man zur Zeit der Hülß um 1700 noch
etliche bewahrte, andere waren im Kriege verkommen. Auch an sie
richtete Johannes Butzbach 1505 ein schmeichelhaftes Schreiben, indem er
ihr seine Schrift: De claris pictricibus widmete ¹). Der Schwester folgte
sie als Aebtissin, und hat dieses Amt an sechsundbreißig Jahre weise, vor=
sichtig und mit mütterlicher Liebe bekleidet. Mit Kloster Laach mag auch
unter ihr der geistige Verkehr fortgedauert haben, um so mehr, als der
frühere Beichtvater in Rolandswerth, Thomas, Prior und dann 1512—
1529 Abt in Laach wurde; er ist im Nekrologium zum 1. Juni belobt.

Das Amt des Commissars und Visitators ging nach dem Tode
des Abtes Adam Mayer zunächst auf die Abtei Werden über. Das
Nekrologium erwähnt in solcher Eigenschaft zum 6. Juni den Abt
Antonius von Werden (1484—1517) ²). Dann aber verbleibt in
der Folge jenes Amt beim Kloster St. Martin in Köln. Als Commissare
und Visitatoren nämlich sind im Nekrologium folgende Aebte von St.
Martin gepriesen: Gerardus I. von Loen (1507—1547) zum 19.
Juli, Johannes Wezelius oder von Warsloe (1547—1548)
zum 24. November, Balthasar von Tongern (1548—1558) zum 4.
October, Gerardus II. von Loen (1558—1570) zum 11. December,
Paulus Proßmann (1570—1585) zum 10. November, Balthasar
von Bree (1585—1621) zum 13. Juni, Henricus Libler (1621—
1652) zum 18. August, Jacobus Schorn (1652—1674) zum
5. November, Johannes Schlotanus (1674—1691) zum 13. No=
vember, Gabriel Gysen (1691—1695) zum 27. Januar ³). Nur
bei Johannes von Warsloe und bei dem Letztgenannten ist nicht
ausdrücklich beigefügt, daß sie Commissar und Visitator waren. Im
Jahre 1683 ist der Abt von Laach (Placidus Kessenich), im Jahre 1714
der Abt von Deutz (Michael Ruthgers aus Köln) Visitator. Als

---

1) Die Bonner Handschrift, Bl. 131 ff.
2) Mooyer, Verzeichniß der deutschen Bischöfe u. s. w. S. 156.
3) Ueber die Aebte von St. Martin vgl. Gallia christ. III, 751.

Präsident sind erwähnt der Abt von Werden Heinrich Dücker (1646—
1667) [1]), der am 17. November 1654 Rolandswerth visitirt hat, die
Aebte von St. Pantaleon, Henricus Spichernagel (1606—1641),
als solcher im Nekrologium zum 3. Mai aufgeführt, und Aegidius
Romanus (1646—1684) [2]); schließlich Abt Leonardus Col=
chon von Seligenstadt in den Jahren 1649 und 1650. Außerdem
wird im Nekrologium ein Martin Rennigen, Abt vom St.
Mauritiuskloster in Tholey, als Mitpräsident und Visitator zum
16. Juni vermerkt. Auch kennt das Nekrologium noch zwei Aebte
von Deutz, Gerhard Foller (1594—1625) zum 26. Juni, und
Paulus Brechen (1625—1636) [3]) zum 29. September, ferner den
Abt Johann Schweizer von Laach (1613—1618) [4]) zum 18. De=
cember, doch diese nur als besondere Gönner und Wohlthäter des Klo=
sters; schließlich einen Abt von Sponheim, Jacobus Horn († 1645),
der Pastor zu St. Brigiden in Köln war [5]), zum 23. Juli.

Die Reihenfolge der Aebtissinnen nun seit der Reform ist fol=
gende: 1. Bela Brinck oder Brincken, † 1482 den 21. August.
2. Regina Blanckart, † 1490 den 20. März. 3. Demodis
von Buchel, † 1507 den 22. November. 4. Ihre Schwester Ger=
trudis Buchel, † 1543 den 7. October. 5. Apollonia von der
Heiden, † 1558 den 22. December. 6. Gertrudis Hilleßem
aus Andernach, † zu Oberwinter 1583 den 13. October; das Ver=
zeichniß unter II. sagt den 2. October, und gleich darauf wieder
den 14. November. 7. Christina be Wibbige oder Webige, ge=
wählt 1584 den 9. März, † 1602 den 12. Februar. 8. Christina
Entzenbergh, † 1618 den 15. März. 9. Sibilla Beilefeldt
oder Bilefeldt, † 1643 den 20. Februar, in der Fastenzeit. 10.
Gertrudis Coten, † 1651 den 3. April im 44. Lebensjahre.
11. Anna Maria Beckerers oder Becquerers, gewählt gegen
den 11. April, † 1692 den 10. März, im 78. Lebensjahre. 12.
Franzisca Falcks oder Balcks, gewählt den 17. März, † 1704
den 22. September, im 57. Lebensjahre.

Als Priorinnen sind erwähnt: 1. unter der Aebtissin Bela Brinck

---

1) Mooyer, a. a. O. S. 156.
2) Gallia christiana, a. a. O. S. 742.
3) Gallia christiana, a. a. O. S. 757 ff.
4) Wegeler, a. a. O. S. 64.
5) Hartzheim, Bibliotheca Coloniensis, S. 145.

Agnes Aspeschlagh, † um 1481. 2. Guda von dem Camp, † 1512 den 21. März. 3. Anna Holzabel, † 1550 den 20. Januar, das Verzeichniß unter II. hat den 19. Januar, im Alter von 76 Jahren. 4. Sophia Buell aus Coblenz, † 1575 den 2. Juni. 5. Catharina Holtorb oder von Holtrop, † 1608 den 20. Mai, im Alter von 94 Jahren. Nun kommt Margaretha Erkrait, † 15. November, 22 Jahre. Gertrudis a S. Anthonio, † 5. Januar, 18 Jahre. Seit 1664 bekleidet Anna Schorn oder Schorns, † 1689 den 24. September, dann Ursula Engelskirchen, † 1692 den 31. Mai, das Amt der Priorin. Für die fehlenden 16 Jahre dürfte die im Nekrologium zum 25. März aufgeführte Margaretha von Bachendorf anzusetzen sein.

Zahlreich sind die Klosterfrauen, die im Nekrologium ausdrücklich als solche bezeichnet sind, welche der Zeit der Reform angehören. Ich versuche, auch von ihnen folgendes Verzeichniß zu entwerfen, wobei ich die Conversinen mit C., die Laienschwestern durch L. bezeichne; die im Nekrologium von anderer Hand nachgetragenen Namen sind durch die Schrift kennbar gemacht: Januar 2. Apollonia Fyanden, L., 3. Christina Reuß, L., 4. Sophia Albertz, 6. Catharina Webers, 7. Veronica Schlitzertz, Catharina Buschmans, C., 8. Scholastica Rodorffs, Anna Fuchs, L., 9. Margaretha von Bettweiß, L., 10. Adelheidis Müllers, C., 11. Catharina Büstorffs, 13. Christina Loe, 14. Emerentiana Hoffaders, L., 15. Gertrudis Krups, C., Agnes Langenbergh, C., 17. Magdalena von Andernach, Elisabeth von Mehlem, L., 19. Elisabeth Albertz, 22. Gertrudis Hülß, † 1705, 25. Magdalena Speiß, Regina Schreiberin, 28. Margaretha von Essen, L., 31. Ursula Bleckmans, Magdalena Rodorffs, C. Februar 2. Christina Coten, rotularia, 3. Catharina Creuelts, C., † 1704, 4. Elisabeth von Coblenz, 6. Margaretha Freckhausen, 11. Dorothea aus Bonn, L., 13. Anna Düssel, 14. Catharina von Stralen, L., 16. Christina Paffendorff, 18. Magdalena von Krufft, 20. Elisabeth von Essen, Walburgis Bathen, C., 22. Catharina Geyen, 24. Catharina von Oberwesel, C., Scholastica Beckers, Maria Langenbergh, L., 26. Catharina von Oberwesel, C., Gertrudis Huckynck aus Köln, 50 Jahre Novizen- und Schulmeisterin. März 1. Anna Bell, 4. Elisabeth von Breveraidt, L., 5. Catharina Meyerinck, 9. Mechtildis Aspeschlagh, 13. Magdalena Bonnen, L., † 1695, 17. Theresia Heittmans, 23. Richmodis Seiben, † auf der Flucht zu Köln,

29. Barbara Nelsbach, 30. Cunigundis Zons, Agatha Berns, L., 31. Elisabeth von Scheven, L., Margaretha Herwegs, L., † 1698. April 4. Anna Desten, L., 5. Margaretha Paffendorp, 7. Agatha Dunwalt, L., 17. Gertrudis Stubenbeckers, 20. Catharina Schorn aus Andernach, 21. Anna Tunnemans aus Lippstadt, 40 Jahre Vorsängerin, † auf der Flucht in Köln. Mai 1. Magdalena Fischers, 25 Jahre Novizen= und Schulmeisterin, † auf der Flucht in Köln 1642, 5. Margaretha ans Coblenz, L., 9. Elisabeth Buchel, 11. Eva Gemont, 14. Christina von Werden, L., 18. Catharina Müllers, L., 19. Ursula Vollers, Jubilarin, † auf der Flucht zu Köln 1674, 27. Catharina Kroepp, 28. Catharina von Mehlem, L., † auf der Flucht zu Coblenz, 30. Catharina Prüm, † auf der Flucht im Schwedenkrieg zu Köln. Juni 4. Elisabeth Ackermans, L., † 1689, 5. Agatha Linckers von Kempen, L., † im Anfange des Krieges (1583) auf der Flucht in Köln, 8. Joanna Hassel, 9. Barbara, L., 11. Elisabeth Ruitz, 14. Margaretha Speiß, † 1631, 15. Anna Krantz, 21. Maria Webers, L., † 1689, 23. Sophia Sybenfabem, L., 25. Magdalena Graß von Mehlem, Clara Fianden, L., 28. Hildegundis Isser, 30. Margaretha Reusch, C. Juli 1. Elisabeth von Werden, L., 5. Margaretha von A.[chen], 11. Maria Lynen, später Aebtissin von Hagenbusch, † 1676, 16. Maria von Recklinckhusen, Kellermeisterin, 17. Anna Zons, 18. Catharina Gruels, C., 25. Barbara Albertz, † 1662, 31. Elisabeth Holtrop, 38 Jahre Kellermeisterin. August 15. Irmgardis Sanftleven, 17. Mechtildis Schlissertz, L., 23. Maria Kra, C., † 1632, 25. Agnes Hobusch, L., † in Köln. September 6. Catharina von Aspeschlagh, 7. Barbara von Loen, L., aus Köln, 8. Benedicta Haggeney, 10. Cäcilia Rigels, L., † 1686, 12. Elisabeth Hellman, † 1638, Agnes Spitzgen, † 1675, 17. Cäcilia Brewers, † 1637, 21. Joanna Richartz, nachmals Priorin in Hagenbusch, † 1654, 22. Sibylla Vogts, C., 23. Walburgis Pampis, † 1663, 27. Angela Vianden, L., † 1674, Maria Odekirchen, rotularia, † 1689, 29. Aleidis von Kempen, L., 30. Helena Schorn, L., † 1685. October 2. Agatha Ottenstein, † im Kölnischen Krieg zu Oberwinter, 5. Maria von Attenbail, L., Mechtildis Dupenius, 14. Dorothea Brewers, † 1689, Christina von Buchel, 8 Jahre Kellermeisterin, 15. Monica Oblaten, † 1689, 17. Ursula von Drle, 18. Cäcilia Bausch, L., † 1631, 20. Sophia Weschpoil aus Bonn, † während des Krieges in Oberwinter, 22. Anna Franckotta, † 1689, 24. Gertrudis von Heymmerschen, L., † 1622,

25. Catharina Dursten, L., 27. Cunegundis Paffendorff, L., 28. Catharina Colin, † 1694, 31. Maria von Bell, † im Kölnischen Krieg zu Remagen. **November** 3. Agnes Abenawe, 28 Jahre Kellermeisterin, 4. Scholastica Haeß; 6. Margaretha Wessels, † im Kölnischen Krieg zu Remagen, 9. Dorothea Liußberg, 11. Lucia von Scheven, L., 13. Maria Piparts, C., 16. Sibylla Baten, 23. Christina Bonnen, L., 28. Ursula von Dursten, L. **December** 3. Elisabeth Ruhe, 10. Joanna Schönenthall, 14. Catharina von Hessen, 15. Aleidis Raiscop, 18. Anna Maria Bewers, Margaretha Schmitz, L., 21. Apollonia Boegen, L., 29. Sibylla Gruters, † 1644, 31. Elisabeth Büstorff, † 1628.

Schließlich füge ich noch folgende Zusammenstellungen aus dem Nekrologium hinzu:

Beichtväter des Klosters Rolandswerth: Januar 9. Arnold Hovius, 33 Jahre, 15. Emmericus von Gratzweiler, 16. Adam Kreizrath, 24 Jahre, † 1670, 29. Johann Kochs, Caplan und Beichtvater 13 Jahre. März 27. Placidus Engelhardt. April 26. Tilman, aus dem Predigerorden. Juni 1. Thomas, später Abt von Laach, 18. Nicolaus von Bree, über 30 Jahre, 24. Maternus Sutorius von Bettweiß, Caplan 3, Beichtvater 27 Jahre, † 1703 im 61. Lebensjahre. Juli 2. Heinrich Dellst, wird auch zum 1. Juni erwähnt, 22. Vincentius Wiltz 11 Jahre, † 1666. September 5. Tilman Wiltzput, † 1641, 27. Heinrich Ottenstein. October 5. Jakob von Dalen an 20 Jahre. November 5. Jakobus Schorn, 9 Jahre, 24. Joannes Wexelius (von Warsloe), fast 40 Jahre. Die beiden Letztgenannten wurden in der Folge Aebte von St. Martin.

Capläne: Januar 16. Johannes von Breitbach, 29. Johann Kochs. April 3. Peter Schleumer. Mai 23. Peter Bart. Juni 24. Maternus Sutorius. Juli 1. Matthias von Bettweiß. August 1. Wilhelm Schmidtman, † 1666. September 6. Anthonius. October 30. Adrian Mörß.

Aus St. Martin sind drei Priore: Gerhardus Crapolius, Pfarrer in Pingsheim, zum 15. Januar, Leonard Jansen, Pfarrer in Bettweiß, zum 2. März, Nicolaus Peisport aus Neumagen zum 16. October, ferner zwei Novizenmeister: Nicolaus Remry zum 12. Januar, Martinus Glesch, † 1685, zum 29. Dezember, ein Kellermeister Nicolaus zum 12. Juni, zwei Almosenspender: Gerhardus Sechten, † 1668, zum 16. September, und Theodor Halvern zum 8. November, und eine Anzahl Mönche erwähnt, welche Pfarrstellen bekleideten. Letztere setze ich gleichfalls her: Januar 23. Hieronymus Meinau, Pfarrer zu St. Brigiden in Köln.

März 4. Jakob Geich, Pfarrer in Rützheim, 19. Georg Bruns, Pfarrer in Pingsheim. April 8. Stephan Wolff, Pfarrer in Flittart. Juni 13. Peter Kemmerich, Pfarrer in Flittart, † 1695, 19. Engelbert Kemmerich, Pfarrer zu St. Brigiden. Juli 9. Andreas Stockem, Pfarrer in Pingsheim, 14. Adolf Schmitz, Pfarrer in Wettweiß, † 1664. September 11. Jakob Romeskirchen, Pfarrer ebendaselbst. October 3. Bernard Fettweiß, Pfarrer in Flittart, † 1676, 6. Benedict Junsterstorff, Pfarrer zu St. Brigiden, 11. Eliphius Klein, Pfarrer ebendaselbst. November 14. Wendelinus Gummersbach, Pfarrer in Flittart, 27. Werner Schallenberg, Pfarrer in Oberwinter. December 7. Wilhelm Birckmann, Pfarrer in Rönsdorf. Außerdem ist noch ein Winricus, Pfarrer in Ahrweiler, zum 17. März, ein Heinrich Koulhaß, Pfarrer zu St. Brigiden, † 1622, zum 15. September, ein Adolf Engels, Pfarrer in Remagen, zum 4. October, und Johannes Heckardt, Pfarrer zu St. Brigiden und Landdechant im Bergischen Lande, zum 6. December verzeichnet. Der Pfarrer in Mehlem um 1672 hieß Rainer Wollersheim.

Die Klosterfrauen auf Rolandswerth mögen unter der kunstsinnigen Aebtissin Gertrubis Buchel den frommen Uebungen und gelehrten Beschäftigungen sich eifrig hingegeben haben, als seit 1542 die Glaubensspaltung auch in dem Erzstift sich festzusetzen versuchte und die stiftischen Wirren unter Hermann von Wied begannen. Noch bei Lebzeiten der Aebtissin († 7. October 1543), wird erzählt, begab es sich, daß viel Kriegsvolk rings herum lag. Es wird das kaiserliche Heer gemeint sein, welches im August 1543 gegen den Herzog von Jülich anrückte und wovon Kaspar Hedio an Herzog Albrecht von Preußen also berichtet: „Am zwölften August sahen wir zu Bonn viele Tausende von des Kaisers Heervolk, darunter eine große Zahl von Spaniern und Italiänern, Reiterei und Fußvolk, theils mit neuen, theils mit alten zerrissenen Fahnen, woraus man schließen konnte, daß die meisten in des Kaisers Heer Veteranen und Triarier, sehr erfahren und durch langen Kriegsdienst vollkommen eingeübte Soldaten seien. Wahrlich, die alten und zerrissenen Kriegsfahnen jagten denen, die sie sahen, nicht geringen Schrecken ein. Die gesammte Zahl an Fußvolk und Reiterei schätzte man über 40,000 Mann. Ich schweige von dem schweren Gepäck, welches das ausländische Kriegsvolk äußerst zahlreich mit sich führte; man konnte es ohne Schrecken nicht ansehen. Die Gegend von Bonn, weit und breit mit Weinstöcken angepflanzt, wurde durch die Aufschlagung des Lagers aufs jämmerlichste verwüstet, so daß ich, als ich es fah, mich der Thränen nicht enthalten konnte. Die den verübten Schaden überschlagen, schätzen ihn über 100,000 Gulden[1])." Dieses Auftreten der kaiserlichen Truppen sollte den Erzbischof warnen, von seinem Unterfangen, die kirchlichen Neuerungen in das Stift einzuführen, abzulassen. Die Aebtissin, sei es, daß sie das Kloster nicht verlassen wollte, sei es, daß sie es nicht verlassen konnte, setzte ihr ganzes Vertrauen auf den Schutz der Mutter Gottes. Da geschah es, daß das Kriegsvolk in der Nacht mit großem Lärmen gewaltsam auf das Werth einbrach in der Absicht, Alles zu rauben und zu verderben, worüber ein großer Schrecken unter den Klosterfrauen entstand. Die Aebtissin, eine sehr gottesfürchtige Frau, beharrte auf dem Entschlusse, nicht zu weichen; sie eilte auf das Chor der Kirche; hier warf sie sich auf ihr Angesicht nieder vor der heiligsten Jungfrau in lautem Gebete. Plötzlich war es, als ob der Himmel sich öffne; ein strahlendes Licht umgab mit großem Glanze das ganze Kloster und es ward hell wie am Tage. Die wilden Krieger erschraken; sie sagten einander, es sei ihres Bleibens hier nicht länger, und gingen fort, ohne dem Kloster einen Schaden zuzufügen. Aus Dankbarkeit für diese Befreiung ordnete die Aebtissin an, daß künftig an dem Vorabende der Marienfeste im Kloster gefastet, am Mittage bloß Gemüse genossen, und am Abende bei der Collation kein Wein gereicht werde. Die Aebtissin Gertrudis Buchel fand bei ihrer Schwester auf dem Chore der Kirche ihre Ruhestätte. Auch ihr Grabstein wurde im Kriege verdorben.

Die Aebtissin Apollonia von der Heiden war eine friedsame Frau, die mit mütterlicher Sanftmuth die Klosterfrauen in Frieden und mit Freuden fünfzehn Jahre hochlöblich leitete und dem Kloster vorstand. Auch sie fand im Chore der Klosterkirche ihre Ruhestätte. Unter ihr starb am 20. (oder 19.) Januar 1550 die adelige Klosterfrau Anna Holzabel, ihres Alters 76 Jahre; sie hatte das Amt der Priorin 38 Jahre löblich bedient.

Ihre Nachfolgerin, Gertrudis Hilleßem aus Andernach, war schlicht und gottesfürchtig. Auch sie hat dem Kloster löblich fünfundzwanzig Jahre vorgestanden in schwer bedrängter Zeit, wo Theuerung, Dürre und hohe Wasser das Land und das Werth heimsuchten. Unter ihr starb 1575 am 2. Juni die adelige Klosterfrau Sophia Buell aus Coblenz,

---

1) Voigt, Briefwechsel der berühmtesten Gelehrten des Zeitalters der Reformation mit Herzog Albrecht von Preußen. Königsberg, 1841. S. 305 f.

nachdem sie 25 Jahre das Amt der Priorin treulich versehen hatte. Eine Barbara Buyl aus Coblenz, wohl ihre Anverwandte, ist als Wohlthäterin des Klosters mit ihren beiden Ehemännern im Nekrologium zum 1. December erwähnt. Später begannen die Wirren unter Gebhard Truchseß. Lange geängstigt und von vielen Widerwärtigkeiten geplagt, mußte man, als 1583 der Krieg ausbrach, die Flucht ergreifen. Wird im Nekrologium der Kölner Erzbischof Johannes Gebhard zum 2. November vermerkt, so ist er nicht der bekannte Gebhard Truchseß, sondern Erzbischof Johann Gebhard, Graf von Mansfeld, welcher 1562 am 2. November starb und zu Köln im Dome ruht. Der wirrenvolle Krieg stürzte die Klosterfrauen in die größte Noth. Zu wiederholten Malen mußten sie fliehen. Wie irrende Schafe zerstreut, hielten sie sich an verschiedenen Orten bei Freunden und bei Verwandten auf, entbehrten selbst das Nöthigste, so daß sie schwer das Leben fristeten. Das Kloster gerieth in große Armuth und in Schulden. Die Aebtissin hatte mit wenigen Schwestern in Oberwinter, vielleicht bei dem im Nekrologium zum 27. November erwähnten Pfarrer Werner Schallenberg, der dem Kloster St. Martin angehörte, eine Zufluchtsstätte gefunden. Als sie hier im October 1583 starb, konnte ihre Leiche nur sehr heimlich auf das Werth gebracht werden, um sie in der Klosterkirche vor dem Hochaltare zu bestatten. Die Klosterfrauen lebten damals von Almosen und mußten durch ihrer Hände Arbeit sich erhalten. Die Klosterfrau Christina de Wibbige war mit etlichen Schwestern zu ihrem Bruder Caspar de Wibbigshauß nach Köln geflohen, wo sie im „Kofferhof" in der Kupfergassen wohnten. Der Abt Paul Proßmann von St. Martin nahm sich ihrer väterlich an, gab mehrere Tage alles, was sie zu ihrem Unterhalte bedurften, und that den Klosterfrauen während des Krieges viel Gutes. Hier starb am 5. Juni 1583 auf der Flucht die Laienschwester Agatha Linckers von Kempen und wurde zu St. Martin bestattet. Im nämlichen Jahre verschied am 20. October zu Oberwinter die Klosterfrau Sophia Weschpoll aus Bonn, am 31. — nach dem Verzeichnisse unter II. am 21. — October zu Remagen die Klosterfrau Maria von Bell von Schloß Rolandseck, am 6. November zu Remagen die Klosterfrau Margaretha Wessels. Von der letzteren sagt das Verzeichniß unter II.: „Diese Jungfrau ist von vielem Studiren, wozu sie eine große Lust und Liebe gehabt, ganz unverständig geworden, hat aber in ihrer letzten Krankheit einen so guten Verstand bekommen, daß sie dem Herrn Pastor zu Remagen eine Generalbeichte von ihrer Kindheit an zu Latein gethan hat, daß der Herr Pastor sich nicht genug hat können verwundern." Man bestattete sie auf dem Fried=hofe zu Remagen. Erst am 9. März 1584 war es möglich, in Köln zur Wahl der neuen Aebtissin zu schreiten. Man wählte die Christina be Wibbige. Doch an eine bleibende Rückkehr in das Kloster war noch nicht zu denken. Am 21. April 1585 starb in Köln die Klosterfrau Anna Tunnemans oder Sumemans von Lippstadt; sie war 40 Jahre Vorsänge=rin im Kloster gewesen, und wurde zu St. Martin bestattet. Am 28. Mai 1586 starb in Coblenz die andächtige Laienschwester Catharina von Mehlem. Auch starb während des Krieges am 2. October die Klosterfrau Agatha Ottenstein zu Oberwinter; ein Beichtvater des Klosters, Heinrich Ottenstein, ist im Nekrologium zum 27. September aufgeführt. Als die Aebtissin auf ihr Werth zurückkehrte, fand sie nichts mehr vor, als ein Bund berosteter Schlüssel. Dann überrumpelte Schenk von Nideggen am 23. December 1587 die Stadt Bonn. Alsbald begann neues Rauben und Plündern in der Gegend. Erst am 28. September 1588 gelang es den vereinten Hülfsvölkern des Erzbischofs Ernest, nach langer Be=lagerung die Stadt wieder zu erobern und die Freibeuter zu vertrei=ben [1]). Als der Krieg vorüber und der Friede zurückgekehrt war, verordnete die Aebtissin, daß allezeit auf Allerseelentag eine Messe sollte gelesen werden in der St. Nicolaus=Capelle des Hospitals über Rhein, und daß in ihr sieben Wachslichter brennen sollten für die Seelen der (sieben) Mitschwestern, die während des Krieges gestorben und da und dort waren beerdigt worden, von denen etliche, vermuthlich die in Oberwinter und in Remagen gestorbenen, in jener Capelle begraben waren. Auch im Kloster wurden am Allerseelentage Kerzen angezün=det während der Vigilien und der h. Messe für die Seelen der Mitschwe=stern, die im Truchseß=Schenkischen Kriege oben in fremdem Lande und in der St. Nicolaus=Capelle über Rhein bestattet waren.

Es waren angstvolle drückende achtzehn Jahre, welche die Aebtissin Christina be Wibbige dem Kloster vorgestanden hat. Den Convent zu erhalten, mußte man etliche Ländereien verkaufen, auch Geld aufneh=men. Mißwachs, Dürre, hohe Wasser und verderbliche Eisgänge dauerten fort, daß das Kloster schier alle Jahre großen Schaden erlitt. Der beste Hof des Klosters, der in Auenheim, mußte in Erbpacht gegeben werden. Ein Kölner Bürger, Gerhard Linders, und seine Ehefrau

---

1) Strada lib. X. a. 1588. Vogel, Bönnische Chorographie, S. 174 ff.

Sibylla Brochs nebst ihren Erben erwarben ihn um 1600 für geringen Pacht, so zwar, daß das Kloster nicht wieder an ihn gelangen
konnte bis ins neunte Glied. Ein Prozeß über den Hof, von den
früheren Pächtern veranlaßt, war am Gericht zu Speyer anhängig;
diese Sache mußte der nunmehrige Pächter im Namen der Klosterfrauen
betreiben, so zwar, daß das Kloster nichts damit zu thun hatte, worüber
Brief und Siegel ausgestellt war. Man betete drei Bater unser alle
Morgen nach der Prim zu Ehren des süßen Namens Jesu für einen
glücklichen Ausgang des Prozesses; so hatte die Aebtissin Christina be
Wibbige angeordnet. Denn immerhin galt es eine wichtige Ange-
legenheit; dem Kloster wäre übel heimgekommen, wenn der Spruch
gegen dasselbe ausgefallen wäre. Ueber 50 Jahre schwebte bereits
der Handel, als die Aebtissin Anna Maria Beckerers im Anfange
ihrer Regierung und unter Beirath des ganzen Convents einem Erben
des Linders, dem Dr. Hans Michael Hermani, den Hof verkaufte,
und dann noch im nämlichen Jahre einen anderen, den Hof zu Bengen,
käuflich erwarb. Kurze Zeit darauf gewann der Käufer den Prozeß.
Die Aebtissin verordnete im August 1658, daß die drei Bater unser
bennoch für allerlei Anliegen des Klosters sollten gebetet werden, doch
ohne Gewissensbeschwerde für solche, welche im Chore nicht zugegen
seien. Die Aeltesten im Kloster aber baten inständig ihre Mitschwestern,
berlei Erbpachten nie wieder zuzugeben; denn sowohl sie als ihre
früheren Aeltesten, die auch sie darum gebeten, hätten bei berlei Dingen
nach dem Handel die Erfahrung gemacht, daß sie betrogen waren. Die
Aebtissin Christina be Wibbige litt allezeit an einer bösen Brust und ist
auch daran gestorben. Sie konnte deßhalb weder zu Chor gehen, noch
singen. Im Nekrologium ist ein Kölner Bürger, Godefrid bie Wibige von Camen und seine Gattin Judith Lauffstatt nebst ihren Söhnen und Töchtern als besondere Freunde des Klosters, dem sie ein Antependium und ein seidenes Communiontuch schenkten, dessen sich die Klosterfrauen in der Folge bei der heiligen Communion bedienten, zum 26. April
genannt, ebenso eine Catharina bie Wedige, welche einen Schmuck
für die Mutter Gottes gab, zum 20. Juli, und der Kölner Bürger Gos-
win bie Wibige als Gönner des Klosters, der ein seidenes Gewand
für die Mutter Gottes am Hochaltare barbrachte, zum 16. August.

Im Anfange des 17. Jahrhunderts, bis zum Ausbruch des dreißig-
jährigen Krieges, unter der sechszehnjährigen Regierung der Christina
Entzenbergh, früher Kellermeisterin des Klosters, trieb keine sonderliche

Kriegsnoth die Klosterfrauen in die Welt hinaus. Aber viele Wider=
wärtigkeiten trafen sie, wie jährlicher Mißwachs an Wein und an
Früchten. Die Entzenbergh war eine sehr friedsame Frau, welche nach
vielen Seiten ein gutes Beispiel gab. Hatte man Sonder=Eigenthum
im Kloster verstattet, so führte sie die klösterliche Armuth zurück. Geist=
liche Uebungen, wie Betrachtung, Gewissenserforschung, wurden einge=
führt. Im Truchseß=Schenkischen Kriege war das Kloster und die
Kirche entweiht worden. Auf Ansteigen der Aebtissin weihte der Weih=
bischof Theodor Niphan 1611 am 23. October das Kloster, die Kirche,
fünf Altäre und einen Altar auf dem Chore wieder, und verordnete,
der Tag dieser Kirchweihe solle allezeit gehalten werden an St. Se=
verinstag, was auch bis 1650 geschah. Die Entzenbergh hat keinen
Grabstein erhalten.

Welches Alter die Klosterfrauen erreichten, zeigen einzelne Angaben.
Am 3. December 1596 starb die Klosterfrau Elisabeth Rawe (Ruhe), bei
100 Jahre alt; am 31. Juli 1599 die adelige Klosterfrau Elisabeth Hol=
torb oder Holtrop, 38 Jahre Kellermeisterin, 90 Jahre alt; am 4. No=
vember 1601 die Klosterfrau Scholastica Haeß aus dem Hirtz auf dem
Altenmarkte zu Köln, im Alter von 90 Jahren; ein Herr Haas, der dem
Kloster eine goldene Kette und zwei Heiligenbilder für Fahnen schenkte,
wohl ein Verwandter jener Klosterfrau, ist im Nekrologium zum 26. Octo=
ber vermerkt. Eine Klosterfrau, Dorothea Lußberg von Lippstadt, starb
1606 den 9. November. Als die adelige Catharina Holtorb, 32 Jahre
Priorin des Klosters und „ein Muster aller Tugenden", am 20. Mai
1608 starb, zählte sie 94 Jahre. Die am 1. März 1614 gestorbene adelige
Klosterfrau Anna Bell vom Schlosse Rolandseck, Schwester der Maria
Bell, war lange Jahre vor ihrem Ende von hohem Alter ganz erblindet.

Unter der folgenden Aebtissin, Sibylla Beilefeldt, auch früher
Kellermeisterin im Kloster, traten die schweren Zeiten des verderblichen
deutschen Bruderkrieges ein. Der Komet, welcher 1618 am südlichen
Himmel über Rheinbreitbach sichtbar war, ließ ahnen, es würden üble
Dinge bevorstehen. Nach zwei Jahren, 1620, brachen die Truppen der
Generalstaaten in das Erzstift ein und bauten nahe bei Bonn eine
Schanze in den Rhein, welche sie die „Pfaffenmütz" nannten. Bekanntlich
war diese Feste auf der bei Rheindorf unterhalb Bonn gelegenen Insel
Graupenwerth errichtet und führte den Namen wegen ihrer fünfeckigen
Form, zum Hohne der katholischen Landesbevölkerung; die Besatzung
betrug 3000 Mann unter dem Befehle des Brandenburgischen Capitäns

von Haßfeld [1]). Man trieb dort jeglichen Muthwillen, Niemand konnte hinauf oder hinab, ohne die Bewilligung dieser Freibeuter. Alle Flecken und Dörfer der Umgegend, sammt den dort gelegenen Klöstern, bedrängten sie sehr, drohten dem Rolandswerth und dem Kloster Marienforst mit ihrem Besuche, wie sie ihn bereits etlichen anderen Klöstern abgestattet hatten. Kurfürst Ferdinand nahm Bedacht, die Klosterfrauen in Sicherheit zu bringen. Auf seine Weisung verließen sie am 27. September ihre Insel, kamen zu Schiff bis oberhalb Bonn; hier nahmen fünf bis sechs kurfürstliche Wagen sie in Empfang; in ihnen fuhren sie an der Kanzlei vorbei durch die Stadt nach Köln, wo sie bei der Familie Albertz in der großen Landskronen auf der Breitenstraße sich häuslich einrichteten, da sie in Köln noch kein eigenes Haus besaßen. Auf Ersuchen der Aebtissin Sibylla Beilefeldt übernahmen es die Väter der Gesellschaft Jesu, ein= oder zweimal wöchentlich ihnen die Predigt zu halten, hörten auch ihre Beichte und unterwiesen sie oder ließen sie unterweisen, wie man recht betrachten und Exercitien halten müsse. Fortan war Abends Gewissens=Erforschung nach der Complet auf dem Chore, auch die mittägige Gewissens=Erforschung und andere geistliche Uebungen erlernten sie jetzt. Benedictiner, die damals in der Glockengasse nahe bei ihnen wohnten, versahen sie täglich mit einer heiligen Messe und reichten ihnen die heilige Communion, so oft sie es begehrten. Unterdeß hatte der Kurfürst mit den Generalstaaten ein Abkommen getroffen, daß seinen Klöstern keine weiteren Behelligungen dürften angethan werden. Am 8. Juni 1621 fuhren die Klosterfrauen freudig mit den Klosterfrauen von Marienforst auf einem kurfürstlichen Schiffe wieder aus Köln, den Psalm In exitu singend. Die eilfjährige Tochter der Familie Albertz, Elisabeth, hatte Tags vorher sich ihnen angeschlossen; sie trat in der Folge am 23. Juni 1624, vierzehn Jahre alt, ihr Probejahr an und legte Profeß ab am 3. Mai 1626 im Alter von sechszehn Jahren [2]). Ihr folgte am 28. August 1625 ihre zwölfjährige Schwester Sophia ins Kloster, begann das Novizenjahr und wurde eingekleidet am 28. April 1630, that Profeß am 4. Mai 1631. Ob die dritte Schwester, Barbara Albertz, schon dem Kloster angehörte, als die Familie dem Convente Wohnung gab, oder ob sie erst später in dasselbe eintrat, ist unbekannt. Der Vater,

---

1) Vogel, Bönnische Chorographie, S. 138. Müller, Gesch. der Stadt Bonn, S. 151.
2) Nach der Vorschrift des Trienter Concils.

Johann Albertz, und die Mutter, Christina von Aulheim, sind im Netrologium zum 16. December mit dem Beifügen verzeichnet, daß sie den Klosterfrauen viel Gutes in ihrem Leben gethan hätten; ebenso ist in ihm eine Tante der Klosterfrauen, Catharina Albertz, zum 9. October — sie starb am 10. October — als Wohlthäterin genannt.

Als das Schiff der Schanze sich näherte, fuhr der Pater des Klosters Marienforst und der Caplan Johann Kochs von Rolandswerth — der Pater Arnold Hovius hatte krank in Köln zurückbleiben müssen — mit etlichen vornehmen weltlichen Herren aus der Umgebung des Kurfürsten, die mit ihnen auf dem Schiffe waren, nach der Schanze, um freien Durchlaß zu begehren. Dieser wurde alsbald bewilligt; der Commandant und die Vornehmsten seines Stabes kamen mit auf das Schiff, begehrten, sämmtliche Schwestern beider Klöster zu sehen, wünschten auch einen Lobgesang zu hören, Gott zum Danke dafür, daß sie nun wieder in ihr Kloster kämen. Da stimmte der Pater von Marienforst das Te Deum an, Alle fielen ein. So fuhren die Herren mit zu Berg, bis der Gesang beendigt war. Nachdem sie wohl bewirthet worden, sagten sie, die Klosterfrauen möchten nun fürder Gott fleißig dienen, sich wegen ihrer gar nicht fürchten, sondern wohlgemuth sein, es würde durch sie ihnen kein Leid widerfahren. Dann kehrten sie auf die Schanze zurück, die Klosterfrauen aber fuhren hinauf bis Plittersdorf. Hier stiegen die von Marienforst aus mit ihrer Habe und eilten auf Wagen und mit Karren in ihr Kloster, während sie in des Fürsten Schiff an ihr Werth gelangten. Sie blieben hier in guter Ruhe; von der Schanze widerfuhr ihnen nicht die geringste Belästigung. Das Flüchten freilich und das Packen hatte viel gekostet; denn nichts, weder Wein noch Früchte, war im Kloster zurückgelassen worden. Die bei dem Gute blieben, mußten jedesmal sich weltlich kleiden, um der Generalstaaten willen, damit diese nicht gewahr würden, daß es Klostergüter seien. Von der Zeit an erdachte die Aebtissin alle Mittel, wie man in Köln ein eigenes Haus bekomme, wohin in Tagen der Noth man seine Zuflucht nehmen könne. Sie brachte es dahin, daß zwei Häuser vor Lyskirchen für das Kloster erworben und in kurzer Zeit bezahlt wurden. Auch verordnete sie, als die Unruhe vorüber war, mit Bewilligung des Convents, daß alle Samstage die Messe von der Mutter Gottes feierlich solle gesungen werden, was dann auch etliche Jahre geschehen ist, damit dieselbe ihr Haus bewahren wolle vor allem Uebel. Die Schanze „Paffenmütz" wurde 1622 durch

3

ben Grafen Heinrich von Berg und seine Mannschaft bezwungen; die Holländer zogen ab.

Im Kloster starb am 24. October 1622 die Laienschwester Gertrudis von Heymmerschen. Am 31. December 1628 verschied die Klosterfrau Elisabeth Büstorff. Im Jahre 1631 am 14. Juni starb die Klosterfrau Margaretha Speiß, am 18. October die Laienschwester Cäcilia Bausch.

Hatte man geglaubt, in Frieden und Ruhe leben zu können, Wein, Früchte, alles Andere wieder im Kloster angesammelt, so fing der Krieg nun erst recht an. Im Jahre 1631 — nach der Breitenfelder Schlacht — brach das schwedische Kriegsvolk in das kölnische Land ein. Die Schweden handelten so gottlos und tyrannisch mit den Leuten, nicht wie Menschen, sondern wie die Teufel oder wie Teufelsbrut, und verursachten so viel Betrübniß, Jammer und so entsetzliches Elend, daß es nicht kann beschrieben werden. Sie erschienen ganz unversehens und in großer Anzahl, mordeten und metzelten in Dörfern, Flecken und in kleinen Städten, die sie mit Sturm einnahmen, die Menschen, welche meinten, daß in den Kirchen ihr Leben sicher sei, dergestalt nieder, daß das Blut über die Schwellen der Kirchthüren herabfloß. Schwangere Frauen, welche hofften, sie dürften ihrer Leibesfrucht halber geschont werden, haben sie mitten entzwei gehauen; Müttern, die ihre Kinder aufpackten und davon liefen, haben sie nachgesetzt und ihnen die Hände abgehauen; Männer trieben sie in Keller und Löcher, ermorbeten und erstachen sie darin; ganze Kirchen und Klöster wurden abgebrannt; was entfliehen konnte, flüchtete in die Stadt Köln; sie ward damals die Mutter und eine Zufluchtsstätte der Armen. Sie war mit Armen, Verjagten, Verwundeten und Kranken so sehr angefüllt, daß es zum Verwundern war. Die Hülß erinnerte später sich aus ihrer Kindheit, wie der schwedische General Baudissin Deutz überrumpelte. In einer Nacht herrschte großer Schrecken in Köln; es wurde auf die Stadt geschossen, doch am Morgen vertrieb man, die es gethan hatten. Der Jammer, das Elend und die Theuerung waren so entsetzlich, besonders im Oberlande, daß die Leute vor Hunger starben, die Gräber öffneten, wo sie wußten, daß frische Leichen hineingelegt waren, diese hervorholten, kochten und aßen, unmenschlich zwar und fast unglaublich, allein die Klosterfrau versichert, es sei wahrhaft vorgekommen in dem schwedischen Kriege, so daß es geheißen, dergleichen sei seit der Zerstörung Jerusalems nie wieder erhört worden;

es sei unbeschreiblich, was Alles im Kölnischen Lande und höher den Rhein hinauf damals bis in das Jahr 1633 sich zugetragen habe.

Auch das Kloster Rolandswerth wurde von dem Kriege hart betroffen. Am 8. December 1631 mußten die Klosterfrauen, weil der Krieg überall entbrannt war und täglich zunahm, nicht ohne große Betrübniß und vieles Herzeleid nach Köln flüchten, vorerst 26 Personen, wo sie in ein lediges Haus, jenes angekaufte vor Lyskirchen, einzogen. Indeß wurde für Lebensmittel hinlänglich gesorgt. Sie blieben fast ein volles Jahr. Dann schien gute Hoffnung vorhanden, daß der Friede von Dauer sein werde; sie kehrten 1632 auf St. Gallusabend den 15. October in ihr Kloster zurück. Aber Gott erbarm, ein kleiner Friede. Als sie vierzehn Tage im Kloster waren, kam die betrübte Zeitung, daß die Schweden mit großer Heeresmacht von oben herab kämen. Auf Allerheiligenabend mußten sie wieder alle zusammen auf Köln fliehen, mit um so größerem Leid und Elend; nur einige wenige Nothburft konnten sie mitnehmen. Etliche Laienschwestern blieben auf dem Werth, in der Hoffnung, noch etwas zu retten. Sie brachten auch einiges Gut auf ein Schiff; alles Andere mußten sie hinten lassen, kamen anderen Tages, den 1. November, am Nachmittage bis Bonn, wo sie zwei Tage vor dem Thore auf dem Rheine lagen, und gelangten zuletzt mit großer Betrübniß nach Köln. Denn das Schiff ging in der Nähe dieser Stadt unter; nur sehr Weniges von dem Gute ward gerettet. Am Nachmittage des Allerseelentages — nach der Chronik unter V. am 3. November — kamen die Schweden auf das Werth, nahmen den Pater Vincentius Weilt oder Wilt zweimal, und zwar mit großer Hinterlist, gefangen, doch die beiden letzten Laienschwestern entkamen glücklich mit dem Vieh während der Nacht nach Rodenkirchen, wo es einige Zeit in Nothbehelf verblieb. Die Schweden lagerten in dem Kloster, das sie ganz verwüsteten; Alles ward geplündert und zerstört, die Kirche zum Pferdestall gemacht, die Bilder, schöne Gemälde, Stiche und andere Kirchen-Zierathen zerschlagen und verbrannt, auch die Chorstühle und die Stühle im Reffenter; sämmtliche Fenster am Kloster wurden verdorben, nur die Zimmer der Aebtissin blieben verschont, weil der schwedische Obrist dort seine Wohnung aufschlug. Mit dem gefangenen Pater gingen die Schweden derart um, daß ihn der Convent auslösen mußte. Zu allen den Gottlosigkeiten, die sie trieben, öffneten sie die Gräber der Todten und suchten darin, zerstreuten die Gebeine, auch der Grabstein der Aebtissin

Demobis Buchel wurde zerschlagen, der ihrer Schwester Gertrudis Buchel verdorben, etliche Bücher von der Hand der letzteren verkamen, die Papiere des Klosters gingen zu Grunde, doch das unter der Aebtissin Brinck nach den Aussagen der Leute aufgenommene Güter=Verzeichniß war später noch vorhanden. Man legte auch Feuer an, das Kloster zu verbrennen, doch die Mutter Gottes wachte über ihm, es wollte nicht brennen. Man hatte Manches, Güter, Wein, Früchte, heimlich ver= steckt; das Alles ward hervorgesucht und weggeführt. Zugleich fing man an, sich auf der Insel zu verschanzen. Viel Gut war auf dem Boden der Kirche verborgen. Diese war rundum unter den Balken mit Brettern aus Tannenholz bekleidet. Die Soldaten hatten nicht sobald das Versteck durch einen Riß gesehen, als sie unvorsichtig einbrachen, auf die Bretter traten und in die Kirche herabfielen; einer blieb auf der Stelle todt.

Am Tage Maria Lichtmeß, den 2. Februar 1633, in der Nacht fuhr ein Obrist mit aller Kriegsbereitschaft aus der Stadt Bonn zu Berg, überfiel mit stiftischen Truppen die Schweden behend und sehr glücklich in dem Kloster; etliche wurden getödtet, andere mit ihren Weibsbildern in den Rhein gejagt; den Befehlshaber mit der größeren Mehrzahl brachte man gefangen in Bonn ein, mit ihnen das wenige Besitzthum, das noch vorgefunden wurde. Von den Siegern war auch nicht einer verletzt. Das Kloster war gerettet.

Inzwischen lebten die Klosterfrauen in dem Hause zu Köln in großer Armuth und in Elend, sowohl in geistlicher als in leiblicher Hinsicht, daß sie oft nicht satt Brod hatten. Als nun das Kloster von den Feinden befreit war, kehrten die Laienschwestern mit dem Vieh wieder dorthin zurück und blieben eine Zeitlang in großer Gefahr und Armuth. In Köln starb während des Schwedenkrieges am 30. Mai die Klosterfrau Catharina Prüm; sie hatte schwere Prüfung viele Jahre geduldig ertra= gen. Am 23. August 1632 verschied die Klosterfrau Maria Kra. Auch die Klosterfrau Richmodis Seiben starb am 23. März im Exil zu Köln.

Am 18. August 1634 kam der Convent von Köln nach Bonn. Die Absicht war, daß man etwas näher bei dem Kloster sei, um besser einige Nothburft dorther beziehen zu können. Drei Vierteljahr dauerte der Aufenthalt in Bonn; erst am 16. Mai 1635 konnte das Kloster wieder bezogen werden. Etliche Jahre verflossen hier in vieler Wider= wärtigkeit. Am 17. September 1637 verschied die Klosterfrau Cäcilia Brewers, am 12. September 1638 die Klosterfrau Elisabeth Hellman. Als der Caplan an St. Gereon, Hermann Schmalbein, am 12. August

1638 starb, setzte er, schon früher ein besonderer Gönner des Klosters, dieses zu seinem Erben ein mit der Verpflichtung, Jahrgedächtnisse und heilige Messen für ihn zu halten.

Es folgte ein neues Kriegsungewitter 1642, als die Hessen in das untere Erzstift eindrangen. Da sie rings umher lagen und die Bevölkerung schwer bedrängten, flüchteten auf St. Pauli-Bekehrungstag, den 25. Januar, sämmtliche Klosterfrauen wiederum nach Köln und blieben in dem Hause vor Lyskirchen ein volles Jahr. Hier starb am 1. Mai 1642 die Klosterfrau Magdalena Fischers, die das Amt der Novizen- und Schulmeisterin 25 Jahre treu und löblich versehen hatte. Im folgenden Jahre 1643 am 20. Februar, während der h. Fastenzeit, starb hier die Aebtissin Sibylla Beilefeldt, 71 Jahre alt, im fünfundzwanzigsten ihrer Regierung, und wurde zu St. Martin in dem Muttergottes-Chörchen vor der Gerkammer bestattet, wie das ihr Grabstein anzeigt. Klug und vorsichtig, wie sie war, hatte sie gewußt, verkommene und verkaufte Ländereien, Busch und Baumgärten wieder an das Kloster zu bringen. Eine sehr gewissenhafte Eifererin für die Klosterzucht und sehr wachsam in der Aufsicht über die zeitlichen Dinge, hatte sie nach beiden Seiten hin sehr Vieles wieder erneuert. Sie ertrug viele Jahre die großen Schmerzen der Gicht mit musterhafter Geduld. Die geistliche Disciplin wurde aufrecht erhalten; die Visitatoren führten die Clausur wieder ein, die in der bewegten Zeit und in der Noth und Armuth gelitten haben mochte, sie wurde fortan treulich beobachtet.

Die neue Aebtissin, Gertrud Coten, wurde zu Köln in dem Hause vor Lyskirchen gewählt, eine andächtige Jungfrau und bis auf eine die jüngste Professin des Klosters. Da noch immer kein Friede werden wollte, thaten die Klosterfrauen aus Noth und auf Anrathen guter Leute sich unter die Contribution der Hessen, und kehrten vor und nach, drei und drei Personen, auf das Werth zurück, wo sie im Juni 1644 wieder alle beisammen waren, nicht ohne Furcht und Angst, weil die Hessen noch nicht aus dem Kölnischen Lande fort waren, sondern allenthalben noch herumschweiften und große Bosheit trieben. Auch die Lothringer fielen in das Land ein und verursachten viel Ungemach. Diese lagen eine Zeitlang zu Winter, das sie plünderten und besetzten. Das Kloster war oft in großer Angst und Gefahr; noch immer konnte es nicht zum Frieden kommen, nach welchem man so sehr verlangte, daher das Kloster vielen Schaden und großes Uebel erlitt. Am 29. December 1644 starb die Klosterfrau Sibylla Gruters.

Am 23. Mai 1648, dem Samstage nach Christi Himmelfahrt, unter der Vesper, kam wieder die betrübte Botschaft, die Klosterfrauen sollten Alles einpacken und in Eil nach Bonn kommen wegen sehr großer Gefahr von den Hessen, die mit ganzer Macht anrückten und es auf das Kloster abgesehen hatten. Noch in der nämlichen Nacht langten sie mit allem ihrem Gute in Bonn an, und blieben in einem Hause bei etlichen geistlichen Jungfrauen vierzehn Tage lang; das Klostergut lag in dem Schiffe auf dem Rheine, vor dem Stadtthore. Doch Gott wandte Alles zum Besseren; am Abende vor h. Dreifaltig= keit, den 6. Juni, konnten sie in ihr Kloster zurückkehren. Bekanntlich wurde wenige Monate später der Westfälische Friede unterzeichnet.

Im folgenden Jahre, den 12. Mai 1650, am Feste der hh. Mar= tyrer Nereus, Achilleus und Pancratius, war der Kölner Weihbischof Georg Paul Stravius auf dem Werth, die Kirche, den Umgang und die Altäre der Kirche aufs Neue zu weihen und zu reconciliiren. Er langte am Tage vorher, um 6 Uhr Nachmittags, während der Complet und unter dem Geläute aller Glocken an. Die Klosterfrauen sangen die Complet bis zu Ende mit dem Regina coeli; unterdeß trat der Weihbischof in die Kirche, in Begleitung dreier Priester und seines Secretärs. Alsbald erklang das Audi Israel und stimmte die Vor= sängerin das Veni sancte spiritus an. Die Klosterfrauen mußten zwei Metten halten, ihre gewöhnliche und auch eine andere, zwölf Lectionen von den 11,000 Jungfrauen, von denen der Weihbischof Reliquien mitgebracht hatte und in die Altäre legte; vier bis fünf von dem Convente lasen sie am Morgen um 4 Uhr auf dem Chore. Um 8 Uhr begann die Weihehandlung mit großer Feierlichkeit, wobei nur die Priester sangen und beteten; der Convent wohnte still im Chore bei. Im Umgange wurde der Anfang gemacht und dieser zuerst geweiht, nach ihm die Kirche, endlich die Altäre. Der Hochaltar wurde geweiht zu Ehren der allerheiligsten Mutter Gottes, der hh. Apostel Petrus und Paulus, des h. Johannes des Täufers und des h. Hiero= nymus. Der Altar zur rechten Hand, an der Chortreppe, wurde ge= weiht zu Ehren des h. Michael, des h. Martyrers Clemens, des h. Dionysius und seiner Gefährten, des h. Vaters Joseph und der h. Mutter Anna. Der Altar zur Linken an der Kirchthüre wurde ge= weiht zu Ehren des h. Vaters Benedictus, des h. Martyrers Placibus und seiner Gefährten, des h. Maurus und der h. Scholastica. Als Alles vollbracht war, sang der Convent feierlich die Messe Terribilis

von der Kirchweihe, dann folgte das Te Deum, alle Glocken läuteten.
Der Weihbischof verlieh für den Tag einen Ablaß von 100 Tagen,
alle Jahre sollten sie auf denselben Tag 40 Tage Ablaß haben. Es
war das nicht eine Weihe im strengen Sinne, sondern eine Erneuerung
und Reconciliation. Darum sollte auch die Kirchweihe jährlich be=
gangen werden auf den Tag, an welchem sie vor nun fast 200 Jahren
Statt gefunden hatte, nämlich am ersten Sonntag nach der Kölnischen
Gottestracht, wie im Martyrologium des Klosters geschrieben stand, daß
es ewig also solle gehalten werden. Die Gottestracht in Köln wurde am
zweiten Freitag nach Ostern gehalten. Den Altar auf dem Chore wollte
der Bischof nicht weihen wegen der Clausur; er war indeß vor Zeiten ge=
weiht zu Ehren des h. Michael und der h. Gertrud; die Weihe hatte am
Tage des h. Antonius von Padua Statt gefunden, weßhalb man auf
diesen Tag die h. Messe auf dem Chore las zu Ehren dieses Heiligen.

Im Jahre 1649, und wieder ungefähr im Juli 1650, hielt der Abt
Leonardus Colchon von Seligenstadt als Präsident Visitation im Kloster.
Er traf 1650 die Anordnung, alle Morgen solle gleich vor der Prim
die Lauretanische Litanie gebetet werden für ein seliges Ende. Später
schrieb derselbe Visitator noch vor, es solle wöchentlich einmal die
Litanie vom h. Vater Benedictus auf dem Werkhause gesprochen wer=
den. Auch ertheilte er für den Zeitraum von 16 Jahren die Erlaub=
niß, daß die Klosterfrauen zweimal im Jahre hinaus auf das Werth
gehen durften.

Kurfürst Ferdinand starb 1650 am 13. September; im Nekro=
logium ist er zum 12. September eingetragen.

Auch die ersten Jahre nach dem Kriege verliefen nicht ohne viele
Gefahr und großen Schaden am Klostergut. Mißwachs trat ein, dazu
hohe Wasser. Im Januar 1651 war das Wasser so gewaltig, daß
es durch das ganze Kloster in allen untern Gemächern einen Mann
hoch stand; die Klosterfrauen erhielten sich auf den oberen Räumen.
Auf dem Siechhause wurde gekocht, auf dem Werkhause gegessen; das
Wasser zum Kochen schöpfte man auf den Treppen des Siechhauses und
des Dormiters. Das Allerheiligste stand auf dem Chore und wurde hier
die h. Messe celebrirt; der Pater des Klosters, Adam Crutzrath oder
Kreizrath, mußte auf der Scheiben durch ein Loch kriechen, um auf
das Chor zu gelangen. Die Klosterfrauen waren in großen Aengsten,
befahlen ihr Leben und ihre Seele Gott und seiner heiligen Mutter.
Der Abt von St. Martin zu Köln, Henricus Libler, befand sich

auf dem Werth und stand all dieses Elend mit aus. Solches Wasser war seit Menschengedenken nicht gewesen. Das Vieh wurde mit großer Mühe noch erhalten und nach Mehlem gebracht. Der Knecht des Klosters, Hermann Roep, ertrank im Kelterhaus auf St. Antoniustag, den 17. Januar. Den großen verderblichen Schaden lehrte der Augenschein.

Die Aebtissin Gertrud Coten starb bald darauf, am 3. April, und wurde im Chor zur rechten Hand bestattet. Ausnehmend von den Kloster= frauen geliebt, stand sie acht Jahre und etliche Wochen diesen löblich vor, in vielen Betrübnissen wegen des steten Krieges, wegen Mißwachs und hoher Wasser, wie vorgemeldet ist. Dabei war sie sehr schwach von Körper, und gab nach langwieriger Krankheit ihrem Schöpfer und himmlischen Bräutigam, den sie herzlich liebte, ihren Geist auf, im 44. Lebensjahre. Im Nekrologium ist noch eine Jungfrau Agnes Coten zum 7. November verzeichnet, welche in dem Kloster auf der Insel für ihre und die Seelenruhe ihrer Eltern und Geschwister eine Jahrmesse nebst Vigilien mittelst eines Capitals von 200 Reichsthalern stiftete.

Ungefähr acht Tage nach dem Tode der Gertrud Coten wählte man die bisherige Kellermeisterin Anna Maria Beckerers oder Becque= rers zur Aebtissin. Sie war die Tochter des wohlachtbaren Bürgermei= sters Godefrid Beckerer von Bonn und seiner tugendreichen Gattin Maria Gambroch, deren das Nekrologium zum 6. Mai gedenkt. Als die Tochter auf Rolandswerth Profeß ablegte, überwiesen die Eltern als Mitgift dem Kloster 4000 Reichsthaler, von denen 2000 der Stadt Bonn und 2000 der Stadt Linz vorgeschossen wurden. Wegen dieser stattlichen Mitgift wurde für jene Eheleute im Kloster als Jahrgedächt= niß ein Hochamt nebst Vigilien und außerdem drei Lesemessen während des Jahres gehalten. Auch sollte jeder Klosterfrau 2 Pfund vom besten Kuchen und 1 Pfund Rosinen gereicht werden. Noch ein Bürger= meister von Bonn, Godefrid Zons, ist im Nekrologium zum 24. März verzeichnet; er gab dem Kloster für Kirchenfahnen einen Goldgulden und bewog seinen Bruder Peter, der Decan in Bonn war, und seinen Bruder Adam, Bürger von Bonn, fünf Gulden für den nämlichen Zweck zu geben. Eine Klosterfrau, Cunigundis Zons, ist im Nekro= logium zum 30. März angeführt.

Während des langjährigen Krieges hatte Gott und seine heilige Mutter allezeit das Kloster bewahrt und geholfen. Es war ein wohlthuendes Gefühl, daß man wieder, Gott sei Lob und Dank, in ziemlichem Frieden leben konnte. Verordnungen scheinen darauf hinzu=

deuten, daß jetzt der Herstellung einer streng geregelten Lebensweise im Kloster wieder mehr Aufmerksamkeit zugewandt wurde. Schon bei der Visitation 1649 war befohlen, das sogenannte Mandatum, d. i. die Fuß=waschung, müsse am Samstage während des Sommers alle vierzehn Tage, im Winter alle vier Wochen fleißig gehalten werden. Zugleich wurde angeordnet, man solle wöchentlich einen Spieltag haben, damit man zu anderer Zeit desto andächtiger und eifriger sei; an dem Spieltage sollten alle Schwestern bei einander sein. Beim Mandatum auf „Mendeltag", d. i. am Gründonnerstag, pflegte vor Zeiten die Aeb=tissin einer jeden Schwester wie die Füße, so auch die Hände zu wa=schen; Abt Henricus Libler mißbilligte das und verfügte 1651 gemäß dem rechten Ritus, daß die Aebtissin nur umgehe und das Wasser über die Hände schütte. Osterdinstag hatte der Convent nach altem Brauch Colloquium und empfing ein Osterei, Weck und Wein. Auch pflegte er am Pfingstdinstage im Baumgarten Weck und Milch zu essen. Das Jahres=Capitel 1651 verbot, außer der Zeit und anderswo, als im Reffenter, zu essen: fortan wurde das Osterei im Colloquium, der Rest im Reffenter gereicht; ähnlich wählten am Pfingstdinstage die Klosterobern den Ort nach ihrem Gutmeinen. War das Jahrescapitel gehalten, so folgte ein Todtenamt für alle abgestorbenen Schwestern und Brüder der ganzen Genossenschaft. Eine Tumba stand in der Kirche; man hielt eine Vigilie von 9 Lectionen; von dem Suffragium Sapientia bis zum Magnificat wurde geläutet; zum Sanctus kleppte man mit der großen Glocke. Die lange Vigilie hatte 1651 die Aebtissin Anna Maria Beckers in der angegebenen Weise auf den Rath der Visita=toren und mit Bewilligung des Convents eingeführt. Sie verordnete im nämlichen Jahre: beim Gehen aus dem Capitel sollten alle zusammen sich vor dem Crucifix verneigen, wie es üblich geschah, wenn man aus der gemeinschaftlichen Lesung ging. Auch verfügte sie: an Sonn= und Feiertagen müsse jede Klosterfrau auf ihrer Stelle im Chore knieen blei=ben, den anderen ihren Platz frei lassen; während des Gottesdienstes solle Niemand vor dem Altare knieen. Doch der Abt hob dies wieder auf; man solle das Fensterchen aufmachen, allein nicht früher, als bis das Sanctus geschellt werde, dann möge man hintreten und die h. Hostie aufheben sehen, darauf alsbald wieder an seinen Platz zurückkehren, das Fensterchen aber wieder schließen. Dieselbe Aebtissin traf in dem nämlichen Jahre 1651, dem ersten ihrer Wahl, eine Reihe Anord=nungen; nur einige mögen noch erwähnt werden. Die abgesetzten Feier=

tage und der Tag der h. Ursula sollen gleich den gebotenen gefeiert, der Tag des h. Sebastianus wegen der Pest, der des h. Antonius, damit er das Vieh vor allem Ungemach behüten wolle, begangen werden. Klosterfrauen, die Rasttag haben, sollen, bevor die Prim zu Ende ist, nicht hinabgehen, sondern auf der Zelle bleiben und sich unten nicht sehen lassen. An den Freitagen soll in der Regel jede Klosterfrau ihre Zelle kehren, gleich nach der Lesung; die Priorin gebe das Zeichen mit der Schelle, wann man anfängt, und eben so, wann es beendigt ist; zugleich soll eine jede ihr Wasserkrügelchen füllen, damit man am Samstage, wo die Beichte ist, still und ruhig sei. Fällt ein Fest ein, so geschieht das Kehren zwei Tage vor dem Feste, am Tage vor der Beichte, oder man schlägt eine Woche über. Am Beichttage soll man sich in aller Andacht stille halten, nach der Ordnung zur Beichte gehen. Allezeit sollen zwei im Beichtstuhle und eine vor demselben sein. Die nun gebeichtet hat, rufe die drittnächste aus dem Werkhaus und gehe dann auf das Chor, ihre Buße zu beten, und darauf wieder an ihre Arbeit. Am Communiontage soll man nicht ohne große Noth Erlaubniß fragen, zu sprechen. Obst, wie Aepfel, Birnen, Nüsse u. dergl., soll nicht auf die Zelle getragen, nicht unten auf Fenstern und Brettern verwahrt werden. Wird im Reffenter etwas gereicht, so nehme jede ihr Genügen; das Uebrige bleibe auf dem Tische und soll nicht mitgenommen werden. Unter der Singmesse, der Betrachtung, der Gewissens=Erforschung schließe man die Gebetbücher. Die Aebtissin erneuerte im nämlichen ersten Jahre ihrer Wahl, am 3. October, die guten alten Gebräuche, die in dem Gotteshause zu Rolandswerth herkömmlich und durch viele Jahre waren gehalten worden, und ließ sie aufschreiben für die Nachkommen. Die Aufzeichnung ist in der ersten erwähnten Handschrift, Blatt 53a ff., aufbewahrt.

Die Aebtissin Entzenbergh hatte 1616 gemäß Beschluß des Jahres=Capitels angeordnet, täglich solle nach der Metten eine halbe Stunde Betrachtung sein. Bei der Visitation 1649 wurde bestimmt, die Betrachtung solle statt in der Nacht am Morgen um halb 6 Uhr gehalten werden und der Prim unmittelbar vorangehen. Dies bestätigte der Abt von Werden, Heinrich Dücker, 1652 und fügte als Visitator, obgleich er nicht in Rolandswerth visitirt hatte, die Weisung hinzu, am Abende solle in dem Reffenter die Betrachtung vom folgenden Morgen vorgelesen und am Morgen nach der Anrufung des h. Geistes durch das Veni sancte spiritus der Inhalt der Betrachtung kurz vorgesagt werden.

Man las in der Fasten die Betrachtungen von Johannes Busäus, sonst die aus dem Buche von Christian Mayer. Jener war bekanntlich Prior der Kreuzbrüder in Köln; letzterer, Jesuit, hatte ein Diarium meditationum, 2 Bde. 12⁰. Köln, 1635, veröffentlicht [1]).

Im Jahre 1652 traf die Aebtissin Anna Maria Becderers bleibende Anordnung bezüglich der Lesung im Reffenter. An Sonn- und Feiertagen soll die Epistel, das Evangelium, und gleich darauf der Sermon über das Evangelium verlesen werden. Fällt das Fest eines Heiligen auf den Sonntag, so wird nach dem sonntäglichen Evangelium auch eine Epistel oder Lection nebst dem Evangelium des Festes und das Leben des Heiligen verlesen. Für die Lesung am Sonntagabend, an den Wochentagen, den Tagen der Quatember, wurde ähnlich feste Ordnung getroffen. Eine Todten-Bruderschaft verband Rolandswerth mit den Klöstern St. Martin und St. Agatha in Köln. Die Aebtissin verfügte 1652, daß alle Klosterfrauen ohne Ausnahme den Vigilien beiwohnen müßten, welche für die Mitbrüder in St. Martin und die Mitschwestern in St. Agatha gehalten wurden. Im Nekrologium sind die Aebtissinnen von St. Agatha, Margaretha Richters, † 1625, zum 26. Juli, Margaretha Weidenfelt [† 1642] zum 25. März, Maria Lommessem [lebte noch 1660] zum 4. März erwähnt, eben so eine Priorin von St. Agatha, Ursula Liblers, zum 15. Februar, eine Novizenmeisterin und Seniorin von St. Agatha, Anna Onsorg, zum 1. Februar, und eine ehemalige Kellermeisterin von St. Agatha, Catharina Onsorg, zum 18. Februar. Außerdem sind viele Klosterfrauen von St. Agatha im Nekrologium verzeichnet, deren Aufzählung ich indeß mir versagen muß. Die Bruderschaft mit St. Agatha wurde 1674 gekündigt.

Die nämliche Aebtissin verordnete 1653: wenn im Winter Vigilien auf dem Chor gehalten werden und es dunkel ist, daß man bei der Kerze arbeiten muß, soll man nach der Vigilie auf dem Chor bleiben und beten; ist es aber zu kalt, so möge man in die Stube oder auf die Zelle gehen. Sie schärfte 1654 ein, keine Schwester solle versäumen, während der Fastenzeit in die Litanei zu kommen, es wäre denn große Noth des Klosters, und selbst in diesem Falle nur mit Erlaubniß der Aebtissin, auch nach der Messe auf dem Chor bleiben, bis die Vesper andächtig gesprochen ist. Am Allerseelentage stellte

---

1) Vgl. Hartzheim, Bibliotheca Coloniensis, S. 163. 57.

man sich auf dem Chore vor die Stühle um die Gräber; 1654 war
die Zahl der Klosterfrauen so groß geworden, daß die Aebtissin an=
ordnete, sie sollten sich auch in die Stühle stellen.

Nachdem Henricus Libler am 18. August 1652 gestorben war,
wurde wenige Tage später Jacobus Schorn zum Abt von St. Martin
gewählt und als solcher einige Zeit darnach auch bestätigt. Der Abt von
Werden als Präsident visitirte mit dem Abte von St. Pantaleon Rolands=
werth am 17. November 1654. Der Convent nahm dieses Mal das Rö=
mische Brevier an; doch begann man damit erst am 20. November 1655;
die erste Vesper nach römischem Ritus wurde von Mariä Aufopferung
gesungen; nur vier hochbetagte Klosterfrauen behielten das alte Brevier,
ihrer schwachen Augen halber und weil sie nicht mehr zu Chor gingen.
Schon früher war eine Klosterfrau von Rolandswerth, Johanna Richartz,
zum Zwecke der Reformation in das Kloster Hagenbusch geschickt worden
und als Priorin daselbst 1654 am 21. September gestorben, zu welchem
Tage sie im Nekrologium erwähnt ist. Im Jahre 1657, am Montage
nach Hagelfeier, wurden die beiden Schwestern Barbara und Sophia
Albertz in das Kloster Hagenbusch gesandt, dort das römische Officium
zu lehren; sie trafen am 8. Mai allda ein. Barbara wurde 1659 Oberin,
Sophia am 7. Januar 1659 Priorin zu Hagenbusch. Erstere kam 1662
den 15. Juni, letztere 1664 im September, beide ganz krank, auf das
Werth zurück, Barbara, um sechs Wochen später auf St. Annatag, den
26. Juli — das Nekrologium erwähnt sie zum 25. Juli — zu sterben;
ihre Schwester erholte sich. Die Klosterfrau Maria Lynen von Rolands=
werth starb als Oberin in Hagenbusch am 11. Juli 1676.

Im Jahre 1658 war ein langer und harter Winter und lag hoher
Schnee. Dieser und das Eis ging so plötzlich und mit so viel Wasser ab,
daß die Bewohner des Klosters sich in die obern Gemächer flüchten
mußten, wie vor sieben Jahren. Das Vieh ward über den Rhein gefah=
ren und hin und wieder untergebracht. Die Bäume, groß und klein,
wurden meistentheils niedergeworfen, daß es schrecklich anzusehen war.
Alle Klosterfrauen empfingen Donnerstag den 28. Februar die h. Commu=
nion und befahlen sich dem gütigen Gott. Am nämlichen Morgen brach
die Mauer des Baumgartens an etlichen Stellen ein; das Eis drang ge=
rade auf das Kloster zu; das Wasser war noch immer im Steigen, daß
es mehr als einen Fuß höher stand, als vor sieben Jahren. Die Oberin
in großen Aengsten wußte nicht, wohin sie die Klosterfrauen bringen solle;
alle Wege waren mit Wasser bedeckt und das Kloster auf dem Punkte,

Mangel zu leiden. Gesunde und Kranke stiegen also oben auf der Schei=
ben[1]) durch ein Fenster eine Leiter hinab in ein Schiff und kamen glücklich
nach Mehlem, wo sie bei dem Schreiber ihres Klosters, Conrad Geller,
alle zusammen auf einer Stube verweilten, bis am Samstage das
Wasser fiel. Die Aebtissin war mit drei oder vier Schwestern auf dem
Werth geblieben; sie holte nun am Nachmittage die Klosterfrauen wie=
der, die durch dasselbe Fenster aufstiegen, durch welches sie herabge=
klettert waren. Sie mußten auf den oberen Räumen geduldig ab=
warten, bis sich das Wasser ganz verloren hatte. Kloster und Werth
waren erbärmlich zugerichtet. Conrad Geller ist im Netrologium als be=
sonderer Gönner und als Wohlthäter des Klosters zum 2. April genannt.

Am 23. September 1663 starb die Klosterfrau Walburgis Pampis.

Bei dem Türkenkriege 1664 befahl Kurfürst Maximilian Heinrich,
alle Tage solle die Litanei von allen Heiligen mit dem Psalm Deus
venerunt gentes und der dazu gehörenden Collecte vor dem Hochamte
auf dem Chore gebetet werden. Kaiser Leopold mit den Hülfsvölkern
christlicher Könige und Fürsten errang einen großen Sieg — Monte=
cuculi in der Schlacht beim Cisterzienserkloster St. Gotthard —;
16,000 bis 17,000 Türken kamen um, bennoch verblieben zwei Festungen,
barunter Neuhäusel, den Türken, als der Friede zwischen dem Kaiser
und den Türken auf zwanzig Jahre geschlossen wurde.

Am Ende des Jahres 1664 um die Adventszeit erschien ein großer
Komet; er stand am Abende nach der Complet über dem Pesch des
Klosters, und wurde auch noch etliche Tage im neuen Jahre 1665
gesehen. Bald darauf erblickte man am Morgen von dem obersten
Söller in der Richtung nach Sonnenaufgang weit einen anderen
Kometen — wird es nicht der nämliche gewesen sein? — mit sehr
langem Schweife. Die Chronik unter III. bringt damit die furchtbare
Seuche, welche etliche Jahre darnach das Kölnische und das Jülicher
Land heimsuchte, und den Krieg in Holland in Verbindung.

In den Jahren 1667 und 1668 nämlich trat die Pest in Holland,
zumal in Amsterdam, entsetzlich auf, kam allgemach höher und höher,
und wurde in Köln so heftig, daß man, war Jemand in einem Hause
gestorben, die Leiche vor die Thür setzte, bis die Lungenbrüder sie
holen konnten, so zahlreich waren die Begräbnisse. Als man dann
meinte, sie sei aus dem Land und Stift verschwunden, fing sie im

---

1) So heißt das Sprechzimmer, von der Scheibe oder Rolle an demselben.

Kloster erst recht an. 1669 starben in wenigen Tagen fünf Chor=
schwestern, zwei Conversinen und drei Laienschwestern, der Pater Adam
Crutzrath am 16. Januar 1670, und ein Nachbar, der ihn in der
Krankheit bedient hatte. Sie erkrankten auf dem Werthe, wurden
alsbald in das Siechhaus gebracht; binnen drei oder vier Tagen waren
sie todt. Adam Crutzrath oder Kreizrath war Mönch im Kloster St.
Martin zu Köln, ein gewissenhafter Beichtvater für das Kloster, dem
er 24 Jahre in geistlichen und in zeitlichen Dingen treue Dienste
leistete. Eine große Furcht war unter den Klosterfrauen; jede meinte,
nun sei sie die erste; es war bitterlich kalt; man hatte Arbeit den
ganzen Tag, daß man das schuldige Gebet verrichtete.

Inzwischen brach in Köln der bekannte Streit über die Besetzung
der Pfarrstelle in St. Peter aus, und nahm bald solche Ausdehnung
an, daß er das Reich in Aufruhr setzte. Der Kurfürst Maximilian
Heinrich nämlich machte seine alten Gerechtsame in Köln geltend, die
Stadt widerstand. Die Holländer halfen der Stadt, dagegen rief der
Kurfürst französische Hülfe herbei. So lagen die Dinge im Jahre
1670. „Es wäre darüber", meint die Klosterfrau, „wohl viel zu
schreiben" [1]).

Schon 1671 waren die Franzosen als Freunde in das Erzstift
gekommen. Dann erfolgte 1672 die Kriegserklärung gegen Holland.
Um die Pfingsten kam Ludwig XIV. selber in das Niederstift; er hatte
an 200,000 Mann bei einander. Wie der Winter, so war auch der
Sommer ungewöhnlich trocken; in schnellem Siegeslaufe nahm die
Armee in Holland an 51 bis 52 Städte. Die Kirchen wurden dem
katholischen Gottesdienste zurückgegeben und das Te Deum in ihnen
angestimmt; man erzählte, die Holländer hätten es vor dem Kriege
bei nächtlicher Weile von den Engeln darin singen hören. Oeffentlich
wurde die h. Messe gefeiert; Ordenspriester durften öffentlich im Habit
erscheinen, man trug wieder offen den Rosenkranz in der Hand. Wenn
der Bischof von Münster, Christoph Bernard von Galen, eine Stadt
eroberte, setzte er gleich zwei Jesuitenväter hinein; die Kinder lehrte
man nach katholischer Art sich segnen und beten. Der Kurfürst von
Köln zog selbst hinab und hielt Hof in Deventer, das von kurkölnischen
Truppen besetzt war. Hatte Ludwig XIV. und seine beiden Verbünde=
ten, der Kurfürst von Köln und der Bischof von Münster, gehofft, ganz

---

1) Ueber den Haber vgl. Ennen, Frankreich und der Niederrhein. I, 207 ff.

Holland zu erobern, so war es im göttlichen Rathschlusse anders geordnet. Der nächstfolgende Winter und Sommer waren umgekehrt naß und feucht, so daß sie in Holland nichts mehr ausrichten konnten.

Unterdessen hatten die mit den Holländern verbündeten brandenburgischen Truppen sich dem Rheine genähert. Ein kaiserliches Heer war zu ihnen gestoßen, das durch den Krieg bedrohte Reichsgebiet zu schützen und die Verbündeten Ludwig's, den Kölner Kurfürsten und den Bischof von Münster, zu zügeln. Die Brandenburgischen waren gefährliche Gäste. Sie verhehlten ihre Absicht nicht, in das Erzstift einzubrechen und im kölnischen Lande keinen Stein auf dem anderen zu lassen, weil man die Franzosen eingelassen habe und ihnen Vorschub leiste. In aller Eile rückten die Franzosen aus den Niederlanden zu beiden Seiten des Rheines entgegen. Die kaiserlichen und brandenburgischen Truppen versuchten oben am Weißenthurm bei Andernach den Rheinübergang; es hieß, dort werde es zur Schlacht kommen. Die Franzosen indeß waren flink zur Stelle; die Gegner mußten weichen, die Schlacht unterblieb. Allein durch das Auf- und Abziehen der Truppen wurde das Ober- und Unterstift schier ganz verheert. Die Halfen und Höfe des Klosters verdarben beinahe völlig. In dem Kloster war man in großer Furcht. Am Morgen von Mariä Empfängniß, den 8. December, empfingen Alle die h. Communion, dann fuhren die Klosterfrauen voll Betrübniß nach Köln in ihr Haus vor Lyskirchen. Nur die Aebtissin, eine Klosterfrau Franzisca, zehn Laienschwestern und der Pater Placidus Engelhardt blieben, mit ihnen der Pfarrer von Mehlem, Rainer Wollersheim. Sie lebten Tag und Nacht in großen Aengsten wegen der Franzosen, die auf- und abzogen zu Wasser und zu Lande. In der h. Christnacht holten die Franzosen den Pfarrer von Mehlem aus der Pfarrwohnung auf die Brücke in das Haus allda, wo er ihnen die h. Messe lesen mußte. Man öffnete die Kirche nicht wegen des dahin geflüchteten Gutes. Am Neujahrstage legten abermals etliche Schiffe am Abende zu Mehlem an; die Leute geriethen in großen Schrecken und setzten schleunig sich zur Wehr, worüber ein junger Mensch erschossen wurde. Der Pfarrer ertheilte ihm noch die h. Delung, indem er in aller Eile in der Nacht vom Werth nach Mehlem lief, und ihn fand, wie ihm das Hirn vor dem Kopfe hing.

Allein der Herr und die h. Jungfrau beschützten das Kloster; die Klosterfrauen hätten dieses Mal wohl bleiben können. Am St.

Benedictustage den 21. März 1673 holte die Aebtissin sie wieder ab; sie zogen am 22. allzumal mit Freuden heim, nahmen aber nur das Unentbehrliche mit, weil man noch nicht sicher war. Am Vorabende von Mariä Verkündigung waren Alle wieder zur Vesper im Kloster versammelt.

Bis 1672 waren die abgesetzten Feiertage gleich den gebotenen begangen worden. Der Abt Jacobus Schorn verordnete, daß künftighin an ihnen die gewöhnliche Arbeit verrichtet werde. Auch erhielten die Klosterfrauen in diesem Jahre von Rom einen vollkommenen Ablaß für die Feste des h. Maurus, Placidus und aller Heiligen des Benedictiner-Ordens. An diesen Festtagen wurde communicirt.

In der Fastenzeit 1673 war ein schreckliches Erdbeben auf dem Werth, so schrecklich, daß diejenigen, die standen oder saßen, hin und her wankten, die gingen, sich auf die Erde setzen mußten. Das Dachwerk des Klosters krachte so entsetzlich, als ob man mit Karren und Wagen darüber fahre. Pater Placidus saß am Tische und schrieb; hätte er sich nicht gehalten, er wäre zur Erde gefallen. Das Bild des Erlösers fiel auf dem Chor von dem Altar herab. Solches verursachte einen großen Schrecken. Viele Schornsteine stürzten ein, auch ein Stück Mauer von Rolandseck, das man sonst nicht hätte niederlegen können. Am 23. October wurde ein zweites Erdbeben verspürt, doch nicht so stark, wie das vorige.

Inzwischen entbrannte von Neuem der Krieg. Im Juni hatten die Franzosen das feste Mastricht erstürmt [1]). Sie und die kurkölnischen Truppen hatten dann Kurtrier gebrandschatzt und die Stadt Trier gezwungen, auf Gnade und Ungnade — am 12. September — sich zu ergeben. Da fielen unversehens die Kaiserlichen — der Brandenburger hatte im Juni seinen Frieden mit Ludwig XIV. gemacht — von oben herab, die Spanier und Holländer von unten herauf in das Erzstift ein. Die Holländer zogen mit aller Macht in Eil aufwärts, sich mit den Kaiserlichen zu verbinden. Grausam handelten sie an vielen Orten, plünderten die Kirchen und Klöster, traten die h. Hostien mit Füßen; dem Kloster Brauweiler fügten sie über die 3000 Rthlr. Schaden zu. Am 28. October flüchtete der Kurfürst mit seinem Hofe nach Köln in St. Pantaleon. Tags darauf, den 29. October, verließen die Klosterfrauen, dieses Mal auch die Aebtissin, das Werth

---

1) Theat. Europ. XI, 436 f.

nicht ohne großes Herzeleid, und fuhren mit Sack und Pack, so
viel man in einem großen Schiff und sogenannten Trauffert — eine
Art Schalde — mitnehmen konnte, bei rauhem, windigem Wetter
glücklich nach Köln; denn hier und dort zeigte sich schon das Kriegs=
volk. Der Pater, auch etliche Laienschwestern, blieben mit dem Vieh
auf dem Werth; aus Furcht, gefangen zu werden, folgten auch sie,
nur ein paar Laienschwestern harrten aus. Nachdem die Vereinigung
der Kriegsvölker bewerkstelligt war, begannen die Kaiserlichen, Spanier, Holländer und Lothringer am 4. November die Belagerung von
Bonn, das nach fünf= bis sechstägiger Gegenwehr am 12. November
capitulirte und am 13. sich ergab. Das ganze Kölnische und Jülicher
Land mit allen Städten und Flecken wurde erobert. Man handelte in
ihm nicht wie Freundesvolk, obwohl der Kaiser befohlen hatte, Klöster
und Kirchen nicht zu schädigen. Die Klosterfrauen hatten, ebenso wie
bei der letzten Flucht, keinen Mangel an Speise und Trank; nur die
Kohlen waren theuer und schwer zu bekommen.

Abt Jacobus Echorn erlaubte der Aebtissin, daß zwei Klosterfrauen
jede Woche nach Maria Ablaß gingen und dort communicirten, auf
daß die Mutter Gottes ihr Kloster sammt den Schwestern und dem
Vieh bewahren wolle. Das ist auch treu und mütterlich erhört wor=
den; denn während der Belagerung von Bonn ist bei dem Auf= und
Abziehen der Truppen Niemand auf das Werth gekommen. Der
Rhein war von Unkel bis Mehlem so schwarz voll Soldaten und
Schiffe, daß es nicht kann ausgesprochen werden. Doch der liebe Gott
und die Mutter Gottes behielten das Kloster in ihrem Schutz und
frei von Kriegsvolk. Die drei bis vier oder fünf Laienschwestern,
welche auf dem Werth geblieben waren mit den Nachbarn, die jedoch
in der Noth sie verließen, und mit dem Vieh, sagten hernach, sie stün=
den den Schrecken nicht noch einmal aus. Es war für sie entsetzlich,
acht Tage lang auf beiden Seiten lauter Kriegsvolk auf= und abziehen
zu sehen, dazu das grausame Schießen Tag und Nacht auf die Stadt
Bonn. Die Höfe und Halfen des Klosters verdarben gänzlich, indem
sie Alles verloren. Die Landleute hatten allenthalben sich in das
Kloster geflüchtet und eine Sauvegarde darauf genommen. Das Klo=
ster gab ihr Speise und Trank, die Landleute Geld. Der Sauve=
gardist war ein frommer adeliger Herr. Nach der Uebergabe von
Bonn bezogen am 16. November die Truppen Quartiere, der Rest
marschirte am 17. in die Gegend unterhalb Köln.

4

Am 18. Januar 1674 fuhr die Aebtiffin wieder nach dem Werth, mit ihr auf Geheiß des Abtes der Pater Maternus, welcher fortan der Caplan des Klosters verblieb; der Abt wollte nicht gestatten, daß die Aebtiffin und die Klosterfrauen an Sonn= und Feiertagen nach Mehlem in die Kirche gehen sollten. Am 4. Februar fuhr auch die Kloster= frau Christina nach dem Werth. Sie blieben hier in großer Furcht.

Als die Klosterfrau Ursula Vollers zu Köln am 18. (oder 19.) Mai ftarb und nach St. Martin beerdigt wurde, koftete das Begräbniß nicht wenig. Die Leiche hinaus zu tragen, machte 1 Gulden 18 Albus; der Pfarrer empfing für eine Lefemeffe 1 Gulden. Drei Paar Kerzen koſteten 2 Gulden 6 Albus, das Kreuz von Lysfirchen und von St. Brigiden je 10 Albus, zwei Chorpriefter 6 Gulden, beide Pfarrer mitzugehen, jeder 16 Albus, die Lungenbrüder, die Leiche zu tragen, 3 Gulden 6 Albus, das Begräbnißläuten 1 Gulden, die Todtenbahre 12 Albus, Alles zu beftellen und den Neuen anzufagen 3 Gulden 6 Albus. Das Läuten im Filzengraben betrug 18 Albus, für Opfer= fettmenger wurde ausgelegt 1 Gulden 12 Albus, den Todtengräbern gezahlt 3 Gulden 6 Albus, in St. Martin zwei Stunden zu läuten 36 Albus, dem Steinmetz, das Grab zuzumachen, 16 Albus, für die Todtenlade 6 Gulden 16 Albus, Trinkgeld 8 Albus, den Herren zu St. Martin für eine Portion 14 Pfund Fifch oder 4 Gulden 16 Al= bus und drei Viertel Wein oder 6 Gulden. Noch für 7 Pfund Fifch wurden 2 Gulden 8 Albus ausgelegt und dem Convente für 1 Gul= ben Weck gereicht. Der Küfter verrichtete Alles an Stelle des Gaffel= boten, den man fonft auch noch hätte honoriren müffen. Alle, die Verwandtfchaft im Klofter hatten, wurden zum „Neuen" geladen. Nach dem Begräbniß zogen die Klofterfrauen vor und nach heim nach dem Werth, weil ihrer mehrere krank wurden, doch ift Niemand mehr ge= ftorben. Sie verließen Köln in drei verfchiedenen Abtheilungen. Am 12. Juli waren Alle wieder im Klofter beifammen, um Tag und Nacht ihren Gottesdienft zu halten.

Während des Aufenthaltes in Köln wurde — am 14. Februar — Prinz Wilhelm Egon von Fürftenberg (das gräfliche Haus von Fürften= berg=Heiligenberg war unterm 12. Mai 1664 in den Fürftenftand er= hoben worden) in feinem Wagen am Marfilftein von den Kaiferlichen gefangen und in demfelben zum Hahnenthor hinaus abgeführt. Be= kannt ift, welches Auffehen diefe Gewaltthat machte und wie fehr fie die Cabinette befchäftigte. Sein Bruder, der Bifchof von Straßburg,

Franz Egon von Fürstenberg, nicht mehr sicher, floh nach Paris zu Ludwig XIV. Beide Brüder waren die Urheber des ganzen Unwesens, obwohl, meint die Klosterfrau, sie „eine gute Meinung" dabei gehabt hatten. Nach dem Kriege kamen sie wieder frei nach Köln.

Bevor die Klosterfrauen Köln verließen, war — am 11. Mai — ein Vergleich zwischen dem Kurfürsten, dem Kaiser und den General= staaten zu Stande gebracht. Doch im Kloster lebte man in steter Furcht und Sorge wegen der auf= und abziehenden Soldaten, von denen die Klosterfrauen Manches auszustehen hatten, dazu das Flehen der armen Landleute. Damals wurde auf dem Dormiter des Klo= sters ein neuer Boden gelegt. Am 1. August, Abends um 7 Uhr, entlud sich gleich oberhalb des Werthes ein erschreckliches Gewitter mit Hagel und stetem Blitzen, daß es ganz finster wurde; wie es dabei dem Werth und wie in Holland ergangen ist, hatte die Priorin Anna Schorns weitläufig beschrieben. Am 27. September starb die Laien= schwester Angela Bianden, dann im folgenden Jahre, 1675, am 12. September die Klosterfrau Agnes Spitzgen.

In dem Jahre 1675 den 23. Mai kamen die Lothringer über die Honnefer Seite herab, am Nachmittag um 3 Uhr. Gegen 5 Uhr erschienen ihrer neun im Kloster, darunter ein Baron de Mersche, der ein Reiter=Regiment befehligte. Er war ein feiner Herr, versprach den Klosterfrauen alle Hülfe und treuen Beistand, worauf die Aebtissin ihn am 24. mit zehn Begleitern zu Gast lud. Am 25. kam dieser Herr mit dem Obersten Duveny, der drei Regimenter befehligte; sie brach= ten Trompeter mit, die das Magnificat in der Vesper bliesen. Das Alles hinderte doch nicht, daß am 28. fünfzehn Lothringer auf die Mühle des Klosters kamen. Der Müller schlug sich ritterlich mit ihnen herum und überwand sie durch Steinwürfe. Am 31. zogen die Lo= thringer zu Bonn über die Brücke in das Kölnische Land, und wandten sich dann aufwärts gegen Trier, diese Stadt den Franzosen abzuneh= men. Zu Godesberg erschossen sie zwei Landleute. Sie schnitten Gerste und Weizen überall ab und fütterten damit ihre Pferde. Am 1. und 2. Juni, Pfingstabend und Pfingsttag, flüchteten die Bewohner von Meh= lem, Bachem, Lannesdorf, Oberwinter, Werth, Kürrighoven, Gimmers= dorf, Liessem, und schier das ganze sogenannte Ländchen auf das Werth zu dem Kloster; denn diesem thaten die Lothringer, Dank dem Umstande, daß die Aebtissin die Officiere bewirthet hatte, kein Leid. Vor der Zeit der Aernte mußten sie die Früchte des Klosters, die nur gezeichnet

4*

waren, ganz frei auf dem Felde laſſen. Der Obriſt ließ zwei Trompeter dem Werthe gegenüber blaſen, bis das Kriegsvolk vorbei-
gezogen war. Hernach drohten die herumliegenden Kaiſerlichen bisweilen dem Kloſter ihren Beſuch an, weil jene unglücklichen Landleute
mit ihrem Armuthlein vor ihnen davonliefen und ſich mit ihrem Vieh
auf dem ganzen Werth in Zelten aufhielten, ſo daß ſie in den Häu-
ſern nichts fanden. Doch durch Gottes Hülfe und die Fürbitte der
Mutter Gottes blieb das Werth ganz frei, bis bald vor dem Ende
des Krieges. Die Kaiſerlichen mußten ſich auf die Bergiſche Seite
retten, die Franzoſen hatten die Kölniſche Seite inne. Was für eine
Betrübniß das Kloſter da von den Kaiſerlichen hat ausſtehen müſſen,
blieb allen Inſaſſen in lebendiger Erinnerung; auch hatte die Priorin
Anna Schorns es ganz weitläuſig aufgezeichnet. Zuletzt hatte man
Alles wiederum gepackt, ſich nach Bonn zu begeben; denn man wollte
die Kloſterfrauen nicht mehr im Kloſter dulden. Hätten dieſe wegen
des ſtarken Eisganges fortgekonnt, ſo wären ſie nach Bonn gezogen.
Denn in Dr. Beckerers Haus war ihre Wohnung beſtellt. Man hatte
auf Befehl des General-Oberſten bereits angefangen, die Bäume an der
Seite nach Honnef zu abzuhauen; das Werth ſollte ihnen Schutz vor
den Franzoſen geben. Da lief vor und nach die Zeitung ein, daß der
Friede zwiſchen dem Kaiſer und dem Könige der Franzoſen zu Nym-
wegen — am 5. Februar — geſchloſſen ſei und bald der allgemeine
Friede der ganzen Chriſtenheit folgen werde. Auch kam vom General
ſchriftliche Ordre, mit dem Bäumefällen einzuhalten. Kurfürſt Maximilian Heinrich bewies dem Kloſter in all dem Elend große Treue, desgleichen der erwähnte Dr. Beckerer und ein Herr Peter Baudo durch
Schreiben und durch Hin- und Hergehen. Dr. Beckerer war nach
Rolandswerth gekommen, ſich hier in der Einſamkeit eine Zeitlang auf-
zuhalten; den Kloſterfrauen war nicht anders zu Muthe, als ob der
liebe, gütige Gott ihn hergeſandt habe, in dieſem Jammer ihnen bei-
zuſtehen. Es iſt nicht zu ſagen, wie ſehr ſie Urſache hatten, in dieſer
ihrer höchſten Betrübniß Gott zu loben und ihm zu danken für Beides:
den allgemeinen Frieden und die Erlöſung aus ihrem Elende. Unver-
ſehens waren ſie getröſtete Leute geworden. Dieſe Dinge begaben ſich
1679 um Maria Lichtmeß den 2. bis gegen Scholaſtica den 10. Februar
hin. Der Troſt, welchen die Anweſenheit des Dr. Beckerer den Kloſterfrauen brachte, hat im Nekrologium einen dankbaren Ausdruck gefunden.
Er hieß Adolf Beckerer, war kurfürſtlicher Hofrath, und ſtarb bald

darauf am 28. oder 29. März 1679. Den erwähnten General=Obersten nennt das Nekrologium Louignies, die Chronik unter V. Luini; es mag der spanische General Louvigny gemeint sein [1]).

Im Jahre 1680 den 21. Mai hielt der Abt Aegidius Romanus von St. Pantaleon als Präsident mit dem Abte Johannes Schlotanus von St. Martin Visitation im Kloster ab. Am 26. December des Jahres erblickte man am Abende um 5 bis 8 Uhr einen erschrecklichen Kometen, seinen Schweif, den Stern noch nicht; der Schweif reichte von dem Hiligs=berg — in der Richtung von Remagen — bis auf das Werth, hatte die Gestalt einer Ruthe und war groß und unveränderlich bis zum 5. Januar 1681. Am 6., 7., 8. und 9. Januar sah er sehr schrecklich und ganz feurig aus. Danach erblickte man den Stern mit dem Schweif, dann ihn bald höher, bald niederer, zuletzt etwas kleiner. Er nahm seit dem 10. täglich ab, bis er am 24. und 25. Januar verschwand. Der Stern er=schreckte die Klosterfrauen sehr; den Zorn Gottes zu besänftigen, setzten sie sieben Wochen an den Donnerstagen das Hochwürdigste Gut aus und sangen die Messe von demselben, wenn kein Duplex war. Alle wohnten dem h. Opfer bei; nach der Messe sang man Media vita und die Collecte pro peccatis. Diese Messe hielten sie während der Fasten, und zwar mit Orgelbegleitung bis zu Ende. Der Stern war über ganz Europa, selbst bis nach Konstantinopel hin, sichtbar.

Das Wasser war 1681 so groß, daß es unten im Kloster in allen Gemächern stand, bloß die Stube auf der Scheiben und das Herren=haus blieben trocken. Es ist indeß in einer Nacht schier aus allen Räumen gewichen, weil es in Holland und Brabant durchbrach; bei 6000 Menschen ertranken. Im nämlichen Jahre herrschte eine bös=artige Viehseuche von dem Oberlande bis in Holland hinein, so daß man bange war, Butter und Käse zu genießen; man heilte das Vieh mittelst einer Operation auf der Zunge, die mit einem silbernen In=strumente ausgeführt wurde. Das Kloster beschloß 1681, für Schwestern und Brüder keine Singmesse mehr zu halten, weil fast stetig Fest im Chor und es daher zuweilen unmöglich war, man aber Alle darin gleich halten wollte. Für die Eltern, Schwestern und Brüder des Paters wurde bei ihrem Tode es eben so gehalten, wie beim Tode der Angehörigen der Klosterfrauen, da jener auch allerlei Freud und Leid in geistlichen

---

1) Ennen, Frankreich und der Niederrhein. I, 313. Noll, Zur Geschichte des Klosters Nonnenwerth, S. 9, Anm. 36.

und zeitlichen Dingen mit ihnen theilen mußte; allein bei den Caplä-
nen geschah es nur auf ihr Begehren und war dann ein Werk der Liebe.

Im Jahre 1682 wirkte die Viehseuche in so weit nach, als man-
chen Leuten das eingepökelte Ochsenfleisch verbarb und man ganze
Tonnen in den Rhein werfen mußte. Das Kloster blieb von diesem
Mißgeschick verschont.

Kurfürst Maximilian Heinrich weilte noch immer, seit 1673 bis 1683,
mit seiner Hofhaltung in St. Pantaleon zu Köln. Im September
1683 hielt der Abt von St. Pantaleon als Präsident mit dem Abte von
Laach (Placibus Keßenich) Visitation in Rolandswerth ab.

Inzwischen waren 1683 die Türken aufs Neue in Ungarn eingefallen
mit 150,000 oder gar mit mehr als 200,000 Mann und zahlreichem Geschütz wohlgerüstet. Sie handelten grausam in dem Lande. Die Leute
wurden gefangen, getödtet, schier Alles ward verheert und niedergebrannt. Sie brachen so kräftig durch, daß sie — seit dem 14. Juli —
die Stadt Wien gegen neun Wochen belagerten. Kaiser Leopold floh in
der Nacht mit dem ganzen Hofstaate nach Linz. Unterdeß hatte er ein
ziemliches Heer, man sagte 80=—90,000 Mann, versammelt, die der
Polenkönig, Kurfürsten und andere Fürsten, diese zum Theil aus West-
falen, herbeiführten. Fasten, Gebete und große Prozessionen geschahen
für dieses Anliegen. In öffentlichem Ausschreiben ordnete der Kölner
Kurfürst ein dreitägiges Fasten an nebst sacramentalischer Prozession;
in Köln wurden die Gebeine der hh. Severin, Albin, Eliphius, Engelbert u. A. umgetragen. Am 29. August wurde auf dem Werth ein
10stündiges Gebet gehalten, statt der Prozession sprach man nach
der h. Messe die sieben Bußpsalmen und sang die Litanie. In der
Türkengefahr erblickt die Klosterfrau, wie in dem hohen Wasser und
der Viehseuche vorhin, eine Wirkung des Kometen vom Jahre 1680
auf 1681. Am 31. August, dem Dinstage in der Schutzengel=Octave,
begann der Kampf vor Wien. Ein Bruder der Klosterfrau Quentels
auf Rolandswerth schrieb aus Wien, was er selber gesehen hatte. Die
Christen stritten so beherzt, daß sie die Türken schließlich wie eine
Herde Schafe vor sich her jagten. Das währte bis zum Tage von
Mariä Geburt — ungenau, die Schlacht ist nicht am Feste Mariä
Geburt den 8., sondern am folgenden Sonntage den 12. September
geschlagen —, der Sieg war so groß und wunderbar, daß er mehr Gott
als den Menschen, ja, Gott allein zugeschrieben werden muß. Wien
war alsbald von der schweren Belagerung befreit. Man meldete, in

der Schlacht seien 160,000 Türken gewesen, die binnen einer Stunde
also niedergemacht und in die Flucht getrieben wurden, daß kaum
mehr als 100 noch zu sehen waren. Die Christen erbeuteten vor Wien
einen solchen Vorrath von Edelsteinen, Gold, Silber, Geschütz, Eisen,
Leinen, Zelten und allerlei Gut, daß fast unglaublich lautete, was der
Bruder der Quentels und die Posten darüber meldeten [1]).

Im nämlichen Jahre 1683 begann im Advente eine entsetzliche Kälte
und hoher Schnee; solches währte bis in die Fastenzeit. Die Bewohner
von Honnef kamen am Sonntag Quinquagesimä mit Frau und Kin-
dern, um Nachsagens willen, von Honnef bis auf das Rolandswerth
über das Eis gegangen. Auch hat ein 100jähriger Mann in Honnef
sich dessen nicht erinnern können, daß es je geschehen. Alle Nachbarn
und alle, die es sahen und hörten, fürchteten für das Kloster und für
das Werth. Die Leute sagten, es liege oben am Kopfe der Insel so
hoch Eis, wie die Burg Rolandseck, welches vom Anfange der Kälte
an sich dort aufgethürmt hatte. Doch der liebe Gott hatte dieses Eis-
bollwerk allgemach bei der Kälte zum Frommen des Klosters dort
aufgerichtet. Als das Wetter abging, zwang und trieb der Eisberg
alle Gewalt des Eises auf die Honnefer Seite. Auch setzte sich eine
große Eisscholle an der Kölnischen Seite zwischen das Werth und den
Weg, daß die Klosterfrauen von oben herab zusahen, wie der Pater
und der Knecht des Klosters darüber bis auf die Kölnische Seite schritten. Auch brach das Eis wohl bisweilen durch und floß dann ruhig
ab. Das Wasser und das Eis staute sich etliche Mal einige Fuß auf
und fiel dann wieder, daß es nicht einmal in den Keller des Klosters
kam. Dem lieben Gott sagten die Klosterfrauen unendlichen Dank.

Im folgenden Jahre 1684 hatte der Herzog von Lothringen und
der Baiernfürst mit anderen christlichen Fürsten und Herren ein statt-
liches Heer versammelt; sie lieferten in Ungarn wieder den Türken eine
Schlacht, belagerten im nämlichen Sommer lange die Hauptstadt von
Ungarn, Ofen, mußten aber schließlich mit Verlust vieler Tausend
Soldaten davon abstehen. Vom Mai bis in den August war bei uns
am Rhein eine solche Dürre, daß alle Kräuter vertrockneten, alle
Sommerfrüchte verdarben. Das Vieh mußte Laub fressen, und dessen
war wenig genug. Wiesen und Baumgärten sahen aus wie Stoppel-
felder. Wie den kalten Winter Keiner erlebt hatte, so hatte auch

---

1) Vgl. Zinkeisen, Geschichte des Osmanischen Reiches in Europa, V, 106.

Keiner solche Dürre erlebt. Auch das brachte man auf Rechnung des Kometen von 1680 auf 1681.

Kaiser Leopold versammelte 1685 wieder aus der ganzen Christenheit ein großes Heer, das nach Ungarn zog. Am 9. Juli belagerten sie die Stadt Neuhäusel, die Türken die Stadt Gran. Da zertheilten sich die Christen vor Neuhäusel und gewannen bei der Stadt Gran auf St. Hyacinthus-Tag, den 16. August, mit der Hülfe Gottes, wie sie auch selber herausschrieben, Gott stritt wieder mit ihnen, eine glänzende Schlacht; die Türken wurden verjagt, die Stadt Gran von der Belagerung befreit, am 18. [19.] August Neuhäusel mit stürmender Hand und großem Blutvergießen genommen, große Beute an Geld und anderen Dingen gemacht. Bald übergaben auch in Ober-Ungarn die Rebellen die Stadt Eperies mit großem Pardon und Accord, ähnlich die große Stadt Kaschau und viele andere Städte [1]). Durch die ganze Christenheit ward eine Dankfeier gehalten, auf Rolandswerth sang man an einem Sonntage die Messe von der heiligsten Dreifaltigkeit mit Te Deum.

Am 30. September starb die Laienschwester Helena Schorn.

Im Jahre 1686 belagerten der Herzog von Lothringen und der Kurfürst von Baiern wiederum mit einem aus der ganzen Christenheit versammelten Heere am 19. Juni die Hauptstadt Ofen und eroberten sie nach vielem Stürmen und großem Blutvergießen am 2. September. Man fastete dieses Anliegens halber bei Wasser und Brod und betete viel. Ofen galt als der Schlüssel zu Konstantinopel, selbst zu Jerusalem. Auch das große Entsatz-Corps der Türken vor der Stadt schlugen sie mit der Hülfe Gottes und verjagten es. Während der Belagerung waren die Christen vor der Stadt in großer Gefahr wegen des Entsatzes vor und des grausamen Wehrens aus der Stadt. Da haben sie zu Wien, Kaiser und Kaiserin, Jung und Alt, am Vorabende von Mariä Himmelfahrt den 14. August den ganzen Tag bei Wasser und Brod gefastet bis an den Abend. Auch begehrte der Kaiser von den Fürsten, daß in ihren Stiftern ein Gleiches geschehe. Er selbst fastete zwei Tage. Als nun Ofen in Sturm und Brand, als fände eine zweite Zerstörung Jerusalems Statt, genommen war [2]), wurden durch die ganze Christenheit Dankfeste gehalten. Der Kurfürst ordnete an, daß auf einen

---

1) Vgl. Zinkeisen a. a. O. V, 119 f.
2) Vgl. Zinkeisen a. a. O. V, 122 ff.

Sonntag die Messe von der heiligsten Dreifaltigkeit gesungen, dann ein Te Deum abgehalten werde. Die Strophen Tibi omnes, Tibi Cherubim und Sanctus wurden dreimal mit großer Freude und Feierlichkeit wiederholt, wie der Kurfürst durch gedrucktes Ausschreiben es befohlen hatte. Auch warb das Hochwürdigste Gut ausgestellt und dreimal Defensor gesungen. Die Aebtissin ließ außerdem noch drei Tage, so wie es an den Vorabenden der Muttergottesfeste geschieht, fasten.

Am 10. September dieses Jahres starb die Laienschwester Cäcilia Rigels.

Nach der Eroberung von Ofen nahmen die Christen Ezegedin, Fünfkirchen und noch vier oder fünf andere Städte, auch Siklos und Kaposvar ein, und zerstörten die Esseker Brücke gänzlich. 1687 im August — am 12. — errangen der Herzog von Lothringen und der Baiernfürst wiederum bei der Esseker Brücke mit Gottes Hülfe einen wunderbaren Sieg über die Türken, deren ganzes Lager nebst allen Schätzen in die Hände der Sieger fiel[1]). Auch dieses Mal feierte man auf dem Werthe die Messe von der heiligsten Dreifaltigkeit mit Te Deum.

Im Jahre 1688 war der Lothringer Herzog schwer krank. Deßhalb richtete der Papst ein bewegliches Schreiben an den Kurfürsten von Baiern, daß dieser sprach: „Nun will ich Gott zu Ehren und dem heiligen Vater zu Lieb' mich dahin begeben!", eilte über die Save mit der Armee, was ihn Geld und gute Worte kostete, weil die meisten schwierig waren. Alsbald rückte er vor Griechisch-Weissenburg oder Belgrad und nahm es im ersten Sturm, hernach noch mehrere Städte. Auf dem Werth wurde wieder das Te Deum zur Danksagung gesungen.

Unterdeß hatten sich neue Wirren im Erzstifte Köln vorzubereiten begonnen. Prinz Wilhelm Egon von Fürstenberg war — 1682 nach dem Tode seines Bruders Bischof von Straßburg, und am 2. September 1686 — Cardinal geworden. Nun wurde er — Alles durch französischen Einfluß — 1688 zum Coadjutor für Köln gewählt gegen den Willen des Papstes und des Kaisers Leopold. Von der Zeit an erkrankte der Kurfürst Maximilian Heinrich und starb am 3. Juni, zu welchem Tage er auch in das Nekrologium eingetragen ist. Im Juli fand zu Köln seine sehr prächtige Beisetzung Statt. Gleich nachher war die Wahl. Fürstenberg erhielt die meisten — 13 von 24 — Stimmen, „aus Ursach", sagt die Klosterfrau; die gut kaiserlich

---

1) Vgl. Zinkeisen a. a. O. V, 124 ff.

gesinnten Domherren wählten den baierischen Prinzen. Alsbald ließ
Ludwig XIV. ein großes Heer in die Pfalz, das Kölnische und das
Bergische Land einrücken. Bonn und alle Städte wurden besetzt,
Brühl, Sinzig, Andernach, Lechenich, Ahrweiler, beinahe alle Städte
und Schlösser niedergebrannt und gesprengt. Auf dem Werth war
man in großer Angst und Furcht; man hatte nichts Sonderliches nach
Köln in Sicherheit gebracht. Alle Landleute flüchteten ihre Habe
in das Kloster. Am Tage Mariä Verkündigung den 25. März 1689,
den zweiten Freitag vor Palmsonntag, unter dem Hochamte, erhob sich
in der Kirche ein Hin= und Herlaufen; man zeigte dem Pater am
Altare an, daß viele Franzosen, 300 an der Zahl, auf das Werth
wollten und Einlaß in die Scheune und in das Kelterhaus begehrten.
Am anderen Morgen um 3 Uhr begannen sie, alle Bäume am Kopfe
der Insel abzuhauen und nach Bonn zu fahren. Anderthalb Hundert,
darnach etwa 70 oder 60 Soldaten blieben auf dem Werth. Sie be=
köstigten sich selbst; im Anfange hatte es die Aebtissin thun müssen;
auch jetzt that sie schon noch bisweilen etwas. Die Obristen speisten
mit den Herren. Das Heu, Stroh, Holz des Klosters, Alles wurde
nach Bonn gefahren und verkauft.

Am St. Markustage den 25. April kommt ein Obrist mit etlichen
Mann, nimmt aus dem Keller einigen Wein und von dem Söller
viel Hafer. Nach zwei Tagen kommen viele französische Herren, be=
gehren im Namen des Gouverneurs, alle Vorrathskammern einzusehen
und alle geflüchteten Früchte abzuholen; sie versprechen, nichts vom
Kloster und Convente zu begehren oder zu nehmen. Die Berichterstat=
terin kniete auf der Scheiben selber mit vor ihnen nieder, doch sie
wandten den Rücken und sagten, sie wollten nichts, was dem Kloster
gehöre, gaben auch ziemliche Bezahlung für die vorhin mitgenommene
Frucht und den Wein. Alsbald gingen sie hinauf, sackten 160 Malter
Früchte ein. Dann schritten sie ohne Umstände auf den Dormiter,
hoben Vorhänge auf, sahen in die Zelle, gingen alsbald in den Um=
gang, ließen die meisten Kisten aufschlagen, nahmen aber nur das
Leinen, Tuch und Hemden, wie sie sagten, für ihre Kranken und Ver=
wundeten, gaben auch ziemlich Geld für jede Kiste. Die Berichterstatterin
war dabei und nahm es mit an. Sie holten aus der Küche Fleisch
und aus dem Keller Wein, und fuhren damit hinweg. Die Sachen
waren halb bezahlt.

Am 27. April kommt ein anderer Obrist mit vielen Soldaten; sie schlagen die übrigen Kisten auf, nehmen alles Leinenzeug, Betten, Fleisch, Frucht, Wein, und verheißen, es solle Alles bezahlt werden. Einer von ihnen, der „Italiäner" genannt, war der Freund der Klosterfrauen in der Noth; er begehrte den Obristen allein zu sprechen auf dem Dormiter; hier schritt letzterer einmal auf und ab, sehr belebt und gravitätisch, die Klosterfrauen wie furchtsame Kinder um ihn und hinter ihm drein, in Erwartung, was er beginnen werde. Er sieht nicht in eine einzige Zelle. Dann geht der Italiäner mit ihm nach Bonn und bringt den Klosterfrauen von dem Commandanten ein Schreiben, worin er dem Obristen, der am anderen Tage kommt, befiehlt, nichts mehr mitzunehmen, als den Rest der geflüchteten Früchte. Dieser hatte an sonstigen Orten Alles geplündert und auf seinen zwei großen Schiffen hinweggeführt; doch mußte das Kloster ihn sowohl, als alle seine Soldaten bewirthen und beschenken.

Am 2. Mai wurden die auf dem Werth liegenden französischen Obristen und Soldaten nach Bonn gefordert und gingen, mit Hühnern und Schinken wohl beschenkt. Unterdeß schossen die Brandenburgischen von der Honnefer Seite den Tag hindurch auf den Berg und das Werth immer zu, schonten aber das Kloster, so viel sie konnten. Was für Schrecken die Klosterfrauen in diesen Tagen ausstanden, ist nicht wohl zu beschreiben; man drohete fortwährend, das Kloster anzuzünden. Am selbigen Abende, als jene weggezogen waren, kamen die Brandenburgischen auf das Werth und haben es wohl bewacht, ihrer waren 50, etwa drei Tage lang. Das Kloster mußte sie speisen; dies wollte den Klosterfrauen zu schwer fallen, darum hat die Aebtissin sie wiederum hinübergeschickt; sie benahmen sich sehr ruhig und friedsam auf dem Werthe.

Am 21. Mai zogen die Lüneburgischen von der Schanze an der Wolfenburg und von der anderen Seite nach Mainz. Da kamen am 23. Mai die Franzosen auf der Honnefer Seite herauf, plünderten Alles eine Stunde lang, begannen dann am Rheine, Morgens um 8 Uhr, und steckten Alles in Brand: Honnef, Königswinter, Ober- und Niederbollendorf — ein erbärmliches und erschreckliches Schauspiel! Im Kloster spreitete man die Wäsche im Pesch; die Tücher waren ganz voll Flugasche.

Im Juni fingen die Franzosen an, auf beiden Seiten des Rheines die unreife Frucht abzuschneiden und zu verbrennen. Am 11. Juli nahmen die Münsterischen die Schanze zu Beuel ein.

Dann begann man, auf St. Jakobstag den 25. Juli, Tag und Nacht grausam auf die Stadt Bonn zu schießen, daß schier alle Klöster, Kirchen und Häuser verbrannten und niedersanken. Während jenes Tages und der Nacht brannten in Bonn vom Grönenwald an bis zum Sternenthor über den Markt sämmtliche Häuser, das Capuciner-, Minderenbrüder-, Jesuiten-, Engelthaler- und Olivenkloster ganz ab. Bei Hofe schmolz Alles vor Hitze, trotz des doppelten Gewölbes, worin es verwahrt wurde: an 10,000 Pfd. Zinn, Gold, Silber, allerlei Kunstwerke, deren etliche zu verfertigen einige 1000 Rthlr. gekostet hatten, sammt den Edelsteinen gingen durch das Feuer zu Grunde. Am 13. oder 14. August wurde die Stadt rundum eingeschlossen. Die Soldaten droschen hin und wieder selbst die Früchte und führten sie hinweg. Hernach blieben die Belagerer still vor Bonn. Durch einen guten Freund am kaiserlichen Hofe erhielt das Kloster einen stattlichen Schutzbrief, auch einen von dem Brandenburger, und als Sauvegarde einen Edelmann. Das Schießen auf die Stadt währte bisweilen zwei Tage und Nächte ununterbrochen.

Schon im Juni, 1689, waren zwei Laienschwestern, Elisabeth Ackermanns am 4. Juni, Maria Webers am 21. Juni gestorben. Nun brach während jener Belagerung die Ruhr auf dem Werthe aus. Es starben zwei Knechte. Am 21. September verschied die Klosterfrau Bilgen, wohl die Conversin Sibylla Vogts, die dem Kloster treue Dienste leistete und zum 22. September in dem Nekrologium erwähnt ist. Am 14. September klagte sich die Priorin Anna Schorns und starb nach acht Tagen, am 23. (24.) September; dann starb am 26. (27.) September die Klosterfrau Maria Odekirchen, rotularia des Klosters, am 3. (5.) October die Klosterfrau Mechtildis Dupenius, am 11. (14.) October die Klosterfrau Dorothea Brewers, am 13. (15.) October die Klosterfrau Monica Oblaten, am 21. (22.) October die Klosterfrau Anna Franccots oder Franckotta, Seniorin des Klosters. Binnen wenigen Tagen starben acht Chorschwestern, vier Laienschwestern und die erwähnte Bilgen. Auch eine Schwester Franzisca und der Pater Maternus klagten sich, kamen aber wieder auf, eben so andere Klosterfrauen, welche von der Krankheit befallen wurden.

Am 24. September kam der Lothringer Herzog mit vielem Kriegsvolk zu Schiff herab vor Bonn und schoß nun auch entsetzlich auf die Stadt, bis die Franzosen am 10. October um Pardon baten. Sie zogen am 12. oder 13. October mit sieben beladenen Wagen ab. Nun traten Bürger und Brandenburger in die Stadt. Aber Häuser und

Klöſter waren erbärmlich zugerichtet, verbrannt und ihres Hausrathes beraubt; nur das Kloſter und die Kirche der Capucineſſen und etliche andere Kirchen ausgenommen.

Im nämlichen Jahre 1689, in der Faſten, brachen Diebe in den Baumgarten, die Stube und das Waſchhaus des Kloſters, bogen in der Stube eine Stange um und entwendeten an Leinen bei 12 Rthlr. Werth.

Im Januar 1690 fielen die Franzoſen über die Gegend um Ben= gen, Leimersdorf, Bieresdorf herein und brannten fünfzehn Dörfer nieder. Zwei Soldaten ſollten den Hof zu Bengen anzünden, der dem Kloſter gehörte, wurden aber durch Pfeifen von dem Obriſt zurückgerufen. Zehn Tage vorher hatten ſie bei Vettweiß viele Dörfer niedergebrannt. Im März, ſagt der Bericht — in Wahrheit am 18. April —, verſchied der Herzog von Lothringen ſehr fromm und andächtig. Am Abende vor Frohnleichnam, den 24. Mai, ſtiegen Diebe durch ein Fenſter in das Web= haus und entwendeten zwei ſchöne Stücke Tuch und Garn, welche fremden Leuten gehörten, vielleicht war dies auch die Urſache. Zum Glück waren die Schweſtern mit Backen beſchäftigt und hinderten unten die Diebe. Im Advent war Abends zwiſchen 4 und 5 Uhr ein Erdbeben, ein Ave Maria lang. Auch iſt in dieſem Jahre Belgrad nebſt anderen Städten und Schlöſſern wieder in die Hände der Türken gefallen[1]).

Auch im Jahre 1691 den 7. Juli brannten die Franzoſen wieder bis an den dem Kloſter gehörigen Hof zu Bengen gegen 27 Dörfer nieder. In Ungarn errang Markgraf Ludwig von Baden dem Kaiſer einen glänzenden Sieg über die Türken am 19. Auguſt, von Nachmittags 3 Uhr an. Die chriſtlichen Soldaten haben in dieſer Schlacht manch= mal gemeint, ihres Gebeins ſolle nicht davon kommen. Bis Abends 8 Uhr hat Gott die chriſtlichen Waffen geſegnet, die Türken geſchlagen und verjagt, ihr Lager, ihre Zelte, 148 Stück Kanonen, Bagage, Alles fiel in die Hände der Chriſten. Von den Türken waren bei 22,000, von den Chriſten 7=—8000 todt oder verwundet. Im Lager fand Ludwig von Baden 54 große Kiſten Kupfermünze, 12 Kiſten Silbergeld und 24 Kiſten mit guten Kleidern[2]).

Am Nachmittag des 3. September ſchritt eine Compagnie Franzo= ſen das Werth entlang auf und ab. Ein Schiff kam angefahren mit

1) Vgl. Zinkeiſen a. a. O. V, 149.
2) Vgl. Röder von Diersburg, Des Markgrafen Ludwig Wilhelm von Baden Feldzüge wider die Türken. II, 165 ff. Zinkeiſen a. a. O. V, 151.

14 Perſonen. Als dieſe die Franzoſen ſahen, wollten ſie gleich nicht
anlegen. Da ſchoſſen jene auf die Leute, eine Frau todt, einen Mann
durch die Schulter. Sie banden die Männer an einander, plünderten das
Schiff, und zwangen den Wirth Heidrich, ſie überzufahren oder den
Pater herüber zu holen, wobei ſie ſagten, ſie hätten ſchriftlichen Befehl,
das Kloſter zu plündern und anzuzünden. Die Kloſterfrauen hatten die
Gewiſſens=Erforſchung beendigt und waren auf dem Dormiter. Da
wird vor Schrecken gerufen, man ſolle auf das Chor gehen und den
Roſenkranz beten. Inzwiſchen fuhr Pater Franziscus hin und hörte
ihr Begehr, wollte mit ihnen accordiren. Sie antworteten, dann
müſſe er mit nach Mont=Royal [1]). Man ſchickte ihnen Speiſen und
Bier hinüber. Pater Franziscus mußte bei finſterer Nacht mit den
Soldaten und den Gefangenen gehen, doch ungebunden. Ein Knecht
vom Werth, ein guter Bekannter, machte den Pater wieder los und
brachte ihn mit. Die Aebtiſſin hatte ihnen eine große Geldſumme
zahlen müſſen. Es wäre, meint die Berichterſtatterin, wohl beſſer
abgelaufen, wenn man gethan hätte wie die Heiſterbacher Herren
und das Kloſter zu Marienforſt, ohne aber irgend deren Verfahren
weiter zu melden: es ſei indeß „wohl gemeint“ geweſen. Hätte das
Kloſter am Lande gelegen, ſo würden ſie angefangen haben, es zu
plündern. Dieſer Schrecken traf die Kloſterfrauen um die nämliche
Stunde, in welcher im Jahre vorher das kleine Erdbeben Statt fand.
Die Berichterſtatterin ſcheint tadelnd andeuten zu wollen, daß man
vorſchnell die Rotte mit großem Gelde abgefunden habe; „thue Alles
mit geſundem Rath,“ ſchreibt ſie, „ſo wird es dich darnach nicht
reuen!“ · Die Kloſterfrauen hatten keine Ahnung von der Sache bis
an den Schrecken. Auch wollte die Aebtiſſin nicht ſagen, wie viel Geld
ſie hatte geben müſſen, die Bücher würden es ausweiſen.

Am 10. März 1692 ſtarb, durch Alter entkräftet, die Aebtiſſin
Anna Maria Beckerers, nach einundvierzigjähriger löblicher Regierung,
vielen überſtandenen Unruhen, Krieg, Aufläufen, Eisfahrten, hohen
Waſſern, dabei langwierige Krankheiten, Nachmittags um 3 Uhr, im
78. Lebensjahre, im 60. Jahre ihrer Profeßablegung. Sie·war eine
ſehr gewiſſenhafte Eiferin für die Kloſterzucht, und hat in geiſtlichen
wie in zeitlichen Dingen dem Kloſter vortrefflich vorgeſtanden. Die

---

1) Die 1686 errichtete Feſtung der Franzoſen in der Unterpfalz; ſie wurde nach
dem Ryßwicker Frieden wieder zerſtört.

im Nekrologium zum 24. Februar verzeichnete Klosterfrau Scholastica Beckers mag ihre Anverwandte gewesen sein. Aus der Wahl am 17. März ging durch Stimmenmehrheit die 44jährige Franzisca Falcks oder Valcks als Aebtissin hervor, welche die meiste Zeit seit ihrer Profeßablegung Almosenspenderin gewesen war.

Am 18. September 1692, Nachmittags zwischen 2 und 3 Uhr, war ein starkes Erdbeben, ein Vater unser lang; am nämlichen Tage unter der Vesper folgte ein zweiter Erdstoß, ein Ave Maria lang. Am 20. September, Morgens um 9 Uhr, fand wieder ein starkes Erdbeben Statt, ein Ave Maria lang. Dieses Erdbeben ist durch ganz Brabant und Flandern erschrecklich gewesen, zu Antwerpen und in anderen Städten ein Vater unser lang, in etlichen Städten und auf dem Lande ein Miserere lang, und entsetzlich viele Leute sind durch herabfallende Steine verwundet und getödtet worden, als sollte schier die Welt vergehen. Dann war am 1. oder 2. October, Morgens um 3 Uhr, wieder ein starkes Erdbeben, ein Ave Maria lang, und am 28. October, Morgens um 6 Uhr, aufs Neue ein kurzer aber starker Erdstoß.

Auf St. Johannes des Täufers Tag 1693, Abends unter der Complet, wurde es ganz finster. Um 6 Uhr fing es an, zu donnern, zu blitzen und entsetzlich zu regnen, mit vielen erschrecklichen Schlägen, und hat es so gewährt bis 1 Uhr in der Nacht, daß die Klosterfrauen oft meinten, sie würden mit ihrem Kloster vergehen. Zugleich wurde ein Erdbeben verspürt. Am folgenden Tage und später hörte man großes Elend von anderen Orten. Es war ein Wolkenbruch gewesen. Mehlem war ganz verwüstet, sechs Menschen ertranken. Der Auwerhof[1] war von dem Bach ganz umgewühlt; in dem Hof allein waren sechs Menschen, die Frau, etliche Kinder und Verwandte jämmerlich ertrunken. Der Schaden des Klosters Marienforst wurde auf 2000 Reichsthaler geschätzt. Die Herren in dem Kloster mußten selber bis an die Arme durch das Wasser waten, um das Vieh und die Schafe zu retten. Das Kloster hatte 400 Rthlr. Schaden an den Bäumen; von 15 Morgen Landes waren 6 Morgen mit Grund und Boden weggespült. Hätte nicht das Wasser von dem Bach und Weiher zuerst die Fundamente inner- und außerhalb der Mauer unterwühlt, dann 150 Fuß Mauer über den Haufen geworfen und so Luft bekommen, es wäre von dem Kloster und den Insassen keine Spur geblieben.

---

1) Bei Mehlem, jetzt Au an der Auergasse; früher floß der Mehlemer Bach vorbei.

Alle ihre Gemüsegärten waren mit dem Grunde weggetrieben, 4 Morgen schöner Weizen ganz verwässert. Dem Herrn zu Gudenau —
bei Vilipp — waren alle Weiher ausgetreten und übergelaufen. Alle
Wege waren derart verdorben und eingesunken, daß weder Schiffe noch
Wagen fahren und man schwer reisen konnte wegen der Lehmerde.
Von Unkelbach, Heimerzheim, aus der Eifel und wo die Bäche und
Weiher waren, hörte man das Gleiche. Die Leute haben ihr Vieh in
den oberen Gemächern erhalten. Das Wetter ist ähnlich in Brabant
und im Oberlande gewesen, wo auch das Erdbeben verspürt wurde.

Am 21. August war wieder um die nämliche Zeit ein solches Gewitter bis 9 oder 10 Uhr Nachts. Im August und September gab
es ähnliche schreckliche Gewitter in Würzburg und in Breslau, Hagel-
steine fielen wie Gänseeier. Auch sind in dieser Zeit Heuschrecken von
grüner und allerlei Farben aus Ungarn bis in die Pfalz gekommen
wie schwarze Wolken, haben die Sonne verdunkelt, wo sie niederfielen,
Alles der Erde gleich aufgefressen.

In Ungarn war der Kampf gegen die Türken ruhmvoll für die
kaiserlichen Waffen. Der junge Prinz Franz Eugen von Savoyen errang
1697 am 11. September bei dem Städtchen Zenta an der Theiß
einen glänzenden Sieg. Der Türken sollen wohl 40,000 Mann mehr
gewesen sein, als der Christen. Ihrer blieben bei 22,000, ja 30,000
Mann oder ertranken in der Theiß. Nachher haben die Türken ge-
klagt, daß sie bei 50,000 Mann verloren. Die Christen hatten gegen 500 Todte, aber viele Verwundete, — nach Eugen's eigener
Angabe hatte er in Allem nur 1496 Mann Todte und Verwundete [1]). Die Christen sagten: „Stände nur die Sonne noch zwei
Stunden länger!" Des Metzelns wäre dann noch viel mehr gewesen. Der Sultan war mit wenigen der Seinigen jenseits der
Theiß geblieben und sah dem Kampfe zu, gebärdete sich wie ein
Wahnsinniger, weinte und rief: „Bruder nicht tödten!" Das Zelt
des Sultans, auf 400,000 Gulden geschätzt, alle Zelte, Bagage, die
Kanzlei, das ganze Lager, viele Tausend Ochsen, viele Tausend beladene Kameele, viele Tausend Wagen mit vier Pferden oder mit
vier Büffeln bespannt, viele Kebsweiber und andere Sachen fielen in
die Hände der Sieger. Die gefangenen Türken erzählten, in der Nacht

---

1) Heller, Militärische Correspondenz des Prinzen Eugen. Wien, 1848. I, 162.
Vgl. Zinkeisen a. a. O. V, 154 ff. Wagner, Historia Leopoldi, II, 345.

vor der Schlacht, zwischen 11 und 12 Uhr gegen Mitternacht, hätte man 24 weißgekleidete Männer mit goldenen Reichsfähnlein gesehen; sie schwebten über den Zelten des Großherrn und des Großwesirs, erhoben dann sich durch die Luft bis zu dem Lager der Christen und verschwanden in den Wolken. Der türkische Soldat erkannte darin ein entsetzliches Zeichen; gern wären die Türken zurückgewichen, wenn sie nur gekonnt hätten.

Bald nach diesem erfreulichen Siege über die Türken wurde der Ryßwicker Friede mit Frankreich geschlossen. Der Kaiser unterzeichnete erst am 29. — 30. — October, weil er Straßburg und den Elsaß gern wieder gehabt hätte. Beides, der Sieg über die Türken und der Friede, erfüllte die Christenheit mit Freuden; in allen Ländern und Städten ertönte das Te Deum und löste man die Kanonen, Freudenfeuer brannten auf den Bergen.

Die erlittene Niederlage und der Ryßwicker Friedensschluß stimmten auch die Türken zu friedlichen Gesinnungen. Ein Waffenstillstand erfolgte 1698, dann schloß — am 26. Januar 1699 — der Sultan mit dem Kaiser Leopold, den Polen und den Venetianern einen 25jährigen Frieden; alles, was die Christen seit 1684 erobert hatten, verblieb ihnen [1]).

Im Jahre 1692 am 31. Mai starb die Priorin Ursula Engelskirchen, 1694 am 28. October die Klosterfrau Catharina Colin, 1695 am 13. März die Laienschwester Magdalena Bonnen, 1698 am 31. März die Laienschwester Margaretha Herwegs, 1704 am 3. Februar die Conversin Catharina Creuelts, endlich am 22. September die Aebtissin Franzisca Falds, nach zwölfjähriger Regierung, im 57. Jahre ihres Alters, dem 36. ihrer Profeßablegung. Auch ihr wird das Lob gespendet, daß sie für die Klosterzucht gewissenhaft geeifert und dem Kloster sowohl in geistlichen, wie in zeitlichen Dingen sehr gut und löblich vorgestanden habe. Eine fromme Jungfrau, Maria Balds, ist noch im Nekrologium zum 13. November vermerkt; sie spendete dem Kloster 50 Kölnische Thaler; dann eine andere tugendreiche und fromme Jungfrau, Scholastica Falds, zum 15. April, die außer Mobilien im Schätzungswerthe von 600 Thalern den Klosterfrauen noch 2000 Reichsthaler vermachte, wofür eine wöchentliche Segensmesse für ihr Seelenheil gehalten werden mußte. Der Convent empfing aus

---

1) Vgl. Zinkeisen a. a. O. V, 159 f. 211 ff.

den Erträgnissen jährlich 30 Reichsthaler, jede Profeſſin 2 Pfund Zucker, 1 Pfund von beſten Kuchen und Muskatenblüthe. Auch die Gertrudis Hülß, der wir ſo viele Nachrichten verdanken, ſchloß ihre Augen am 22. Januar 1705.

Spätere Aufzeichnungen melden noch die Anweſenheit des Fürſten von Sachſen-Zeitz 1707 an einem Freitage, den 5. Auguſt, dem Feſte Mariä Schnee, Abends zwiſchen 8 und 9 Uhr. Er beſuchte die Kirche und kam dann unten ins Sprechhaus. Die Aebtiſſin, die Priorin und die Kellermeiſterin unterredeten hier ſich lange mit ihm über Kloſterſachen. Er hätte gern dem Convent den Segen ge- geben, es unterblieb, weil es ſchon ſo ſpät war. Als er auf das Werth kam, läutete man mit allen Glocken. Um 9 Uhr ging er wie- der auf ſeine Yacht, übernachtete in ihr, und fuhr am Morgen um 4 Uhr weg.

Am 19. November 1714 traf ein Schreiben des Abtes von Deutz (Michael Ruthgers) ein, welches meldete, er als Viſitator werde mit dem Präſidenten ſelbſt Viſitation halten. Alsbald ging ein Bote nach Deutz mit dem Antrage auf Vertagung wegen der bevorſtehenden Feſte Mariä Aufopferung und St. Clemens. Es wurde alſo Montag der 26. November anberaumt. Die Herren langten während der Veſper zeitig an und wurden von der Aebtiſſin und der Kellermeiſterin empfangen, wobei der Präſident ſich nach dem Einen und Anderen bezüglich der Ordnung erkundigte. Am folgenden Morgen gleich nach der Leſung läutete man mit der kleinen Glocke zweimal das Zeichen, dann gingen alsbald alle Kloſterfrauen zum Capitelhaus. Die Herren kamen mit der Aebtiſſin und der Kellermeiſterin. Auf dem Chor fragten ſie, ob kein anderer Eingang in das Capitelhaus ſei, als über den Dormiter, über welchen ſie nicht gerne gingen. Auf dem Capitelhaus hielt der Präſident eine kleine Ermahnung. Zwei Stühle mit Kiſſen ſtanden da und lagen noch zwei Kiſſen an der Erde; auf dieſe knieten ſie nach der Ermah- nung und beteten den Pſalm Ad te Domine levavi. Hernach las der Präſident ſelber die h. Geiſtmeſſe, die Alle hörten und wobei nicht ge- ſungen wurde. Dann ging man auf die Scheiben. Die Aebtiſſin rief die jüngſte von den Profeſſen und die folgenden nach der Ordnung; den Herren wurden die Namen und das Amt genannt. Sie ließen jede einzeln eintreten und kamen, nachdem ſie Alle angehört hatten, ſpäter wieder zum Capitel; der Präſident hielt aufs Neue eine kleine Mahnrede, wie er die klöſterliche Ordnung befunden habe, dann kniete man nieder und betete das Confiteor, der Präsident sprach den Segen, und nun gingen Alle, auch die Aebtissin und die Kellermeisterin, still ab. Auch gingen die Herren noch auf zwei Zellen, sich zu überzeugen, wie es mit der Armuth gehalten sei, und wollten keine Geschenke annehmen; die Aebtissin indeß präsentirte den Herren eine Kanne „Fleirenwasser" [1]), die sie annahmen, und welche ihnen recht lieb war. Dem Knechte gab man 2 Thaler und ein Schürztuch.

Hier schließen die Nachrichten in den Handschriften. Ueber die Aebtissinnen der Folgezeit verdanke ich dem jetzigen Rector des Klosters, Herrn Damian Becker, noch folgende Angaben [2]):

Im Jahre 1716 war Justina Pranghs Aebtissin; sie wird auf die Franzisca Falcks gefolgt sein. Zum Jahre 1722 ist die Aebtissin Scholastica Quentels erwähnt, wohl die Klosterfrau dieses Namens, der wir früher begegneten.

Dann befindet sich in der Klosterkirche zu Rolandswerth noch folgende Grabschrift der Aebtissin Benedicta Conradts (1735—1775):

Anno 1775 | die septima Junii obiit et hic | sepulta est R⸱ᵐ⸱ et perillus | tris domina Benedicta | Conradts abba- tissa. senioris- | sa et iubilaria huius parthe- | nonis dignis- sima aetatis | 84. regiminis 45. et iubilaci decimo. | Re- quiescat in pace | Amen.

Auf die Benedicta Conradts folgte die Aebtissin Juliana Ef- ferß. Endlich wurde am 2. Juni 1794 die Aebtissin Florentia Penders gewählt. Commissar und Visitator des Klosters war, etwa seit der Mitte des Jahrhunderts, der Abt von Gladbach [3]).

---

1) Fliederwasser, aqua sambuci.

2) Fr. Bock (Heider und v. Eitelberger, Mittelalterliche Kunst-Denkmale des Oesterreichischen Kaiserstaates, II, 137) meldet, zwei alte Elfenbeinhörner im St. Veits- dome zu Prag seien durch Karl IV. in Rolandswerth erworben, wo man sie seit den Tagen Roland's, des Neffen Karl's des Großen, bewahrt habe. Sie hätten für das sagenberühmte Elfenbeinhorn (Olifant) gegolten, welches der sterbende Held in der Roncevalleschlacht mit Allgewalt blies. Die Nachricht wäre in so fern interessant, als daraus folgen würde, daß, als Karl IV. am Rheine seine Heiligthümer für die St. Veitskirche sammelte (1354), bereits der Name „Rolandswerde" mit dem Paladin Roland in Verbindung gebracht wurde. Leider erlaubt die unzureichende Bezeichnung der Quelle keine sichere Schlußfolgerung.

3) Vgl. v. Stramberg, Rheinischer Antiquarius, Abth. III, Bd. 7, S. 786. v. Mering, Geschichte der Burgen u. s. w. I, 89.

5*

Am 31. Januar 1773 brannte das alte Klostergebäude und die Kirche nieder. Zwei Klosterfrauen fanden in Königsdorf, zwei in Kempen, drei in Neuwerk, vier in Bochholz Aufnahme. Am 14. April legte der Kurfürst den Grundstein zu dem Neubaue. So konnten die Klosterfrauen nach 17 Monaten in das neue gegenwärtige Haus zurückkehren, dessen Weihe mit aller Feierlichkeit vollzogen wurde. Der Bau soll 80,000 Reichsthaler gekostet haben, war aber zu weitläufig und zu kostspielig angelegt; das Kloster mußte für die Folge sich einschränken [1]. Das Consular-Decret vom 9. Juni 1802, welches die Klöster aufhob und die Kirche ihres Eigenthums beraubte, hatte auch auf Rolandswerth Anwendung. Die Ausführung inzwischen verzögerte sich. Am 16. September 1804 brachte die Kaiserin Josephine die Nacht in Bonn zu, am anderen Morgen fuhr sie nach Coblenz. Sie soll die schöne Lage des Klosters bewundert haben und von Mitleid ergriffen gewesen sein für die betagten Jungfrauen, die man hülflos in die lange entfremdete Welt wieder hinausstoßen wollte. Am Morgen des 17. September, gegen 9 Uhr, traf Napoleon in Bonn ein, und reiste am nämlichen Morgen weiter nach Coblenz [2]. Bei Rolandseck stellten sich die Klosterfrauen auf der Landstraße auf, als der Kaiser vorbeifuhr, und überreichten eine Bittschrift, worin sie die Erlaubniß nachsuchten, ihre Tage in dem Kloster beschließen zu dürfen [3]. Zwei Tage später, am 19. September, wurde Peter Joseph Boosfeld, früher kurfürstlicher Hofkammerrath, zum Unterpräfecten des Bonner Arrondissements ernannt, zwei seiner Schwestern gehörten dem Kloster an, wo er oft und gern, auch gerade damals, als seine Ernennung eintraf, verweilte [4]. Am 30. October erlaubte ein kaiserliches Decret den Klosterfrauen, bis zum gänzlichen Aussterben der gegenwärtigen Genossenschaft das Kloster und die Insel zu bewohnen. Sie sind in dem Decret als „siebenzigjährige" bezeichnet. Die Güter wurden verkauft, der Hof in Bodendorf um

---

1) J. Koll, Zur Geschichte des Klosters Nonnenwerth, S. 9. v. Stramberg, Rheinischer Antiquarius, a. a. O. S. 784 ff. und Abth. III, Bd. 10, S. 626.

2) Hüffer, Peter Joseph Boosfeld und die Stadt Bonn unter französischer Herrschaft, in den Annalen des historischen Vereins für den Niederrhein, Heft XIII und XIV, S. 134 ff., auch als Separat-Abdruck: Zur Geschichte der Stadt Bonn. Köln, 1863, S. 24 ff.

3) Mündliche Mittheilungen in Bonn. Vgl. J. Koll, a. a. O. S. 9, Anm. 40.

4) Hüffer, a. a. O., S. 138 ff. (S. 29 ff.)

21,200 Franken. Den Hof im Dorfe Rolandswerth, 32 Morgen Acker=
land und 6 Morgen Weinberg, hatte die französische Domainen=
Verwaltung an Boosfeld für 331 Franken verpachtet [1]).

Die Klosterfrauen blieben bis 1822, wo sie entfernt wurden. Die Ca=
pelle des Hospitals hatte 1817 Chausseebauten Platz machen müssen [2]).
Die Preußische Regierung verkaufte die Besitzung, eine großartige Gast=
wirthschaft wurde angelegt, die Insel mit Park=Anlagen bedeckt. Das
Unternehmen indeß bewährte sich nicht. Die Familie von Corbier
hatte hohe Forderungen an den Inhaber; sie zahlte schließlich die drei
rückständigen Fünftel der Kaufschillinge und trat in das Eigenthum
ein [3]). Die Tochter, Auguste von Corbier, trat in der Folge in den
Ordensstand; als Mutter Angela eröffnete sie im Jahre 1850 in
Vereinigung mit Ursulinerinnen eine weibliche Erziehungs=Anstalt in
den Räumen des Klostergebäudes. Die Regel des dritten Ordens vom
h. Franziscus wurde angenommen; am 14. November 1853 schloß
man sich der Congregation der Franziscanerinnen von Heythuizen an,
deren deutsches Mutterhaus sich zu Capellen bei Geldern befindet. In=
zwischen verschied, wie früher gemeldet wurde, am 24. März 1857 zu
Bonn die letzte Nonne der ehemaligen Benedictinerinnen=Congregation,
Schwester Bernardina oder Anna Margaretha Geuß, im Alter von
90 Jahren. Als die Mutter Angela am 19. März 1864 starb, folgte
die Oberin Camilla Schweden aus Düsseldorf. Die Anstalt zählt
gegenwärtig über 40 Schwestern, während die Zahl der Pensionärinnen
auf 100—120 gestiegen ist [4]). Möge die neue Stiftung unter dem
Segen des Himmels blühen und gedeihen!

---

1) v. Stramberg, a. a. O. III, 7, 786. 10, 633.
2) Roll, a. a. O., S. 6.
3) v. Stramberg a. a. O. III, 7, 786 f.
4) Mittheilungen des Herrn Rectors D. Becker und des Klosters.

Anlagen.

I.

Verzeichniß der Aebtiſſinnen.

Bl. 6b—11b.

Hie folgt wie die Ehrw. frawen nacheinander gelebt vnd regirt haben. ‖

1.

Die Ehrw. Vnd gaiſtl. fraw Bela Brinck, erſte reformatrix dieſes Gotteshauß, wie wir wißen, von welcher gemelt wirt werden, 14 blader hernach vnd 42 blader vnd 37 blader [1]).

2.

Nach dieſer iſt gefolgt Mater Regina Blankart.

3.

Nach dieſer iſt gefolgt die Ehrw. Edele fraw Demodis Buchell, welche ins 18. Jahr weißlich Vnd hochlöblich regirt Vnd das gefallene mit Gottes gnaden reedificiert. iſt geſtorben Anno 1507. ihr grabſtein iſt im ſchweden Krech zerſchlagen.

4.

Nach welcher gefolgt ihre leibliche Schweſter die Edele fraw Gertrudis Buchell. Dieſe hat, ehe ſey zur Ehrw. | frawen Elegirt, geſchriben Vnſere 6 große pergaments Chorböcher die wir noch haben, 2 graduale [2]) Vnd 4 Antifonaria. hat auch mit ihrer eigener Handt gemahlt die große goldene Litteren in denſelben böchern. Daß hat ſe gelehrt zum Engelen Thall im Cloſter zu Bonn, daſelbſt ſe deswegen ein halb Jahr in der Koſt geweſt. hat auch noch andere kleine böcher geſchriben, deren noch etliche vorhanden. andere ſindt im Kregh Verkommen. ihre regerungh hat ſe Etliche Jahr ſehr weißlich, Vorſichtig Vnd mit Mütterlicher Liebten Vollendet. ſe iſt geſtorben A°. 1543 [3]). ‖

---

1) Die Worte in den kleineren Typen ſind theils in, theils über der Linie von der Hand der Hülß beigefügt. Die Citate betreffen die Erwähnung der Bela Brinck in der Chronik unter IV zum Jahre 1650, in der Chronik unter V z. J. 1481 und in dem Verzeichniß unter II z. J. 1482.

2) Handſchr. grabale.

3) Die Worte: ſe iſt geſtorben A°. 1543, ſind von der Hand der Hülß nachgetragen.

5.

Nach dießer ist gefolgt die Ehrw. Edele fraw Apolonia Von der Heiden, die mit Mütterlicher sanfftmuht Vnd ein Liebhaberin des fredens im freden Vnd mit freuden etliche Jahr hochlöblich regirt. ist gestorben A°. 1558.

6.

Auff diese ist gefolgt die Ehrw. fraw Gertrudis Hilleſſem, eine Gotts=förchtige einseltige Jungfer, welche in Zeit ihrer regerungh Viele Vnd große be=trübnuß außgestanden wegen Viellen Kreyhs empörungh. also das der Conuent Ver=scheidene mahl außgewichen, Vnd wie die Verirte schäfflein zerstrewet sich an ver=scheidene Orden bey frundten Vnd Verwanten, | auch fremhten auffgehalden Vnd Von aller nothorfft beraubt, daß se ihr Leben schwerlich erhalden Vnd das Closter also in große Armut Vnd schulden gerahten. hat nach etlichen Jahren ihren betrüb=ten regerungh im Exilio zu Vberwinter, da se sich mit winigen ihrer gaistlichen Kinder wegen des Kriegs ¹) auffgehalden, Gott ihrem erschöffer ihre Seel auffgeben, Vnd ist Luden in Vnsere Kirch begraben A°. 1583. in der nacht ist se heymlich von Oberwinter bracht ²).

7.

Darauff noch im selben Exilio ist zu Collen im Kofferhoff in der Koffergaßen ³) Eligirt die Ehrw. fraw Cristina die Wibbige, welche sich daselbst bey ihren Verwanten ⁴) mit winigen Vom Conuent wegen der gefahr auffgehalden, wegen des Trurischen Kriehg ⁵). || hat 18 Jahr regiret in großer Armut. hat nichts mehr funden dan ein gebundt beroster schlüßelen. hat Nohtwendig, Vmb daß Conuent zu erhalden, etliche Lenderehen Verkaufft, auch gelt auffgenohmen, dabey auch schier alle Jahr großen schaden erliden wegen der hochen weßeren Vnd schedeliche Eyß=farten. bey dieser Ehrw. frawen De Wibbige ist Vnser hoff zu Auwenheim erblich VerPacht, wie Oben gemelt ⁶). bei dieser Ehrw. fraw ist auch auffkommen, daß der Pater in sommis festen die Collect in den gezeiden singt. dan obgedachte Ehrw. fraw alle Zeit ein böße brust gehabt, daran se auch gestorben, | hat derowegen nicht zu Chor gangen noch singen Konnen. hat regiert 18 Jahr. ist gestorben Anno 1602 den 12. februarii.

8.

Nach dieser Ehrw. frawen Absterben ist Elegirt die Ehrw. Edele und gaistliche Jungfer Cristina Entzemberch, zur Zeit Kellnerschen. hat sehr fridsam mit Veillen guten exemplen ganß Mütterlich 16 Jahr regiert. hat inerhalb der Zeit Keine sonderliche Kregsgefahr erliten, noch daß Conuendt außgewichen, aber doch

---

1) Auf dem Rande von der Hand der Hülß: Diser ist gewesen der Trurische Krigh.
2) Die Worte: in der nacht — bracht hat die Hülß nachträglich beigeschrieben.
3) Die Worte: in der Koffergaßen, sind von der Hülß zwischen den Zeilen beigefügt.
4) Am Rande hat die Hülß beigeschrieben: bey ihrem Bruder Caspars be Wid-tigshauß.
5) Wegen des Trurischen Kriehg ist von der Hülß beigefügt.
6) Siehe die Nachricht in der Chronik unter IV.

Viele andere widerwertigkeit mit großer gedult erdragen neben Jährlichen miß ‖ gewachs an Wein Vnd früchten. bey dieser regerungh ist abgeschafft daß vitium der Eygenschafft Vnd alles gemein worden. auch Veille andre gute gaistliche Vbung mit betrachten Vnd Examen eingeführt. ist gestorben im Mertz, hat keinen grabstein bekommen. ist gestorben A⁰. 1618 ¹).

9.

Auff die Obg. fraw Cristina ist gefolgt die Ehrw. fraw **Sebilla Beylefelt**, zur Zeit Kelnerschen. hat biß ins 25. Jahr regirt in Viellen vnd Langhwirigen Kregsgefahren, das der Conuent verscheidene mahl zu Collen im exilio gewesen in Vnseren häußeren Vor LeißKirchen. Diese ‖ Ehrw. fraw hat auch durch ihre Von Gott mit getheilte Klogheit Vnd Vorsichtigkeit Verkommene Verlauffte Lenderey, busch Vnd bungart widder ans Closter bracht, waß sonsten ²), hat auch dissem Gotteshauß im gaistlichen Vnd Zeitlichen woll Vorgestandten. hat Veil Jahr die große schmertzen des Podagras ³) mit großer gedult erliben, Vnd entlich im exilio des heßischen Kriegs ihr Ent Gottseelich in Collen beschlossen, Vnd zu groß St. Martin in die Kirch in Vnser L. frawen Chörgen begraben Vor der gerkamer, als der grabstein zeigt. bey dieser Ehrw. fraw Sibilla ‖ Beylefelt regerungh ist die löbliche Vnd gaistliche Disciplin erhalden, die Liebe Clausur Von den hochw. Herrn Visitatores widder eingefürt, ist auch bißhero noch festlich gehalden worden. ist gestorben 1643 ⁴).

10.

Auff Obg. Ehrw. fraw Sibilla Beylefelt Abgangh ist gefolgt die andechtige Jungfer **Gertraudt Coten**, ohne eine die Jüngste profes in Vnser Versamlungh. ist im heßischen Kregh zu Collen im Vnsern hauß Vor LeißKirchen, daselbst wir Vns sämblich wegen der gesahr auffhielten, Elegirt. hat 8 Jahr Vnd etliche wochen regirt in Viellen betrübnußen wegen. ‖ des stetiges Kregs, mißgewachs Vnd hochen waßers, wie hie Vor gemelt. Vnd dabey große schwacheit des Leibs. Vnd also entlich ihrem erschöffer Vnd himlischen braudigam, den se hertzlich geliebt, ihre seele auffgeben. ist begraben in Vnserm Chor zu rechter handt. ist gestorben A⁰. 1651 ⁵).

Item 27 blaber hernach stehet noch mehr von dießen vorgeschribenen ⁶).

---

1) Ist gestorben A⁰. 1618 ist von der Hülß nachträglich beigefügt.
2) So die Handschr., wohl zu ergänzen: verloren gewesen wäre.
3) Handschr. Podegrams.
4) Ist gestorben 1643 ist von der Hülß nachträglich beigefügt.
5) Ist gestorben A⁰. 1651 ist von der Hand der Hülß beigefügt.
6) Das Citat bezieht sich auf das zweite, hier unter II veröffentlichte Verzeichniß, das nur durch einen Zufall in der Handschrift nicht mehr 27, sondern 32 Blätter später folgt.

II.

Verzeichniß der Aebtissinnen und Klosterfrauen.

Bl. 44a—48b.

Vnser Closter ist gestifft vnd gebauwet durch einen Cölnischen Bischoff mit Nahmen Fribericus der erste deß Namens, Jm Jahr 1122 oder 1112. Dißer Bischoff ist gestorben 1131, Vnd ligt begraben zu Siburgh auff dem bergh im Closter Vnsers Ordens in dem Capittelhauß.

_____

Anno 1482 am 21. Augusto ist gestorben die Ehrw. fraw Bela[1]) Brincken, welche gewesen ist die erste reformirersche dißes Closters[2]). welche reformation geschehen ist durch den Ehrw. Herrn Adamum Mayer Abten zu der Zeitt zu groß St. Merten in Collen, welcher bey die 35 Jahr ein trewer Commissarius dießes Closters gewesen ist. Wie langh dieße Ehrw. fraw dießem Closter Vorgestanden, wißen wir nicht, dieweill bey derselben die | alte Schrifften von deß Closters sachen durch einen Brandt, vnd durch vnVorsehene Kriegs Vberfallungh verkommen sint[3]). Die Reformation ist geschehen in dem Jahr 1466 oder 67 Vngefehr. Die Priorsche, die bey dießer Ehrw. frawen gelebt, hat geheischen Agnes Aspeschlagh, die Kelnersche Gertrudis Heben. Die alsten vnd vornehmsten sint gewesen Catrina Mechelen, Regina Blandart, welche nach dießer Ehrw. fraw an baß Abbißen Ambt ist kommen, Sr. Walpurges Plettenbergh, Sr. Johanna Haßell, Sr. Mechtildis Kölffgen, welche im Closter St. Agatha ist gestorben, wie in ihren alten Sehlen böchern ist zu sehen, waß die Vrsach gewesen, wißen wir nicht, Sr. Eua Gemunbt. || Vor der Reformation wißen wir nichts sicherers Von einizen Jungfern oder Abbißen, als allein von den Zweyen, die in Vnser Kirchen begraben ligen, deren eine mit Nahmen Elisabeth Riß gestorben ist im Jahr 1328, die anber mit Namen Aleibis Tonbergh, welche ein graffin gewesen, ist gestorben 1358, wie ihre grabstein außweißen. sint Vnreformerte Benedicteinersche gewesen, deren schrifften alle in den Kriegen verkommen vnd verbrandt sind, also baß wir nicht mehr können weißen Von den Abbissen Junffern Vnd Leyschwesteren die in Vnsern Seelen Boch angezeiget stehen.

Im Jahr 1490 am 20. tagh Marßii ist gestorben die Ehrw. fraw Regina Blandart, ist 8. Jahr in dießem Closter Abbiß gewesen. wie se mit Catrina

_____

1) Bela ist von anderer Hand über der Zelle beigefügt.

2) Unten am Rande ist von der Hand der Hülß belgeschrieben vnd durch ein Zeichen hieher verwiesen: davon meine Elsten wisten, dieweil die Schrifften verkommen sint.

3) Unten am Rande ist hierzu von der Hand der Hülß beigefügt: Meine Elsten sachten, es wehre zwischen Melhell (so!) vnd Wehrt nicht einen Morgen Lanß gewesen, so alt vns gewesen. ich Vermeine grundtpflächtig. darumb mocht die sachen zeltl. auß der wegh.

Von Heßen[1]) geweßen ober wo[2]) | gestorben, wißen wir nicht, Vnsere elsten sagten, daß se noch zurecht wehren komen vnd in einem Kloster gestorben wehren.

Die 3. Ehrw. fraw nach der Reformation ist geweßen die Eble Jungfer Diemodis Buchell, welche dießem Closter 17 Jahr sehr fleißigh Vnd Vorsichtigh hat Vorgestanden. se ist gestorben Aᵒ. 1507 den 22. Nouember. sey ligt begraben auff Vnserm Cohr, Requiescat in pace. Die schwed:schen haben ihren grabstein zerschlagen.

Die 4. Ehrw. fraw ist geweßen die abliche Jungfer Gertrubis Beuchell[3]), ein leibliche schwester der Vorigen Diemodis Buchell. sie hat Veil geschrieben, wie anders wo stehet. sie ist gestorben 1543 den 7. October. se ligt begraben auffm Chor. der stein ist im Kriegh verdorben. Requiescant in pace. ||

Die 5. Ehrw. fraw nach der Reformation ist geweßen die Edele Jungfer Apolonia Von der Heiden, welche dießem Closter 15 Jahr Vorgestanden. sie ist gestorben 1558 den 22. December. se liegt begraben auff Vnserm Chor. se ist geweßen ein Liebhabern des friedens[4]).

Anno 1512 den 21. Martii ist gestorben die W. Jungfer Guda Von dem Camp, welche im Closter Hagenbuschs bey der stadt Zanten profeß ist, Vnd ist Vmb Vnser Reformation willen zu Vnserm Closter gesandt mit einer Jungfer mit Namen Aleidis Raßcob. Die Jungfer Guda hat daß Preiorschen ambt 30 Jahr sehr loblich bedient, die Jungfer Aleidis ist alhie schulmeisterschen geweßen.

Anno 1550 den 19[5]) Januarii ist gestorben die abeliche Jungfer Anna Holtzabell, ihres Albers 76 Jahr, hat das Priorissen ambt 38 Jahr loblich bedient. |

Anno 1575 den 2. Junii ist gestorben die abliche Jungfer Sophia Buell von Cobelentz, welche 25 Jahr daß Priorisen ambt trewlich b[edient][6])

Von Vnsern L. Mittschwesteren, die in der Zeit des Trodischen Vnd Schenden Krieghs[7]) sind gestorben außen dießen Kloster, als sey wie die Irrende Schaff in der Welt Vmbgelauffen, vnd keine eigene Behaußungh gehabt zu ihrer Zuflucht[8]).

Erstlich Aᵒ. 1583 den 5 Junii ist in der Stadt Collen gestorben die Leyschwester Agatha[9]) Linders von Kempen, ligt begraben zu St. Martin. R.

Im selbigen Jahr den 2. 8ber ist zu Oberwinter gestorben, die anbechtige[10]) Jungfer Gertrubis Hilleßem von Andernacht, welche dießem Closter 25 Jahr im Abbiß ambt sehr trewlich hat vorgestanden in allerley Zufällen. sey ist zu

1) So die Handschr., im Nekrologium heißt sie Catharina de Hesson.
2) Die Hülß hat unten am Rande noch beigeschrieben: hin se komen, wißen wir nicht, sey sollen noch in einem Closter gestorben sein.
3) Hier so die Handschr.
4) Der letzte Satz ist, anscheinend von der Hülß, im Texte beigefügt.
5) Das Nekrologium nennt sie zum 20. Januar.
6) Das Wort wurde beim Einbinden beschädigt.
7) Schenck von Nideggen. Das Wort Krieghs ist über der Zeile beigefügt.
8) Die Hülß hat im Texte nachträglich beigefügt: Diß ist geschehen im Giphart Truchseß Kregh, welcher Bonn ingenohmen Aᵒ. 1582.
9) Agatha ist über der Zeile beigefügt.
10) Handschr. anb:

Oberwinter gestorben Vnd des Nachts sehr heymlich in Vnsere Kirch vor dem hochen Altair begraben. Requiescant in pace. ‖

Im selbigen Jahr ist zu Oberwinter gestorben die geistl. geweilde [1]) Jungfer Sophia Weschpoil Von Bonn. R.

Im selben Jahr am 21. October ist zu Remagen gestorben die geistl. adeliche Jungfer Maria Bell, welche gebohren ist auff dem Schloß Aulantz Eck gegen Vnsern Closter Vber.

Im selben Jahr am 6. tag Nouember ist in Remagen gestorben die geistl. geweilde Jungfer Margaretha Weßels. Diese Jungfer ist von veillem Studi ren, darzu se eine große Lust vnd Liebt gehabt, gantz Vnverständig worden, hat aber in ihrer letzter Krandheit einen so guten Verstandt bekommen, daß se dem Herrn Pastoren zu Remagen ein generail Beicht Von ihrer Kintheit an zu Latein hat gethan, daß der H. Pastor sich nicht gnugh hat können Verwundern. sey ligt be graben zu Remagen auff dem Kirchhoff negst bey dem KirchEyßen [2]). Requiescant. |

Im selbigen [3]) Jahr 1584 den 21.Aprill ist in Collen gestorben die geweilde Jungfer Anna Sumemans Von der Lipstadt. ligt zu Collen zu St. Martin begraben.

Anno 1585 den 10. Nouember ist zu Collen zu groß St. Martin gestorben der Ehrw. H. Paulus Proßman. ist 15 Jahr Vnser Lieber Abt Vnd Commissa rius [4]) geweßen, hat Vnsern Veriagten Jungfern im Kriegh Viel guß gethan. R.

Anno 1586 den 28. Mey ist zu Cobelentz gestorben die andechtige Leyschwester Catrina Von Mehlem.

Nach dießem Kriegh hat die Ehrw. fraw geordenet, daß allezeit auff aller Seelen tagh ein Meß soll gehalden werden in der Cappellen St. Nicolai Vber Rein, Vnd daß in derselben Meßen 7 wachs Lichter sollen brennen Vor die See len Vnser L. Mittschwesteren ‖, die in der KriegsZeit gestorben Vnd hin Vnd wider begraben sint, deren etliche in der Cappellen begraben Ligen. Requiescant in pace.

Anno 1596 ist gestorben die geweilde gaistliche Jungfer Elisabeth Rawe, bey 100 Jahr alt.

Anno 1599 ist gestorben die adeliche Jungfer Eleisabeth Holtorb [5]), ires Alters 90 Jahr, ist 38 Jahr lang Kellersche geweßen.

Anno 1601 den 4. Nouember ist gestorben Jungfer Scholastica Haeß, ein Colnische Dochter im Hirtz auff dem AldenMarck, 90 Jährigh.

Anno 1602 den 12. februarii ist gestorben die Ehrw. fraw Cristina die Wetige, ein Colnische Dochter, hat 19 Jahr daß Abbißen Ambt sehr trewlich be dienbt. se ist zur abbißen erwölt in der Koffergaßen im Kofferhof A°. 1584 [6]) den 9. Märtz nach dem Absterben der | Ehrw. fraw Gertrudis Hilleßem, welche am 14. Nouember des Vorigen Jahrs gestorben [7]). so langh haben se kein Motter gehabt

---

1) Wohl so viel als volata, von volum, Weil, Welel, Schleier.
2) Zuerst wurde geschrieben Kircheißen, dann darunter beigefügt Kirch Eyß.
3) So, irrig.
4) Handschr. Commissarus, so immer.
        orb.
5) Handschr. Holtrob.
6) Die Zahl 1584 ist radirt, aber noch lesbar.
7) So; eben hieß es, sie sei am 2. October gestorben. Das Nekrologium erwähnt sie zum 13. October.

die vor se gesorgt, sonder haben der Almußen gelebt, Vnd sich mit ihrer handt
Arbeyt mußen erhalden.

Anno 1606 den 9. Nouember ist gestorben Jungfer Dorothea Liusbergh
von der Lipstadt.

Anno 1608 den 20. Mey ist gestorben Jungfer Cathrina Holtorb, ein
adeliche, Vnd ein exemplar aller Tugenden. se ist 32 Jahr Preyerschen geweßen
Vnd 94 Jahr alt, als se gestorben. Requiescat ip pace.

Anno 1614 den 1. Mey[1]) ist gestorben die adeliche gewellde Jungfer Anna
Bell, welche gebohren auff dem schloß Rulantz Eck gegen Vnserm Closter Vber.
ist Langh iharen Vor ihrem ent Von hochem alder gantz blindt geweßen. Se
wahr ein rechte schwester der Mariä Bell. Requiescant in pace. ||

Beilagen aus einer Laacher Handschrift.

1.

**Epitaph der Aebtissin Demodis Buchel in Rolandswerth, † 22. Nouember 1507.
Von Jakob Siberti aus Münstereifel, Klostergeistlicher in Laach.**

Pergament-Handschrift der Bonner Universitäts-Bibliothek
Nr. 247 (69) fol. Bl. 83 a—83 b.

Epitaphium siue suprascriptio sepulchri domine Demudis Buchel venerabilis
abbatisse in monasterio regine celi in insula rolandi.

HIc veneranda iacet **Demudis** virgo sepulta,
    Virtutum meritis inclita magnificis.
Pluribus hec annis **ch**risti famulabus amanda
    Prefuit vt mater religiosa pia.
Quod verbis monuit, prius exemplis satagebat
    Perficere; instituens sic bene rexit eas.
Disciplina illi simul obseruancia norme
    Complacuere. suis actibus ista probans,
Femineum sexum superans hec iure virago
    Appellanda fuit, dum sibi vita fuit.
Cum forti muliere manus ad fortia misit,
    Vt soli fieret sponsa pudica deo.
Dum vixit cum virginibus prudentibus ipsa
    Prudens virgo tulit semper habere oleum,
Lampade quo plena sponso veniente valeret
    Plaudere virgineis associata choris.
Hanc matrem fusis lachrimis deflete sorores,
    Quam nulli parcens mors fera preripuit.

---

[1]) Lies März, nach dem Nekrologium.

Heu fera mors rapuit dominam veneramine dignam,
  Exemplar vite sustulit ex oculis.
Annos a Christo quingentos ter numerando
  His septem iunctis dum moritur patulum cat. |
Illa dies autem, qua presentata Maria
  . Virgo fuit templo, meta sibi fuerat.
Credo monasterio cuius per tempora longa
  Prefuit ad celum virgo Maria tulit.
Qui superest viuus, dicat: requiescat in cuum
  Demudis domina relligione pia.

Hoc representant rubei apices in carmine positi quod sequitur: Demudis
buchel obiit anno Christi M.D.vij in die presentationis marie uirginis. eterna
vita sit illi. amen.

2.

Brief ber Aleibis Roscop, Rlofterfrau in Rolanbswerth. 1506, October 31.

Pergament-Handschrift der Bonner Universitäts-Bibliothek
Nr. 247 (69) fol. Bl. 2 b—3 a.

*Honorabilibus ac religiosis dominis Joanni de largo monte et Jacobo
Siberti de monasterio eyfflie confratribus suis in Christo Soror aleydis
Christi famula sanctimonialis in insula rolandi S. P. D.*

CVm vobis scribere cogito, honorabiles ac predilecti domini, animo
fluctuo. trepidatio enim permagna menti mee se ingerens abstinere ceptis
suasit. Venustate quippe stili vestre exarationis confusa victa succumbo, que
nullius ingenii nobilitate predita sum; et tamen me in fragili sexu femineo
minimam vestris superuacuis laudibus obrui cognosco, que inter indoctos me
sciolam non reputauerim, immo rusticam me et de ruralibus profectam omnino
fateri cogor. Quamobrem manum· a calamo retraho, malens apud meipsam
patienti silentio humiliter licet digne confundi, quam maiori[1]) me obprobrio ex
rusticitate sermonis temeritate quadam expositam fore. Nec tamen ex hoc
animo vestro elationis fomitem suboriri velim, quia in huiuscemodi facultate
tritas expertasque permultum vestras video dilectiones, ingenioque me per
omnia prestantiores: ne prestitam diuiuitus vobis gratiam per ingratitudinem,
que deo maxime aduersatur, contingat auferri: quin potius eum, a quo omne
bonum est, sine cuius miseratione nedum perficere, immo nec cogitare quid
boni possumus, recognoscentes, cor humilitate pressum non altius volare, sed
omni creatura propter eum, quem super omnia diligere || debet, inferius se
reputans maiora dona gratiarum dignum fiat recipere. Valete, me diuine
recommendantes bonitati, vt mea errata assidua vestra prece abstergat, cunctis
delictis me absoluens, gratiam vt in veritate eius sim famula infundat, et
denique in mortis hora mei misertus ad gaudia introduci iubeat eterna; nisi
enim vniuersum mihi remittat debitum, ve mihi. Ceterum intelligo nonnulla

---

1) Handschr. maiore.

de beata Scholastica ac imagine crucifixi vos composuisse carmina, que mihi excopiari destinarique desidero. Si hanc immeritam petitionem non recusaueritis, magno me fauore perstringetis, ex memoria quoad uiuam nunquam casuro; faciamque vos participes omnium bonorum, que per me dei gratia operari dignabitur. Qui vos hilares incolumesque in Christo conseruare velit tempore longevo. Iterum valete. Ex monasterio beate Marie virginis ordinis diui Benedicti quod dicitur insula rolandi pridie kl. nouembris anno virginei partus millesimo quingentesimo sexto.

3.

Jakob Siberti aus Münstereifel, Klostergeistlicher in Laach, an die Klosterfrau Alcidis Roscop in Rolandswerth.

Pergament-Handschrift der Bonner Universitäts-Bibliothek Nr. 247 (69) fol. Bl. 69 a—69 b.

Ad religiosam sanctimonialem Adleidem roscop [1]) non minus scienciis quam virtutibus egregiam ordinis diui Benedicti in insula rolandi.

VIrgo dicata deo, mundum pro cuius amore
    Despexisti et opes et geniale solum,
Res miranda meas credo peruenit ad aures,
    Quod tu scripture sis studiosa sacre,
Quod quoque virtutum phaleris redimita corusces [2]),
    Et quod componas ingeniosa libros.
Hec in te laudo [3]) — nam virtus ista sororum
    Paucarum est — merito, qua tamen ipsa nites.
Eya, operosa soror, monialibus equiparanda
    Sacratis, quarum dogmata clara vigent.
Denas pretereo preclaras arte Sibyllas,
    Istarum ingeniis equiualere potes.
Endoxam atque probam sileo, te carmine solam
    Mens mea laudisono magnificare cupit.
O decus egregium, nostri tu fulgida lampas
    Ordinis existis cenobiique tui.
Viue, vale incolumis, ceptis insiste secundis,
    In Christo fratris sis memor oro tui.
Virgo deo dignas inter dilecta sorores,
    Fac tua conspiciam scripta diserta valens.
Chara mihi valeas Christo dignissima sponsa,
    O mihi si liceat scripta videre tua.

---

1) So die Handschr.
2) Handschr. coruscås.
3) Handschr. laude.

III.

Chronik.

Bl. 1a—1b.

†

Anno 1613 auff vnſer L. frawen himmelfart tag bin ich Sophia Albertz geboren, vnd auff die octaf zwiſchen 11 vnd 12 haben ich die H. taufg empfangen zu St. Brigide in der leirchen. Anno 1625 den 28. Auguſtus auff St. Auguſtinus dag bin ich in das Cluſter ingangen. Anno 1630 den 28. Aprilis hab ich den geiſtlichen habit angethan vnd das nouicie ihar angefangen. Anno 1631 den 4. may hab ich profeß gethan. Deo gratias.

Anno 1659 den 7. Jan. bin ich zu Hagenbuſch Priorſche worden. Anno 1664 im 7ber bin ich gantz ſchwach zu m. Cloſter wider komen, vnd A⁰. 1670 den 4. Jan. geſtorben¹). |

Anno 1622 den 20. december iſt mein hertzlieber vatter geſtorben. Anno 1625 im Junio iſt mein hertzliebe mutter geſtorben. Anno 1652 den 10. october iſt meine L. mohn Catrina Albertz geſtorben. Anno 1654 den 4. october iſt mein L. her oehm Pater Auguſtinus goebenaw Capuciner geſtorben auff St. Franciſci tag vnder der hocher miſſen. Anno 1657 den 8. may auff den tag Apparicionis St. Michael bin ich Sophia Albertz mit meiner ſchweſter Barbara alhie auff hagen= bauß auß gehorſambeidt komen, das Romſie officium zu leiren. Anno 1659 den 7. Jan. des anderen tags nach H. 3 Konig tag bin ich alhie preierſchen worden. Gott erbarm ſich mein. ‖

Bl. 2a—5b.

Anno 1631 den 8. december auff vnſer L. frawen Empfengnuß dag ſeint wir von wegen ſehr großer gefahr der ſchweden mit großer betrubnuß nach Collen gefloen vnd alda ein Jhar in einem hauß, welches wir gegolten, vor leiß lirchen im ellendt verbleibben. aber Anno 1632 den 15. october, als wir nu verhofften wider freibt zu ſein, ſo ſeint wir auff St. Galle abent wider ins Cloſter komen, aber Gott erbarms ein kleiner freibt. ban als wir nu 14 dag im Cloſter geweſſen, kompt vns die betrubte zeitung wider, das die ſchweden mit großer gewalt von oben herab kamen. ſeint alſo auff allerheilgen abent wider auff Collen mit groſſem ellendt komen vnd ein wienig nodtorf mit bracht. aber des anderen dags als nemlich aller H. dag des nach mitdags ſeint vnſere ſuſteren vnd Conuerſchinen mit einem ſcheiff

---

1) Dieſe Stelle wurde von ſehr ähnlicher Hand hier belgefügt.

mit etwas gutts, als sey das anber alle muſten hinben laſſen, nach Bon | komen vnd alba zwey dag vor der porpen auff dem Rein gehalten, vnd alſo mit groſſer betrubnuß nach Collen komen.

Jtem auff aller ſeellen dag des nachmittags ſeint die ſchweden in vns Cloſter ingeſallen, als Pater Vincens Weilt mit zweyen ſuſteren mit vehe vnd dem gutt allein da waren, vnd ſey haben mit groſſem leiſt vnd betruch vnſeren pater gefangen vnd alles gutt hinweggeführt. allein vnſere zwo L. ſuſteren ſeint in der nacht mit dem vehe durch gottes hulff noch Robte kirchen komen vnd alba ein Zeit= lang in armut vnd behulff gebleiben. aber die ſchweden haben vns Cloſter ganz ingenomen, ſich darin gelegert vnd ganz verwüſt, alle bilter, taffellen vnd anbere zerat der kirchen zerſchlagen vnd verbrant, die dodte graber auffgebohn vnd barinen geſucht, auch an etliche orber im Cloſter ſwr gelacht, das Cloſter zu verbrenen, aber hat nit konen brenen, || die mutter gottes hat es alleizeit bewahrt. alſo haben die krieger im Cloſter gelegen biß vnſer L. frawen liechtmiß. wie erbarmlich vnd groſſam ſey aber in der Zeit da inen gehanbelt, iſt zu lang zu beſchreiben, die es erfaren iſt es wol bekant.

Aber vnſer L. frawen liechtmiß in der nacht iſt ein kreigs oberſter mit ſolbaten auß der ſtat Bon mit aller kreigs gereitſchafft auß gefahren vnd haben mit aller behenbigkeit vnd hulff der mutter gottes ſehr geludlig die ſchweden in vnſerem Cloſter belechgert vnd ingenomen, etliche getobt, anbere[1]) in den Rein gejagt, vnd etliche gefangen mit nach Bon gefuhrt mit dem winigen, das ſey noch da gefunben, vnd alſo vnſer Cloſter erreibt.

Binen dieſer Zeit ſeint wir in dem hauß in der ſtadt Collen in groſſer | armmut vnd ellent zu ſeel vnd leib geweſſen, alſo das wir offt nit ſat brots gehat. aber als nu vnſer Cloſter von den feinben wiber lebtig, ſeint vnſſere ſuſteren mit dem vehe wieber in vns Cloſter gefahren vnd alba in groſſer gefahr vnd armut ein Zeitlang gebleiben.

Anno 1634 ben 18. Auguſti ſint wir von Collen auff Bon komen, auff das wir etwas naher bey vnſſerem Cloſter wirren, vnd beſſer etwas nottorft da von konten entfangen. Da ſint wir ein Zeitlang blieben, nimlich brey virbeljahrs, vnd von banen ſint wir ins Cloſter komen Anno 1635 ben 16. mey, vnd alſo etliche Jahr in veil wiberwertigkeit darin gebleiben. ||

Anno 1642 iſt wibter ein groß vngewetter auff gegangen vnd ein newer Kreich enſtanben, dan die heſſen das Colſche[2]) lant ganz vmgeben, alſo das wir wibter in groſſer betrubnuß[3]) waren. muſten alſo auff St. Paulus bekirung dag nach Collen fliehen. vnd als wir nu ein Jahr daſelbs im ellent waren, iſt vnſere L. geiſtliche mutter Sybilla Bileſelt alba geſtorben vnd zu St. martin begraben Anno 1643 in der faſten.

Aber als wir ſagen, das kein freibt wolt werden, ſo haben wir vns auß nobt vnd Rabt gubter lubt vnber der heſſen Contribucion gebohn, vnd ſeint alſo ein noch dem anberen wiber in vns Cloſter gefaren vnd Anno 1644 im Junius wiber alle bey einanber komen, vnd alſo etliche Jahr in angſt vnd gefahr gebleiben.

---

1) Handſchr. anberen.
2) So bie Handſchr.
3) Handſchr. betrubnuſ.

Dan auch die Lodtringen in das landt gefallen vnd vill boß | vnd vbels gebohn haben, auch ein Zeitlang zu Windteren gelegen, das geplundert vnd inge: nomen, alſo das wir offt in großer angſt vnd gefahr waren, vnd lein freidt lonten erlangen, dar noch wir dan ſehr verlangten, haben alſo vill ſchaden vnd vbels gehat.

Anno 1648 den 23. map des ſaberſtags nach vnſer L. heren himmelfart tag vnder der veſper lam vns wider die betrubte zeitung, das wir alles ſolten packen vnd in eill noch Bon ſolten lomen von wegen ſehr großer gefahr der heßen, welche vnſerem Cloſter ſehr gedrobt[1]). vnd in derſelber nacht ſeint wir mit allem vnſerem gubt noch Bon lomen vnd alda in einem hauß bep etlichen geiſtlichen Jungfrawen 14 tag blieben, vnd vnſer || gubt hat alſo lang in dem ſcheiff auff dem Rein vor der porden der ſtabt Bon gehalten. aber H. drepfeltigleit abent den 6. junius ſeint wir wider in vns Cloſter lomen, vnd dar nach etliche Jahr in viller gefahr geweſſen, vnd haben großen ſchaden an vnſeren gubteren geleidten. doch hat vns gott der her vnd ſeine liebe mutter Maria alle Zeit bewahrt vnd geholffen, biß das wir nu jeß in zeimlichem freidten, gott ſep lob vnd danck, leben, das vns gott der her noch lang wol geben. |

Im Jhar 1651 im Januario iſt das waſſer ſo hoch geweſſen, das es durch das ganße Cloſter in allen vndergemachern ein man hoch geſtanden, vnd haben vns in den obergemachern erhalten. auff dem ſieghauß haben wir gelocht, auffm werdhauß geßen, das waſſer, damit wir gelocht, auff der ſieghauß trappen vnd dormitter trappen geſchept. Das Benerabile hat offm Chor geſtanden, vnd daſelbſt die meß Celebriet. In groſſen engſten ſein wir geweßen, haben vnßer leben vnd ſelen gott vnd ſeiner L. mutter befolhen. vnſer vehe iſt noch mit groſſer muh er: halten vnd nach Mielheim gefuhrt. vnſer lnecht herman roep iſt im lelter hauß vertrunlen auff St. Anthonii tag. Den groſſen verderblichen ſchaden des werdts gibt der augenſchein[2]). ||

Bl. 6a.

Item Jch Elpſabet Alberß bin zur H. tauff bracht Im Jair deß Hern als man ſchreiff 1610 den 17. dag deß Monats Martii. Item Jch bin ins Cloſter lommen Im Jair deß Hern 1621 den 7. Junii da ich eilff Jair alt war. Item Jch hab mein prop Jair angefangen im Jair beß Hern 1624, da ich 14 Jair alt war, auff den 23. dag des monats Junii. Item Jch hab mein profeſſion gethan im Jair beß Hern 1626 den 3. Mep da ich alt war 16 Jair. Item Aⁿ. 1662 auff St. Bitt vnd Modeſtibag iſt mein L. ſchweſter Barbara von Hagenbuſch widderumb hiehin auff daß werdt lommen ganß lrand, verzehrt vnd trafftloeß vnd noch 6 wochen auff St. Annae dag Seelig im Hern entſchlaffen, welcher dag auch geweßen der dag ihrer profeſſion. |

Bl. 22a.

Anno 1649 hat der Preſident in der Cartten befollen, das man das Mandatum[3]) alle ſamſtags des ſommers zu veirzein dagen, des weinteirs zu allen 4 wechgen fleiſſig ſol halten.

---

1) Handſchr. ſcheint zu haben gedrebt.
2) Vgl. unten S. 100.
3) Faßwaſchung, vgl. Du Cange, Gloſſar. v. *mandatum*.

Bl. 36 a.

Item Die vifitatoren vnd Prefident felber haben Anno 1649 verordinet, daß man alle wechen einen fpeiltag fol haben, auff daß man zu anderen zeitten defto andachtiger vnd eiferriger fey. Da follen ban alle beyeinander fein.

Bl. 119 a—120 b.

Anno domini 1650 den 12. dag mey am feftag der H. martirer Nerii, Acheleii vnd pancratii ift der weibifchoff von Collen albie auff dem rulants wert geweßen vnd hat vnfere Kirch, vmbgang vnd die altaren in der Kirchen auffs new geweit vnd reconfiliertt, den altair aber auff dem Chor hat er nicht willen weien wegen der Claufur.

Item am 11. dag mey deß abents vmb 6 vhren ift der bifchoff auff daß werdt kommen. fo balt er kommen, haben wir mit allen Kloden gelutt. aber fo balt er in die Kirch kommen, haben wir gefungen den refponforium Audi Jfrahel, welcher ift der 10. auff den Sondag letare fallent. den hat der Conuent gantz außgefungen mit dem verßen vnd repeticion. Darnoch hat die fengerfche angefangen den antiphon | veni fancte fpiritus, den hat der Conuent gantz außgefungen. Darauff hat der pater gefungen et ne nos, Saluum fac feruum tuum, Dominus vobiscum vnd ein Collect.

Item wir haben auch 2 metten muffen halten, die eine noch vnfer gewonheit, die andere von 12 letzen von den 11 daufent Jungfern, deren reliquien der bifchoff mitgebracht vnd in die altaren gefaßt. darvmb vnfer etlichen deß morgens vmb 4 vhren die metten von den Jungfern auff dem Chor zufamen geleßen, als fy ihre gewonliche metten eirft geleßen hatten.

Item des morgens vmb 8 vhren ift das ampt der weiung angehaben. der Conuent hat nichts darzu gethan, allein hat man die myß fummum gefungen vnd gefpilt, ift auch gein gelaut geweßen, dan allein die myß mit allen Kloden. die myß ift geweßen von der kirchwey Terribilis. nach der H. myß hat der pater den Te deum laudamus || angefangen, vnd wir haben einen verßen gefungen, vnd den anderen ift gefpeilt worden, vnd man hat mit allen Kloden gelaut, biß das er gantz außgeweßen.

Item deiß ift nicht geweßen ein rechte weyungh der Kirchen, fondter ein reconfiliation, vnd ift eben fo veil als wan man noch entfangenen tauf wibber in fundten fallet, vnd alsdan fich durch die H. fakramenten wibber mit gott reconfiliert. den dag haben wir gehat hondert dag ablaß, vnd nun fortan follen wir alle Jairs auff denfelbigen dag haben 40 dag ablaß. deiß ift vns mitgetheilt von dem Colnifchen weybifchoff, aber das feft der Kirchweiung folle man Jairlichs nicht auff dießen dag halten, fondter auff den Sondag noch der Collnifchen gottestracht, dan fol es hochzeitlich gehalten werden, wie man das in vnferem martirilogio befchrieben findt. |

Item der hohe altair in der Kirchen ift geweyt in die ehr der hochgelobter mutter gottes, des H. apoftels petri, des H. Johannis des tauffers vnd des H. Jheronimy.

Item der altair an der Kirchthür ift geweyt in die ehr vnfers H. vatters benedicti, des H. mauri, des H. placidi vnd der H. Jungfrawen Scholaftice.

Item der altair an der Chor trappen ist geweyt in die ehr des H. michaelis, des H. Clementis, des H. dionysii, des H. Josephs vnd der H. mutter Anne.

Item Es hat vnsere L. Ehrw. fraw auch verordtinet, das man des morgens, wan man vom Chor kompt, zu seiner gewonlichen arbeit auff der Cellen solt haben eine halbe Stundt des mittags, vnd abents, wan es gein vigilie ist, ein klein veirtel Stundt. wer noch solchem verlauff nit auff dem werckhauß ist, dan sol die pryersche bitten vnd er sein venie nehmen ꝛc. ||

Bl. 23 b.

Vor zeidten plag die Ehrw. fraw [beim „Mandatum auff mendeltag"] auch einem Jederen die hendt zu weschen wie die feuß. das hat vnser Ehrw. her Henricus Libler gesacht, das es nit recht weir, vnd Anno 1651 verendert. dan nach den Ceremonien [1] sol sey allein vmgan vnd das wasser auff die hend schudten.

Bl. 36 b.

Item pabstdeinstag hat der Conuent von alter gewonheit Coloquium, vnd die obb[erteit] gibt dem Conuent ein pabs ey, wed vnd wein. auch peinsteinstag plag der Conuent allezeit in den bongarten zu gan vnd wed vnd melch zu essen. Anno 1651 ist im annal Capittel verbotten, das man nit baussen Zeit vnd aussen dem Reffenter sol essen. gibt nu die obberteit das pabs ey im Coloquium vnd die ander porcion im Reffenter, also auch peinst deinstag steht in ihrem belieben an welchem ohrt.

Bl. 14 a.

Zu wissen, das, wan das jarliche Capittolo annali gehalten ist, helt man ein begendnuß vor alle de abgestorbene suster vnd brober der ganzer vnion. man macht ein gebierß [2] in die Kirch vnd helt ein vigilie von 9 lezen. man leubt von der suffragii Sapientie an biß an Magnificat. Die Collecten sindt Deus venie, Deus cuius, Fidelium. die miß Si enim. man clept zum Sanctus mit der großen Klocken vnd die Commendation singt man vnd leut wie sunst. Item zu weissen, das wir nit allezeit ein lang vigilie haben gehalten, sonder ist nu Anno 1651 von der W. frawen Anna M[aria] Beckers mit Raht der Prelaten vnd Beweilligung des Conuents also ingesaß.

Bl. 33 b.

Item Anno 1651 hat die Ehrw. fraw Anna M[aria] B[eckers] besollen, das, als man auß dem Capitel geit, sol man sich zusamen vor dem Creuz bucken, wie man tuht, als man aus der lezen geit.

---

1) Handschr. Cermonien.
2) So, Gerüst, Tumba.

Bl. 37 b.

Item Anno 1651 hat fraw Anna M[aria] befollen, das sondags vnd H.tag ein Jeder fol auff feiner ftat auff dem Chor bleiffen kneen, den fufteren ihr platz frey laffen, vnd de fufteren auch in ihrer ftat. vnder dem beinft gottes fol niemant vor dem altar blieffen kneen. Als vns L. her auffgehaffen, fol man das feinftergen auffthun, doch nit ehr bis fanctus fchelt, vnd dan ftrack weitber zu thun. dan mach man wol die H. hoftien fehen auff heben vnd ban ftrack wieder auff fein ftabt gehen.

Bl. 39 b.

Anno 1651 hat die Ehrw. fraw Anna Maria befollen, man folle alle frey-dags die Cellen in bat gemein keiten ftrack na der Letzen. dan fol die preorfchen ein Zeigen geben mit der fchellen als man anfengt vnd auch als fey gethon hat mit keiren. ban auch die trochgelger fullen mit waffer, auff das man des faberdags, als man bicht, fteil vnd reuchig ift. wan aber ein feft in der wegen kompt, fol man des freytags warten mit dem keiren biß des vorigen bags des feft abens.

Item des tags als man bicht fol man fich in aller anbacht fteil halten, fein in der ordenung zur bicht gahn, vnd als man auß der bicht kompt vnd den 3. geroffen hat, der zu neiften in de bicht fol gahn, fol man witter auff den Chor gan, fo hat man vrlof fein penetenz zu bitten, vnd dann zu werd gan. ||

Item als man bicht fonderlich fteil fprechen in dem petzch vnd fcheiffen, das man niemant heintert.

Item als man bicht, fol man die nachts Cappen an han vnd kein blaue fchurtzel dar vnder. es fey dan das man vom Chor keim oder ftrack barauff fol gan, mach man die groffe Cappen an halten.

Item als man communicirt hat, follen alle fleiffig auff dem Chor bleiffen biß 2 ohren. niemandt fol vrlauff geben werden auff die tag zu fprechen, es fey dan groffe noth.

Bl. 45 b — 46 a.

Anno 1616 hat die ehrw. fraw Chriftina Entzenbirg, weillen es alfo im annalcapittel befollen, ingefatz das man allezeit nach der metten ein halb ohr fol betrachtung halten. ift auch allezeit fleiffig gehalten worden, biß Anno 1649 der hochw. her Prefident in der vifitacion, weilche er alhie gehalten, hat ingefatzt, das man die betrachtung, welche man des nachts helt, zu mehrer anbacht vnd raften des morgens folle halten, vnd fol ein veirdel nach 5 ohren prim leubten, fo das man zu halber 6 ohren das 2. zeichen leubt vnd ban die betrachtung anfangt. vnd als es 6 ohren fchlagt, fol man vnfer L. frawen Letaney Mater Chrifti mit der Collect von St. Jofeph lefen vor ein felich endt, wie in vnferem orden brauchlich, vnd bar auff die prim fingen. || Anno 1652 ift deiß von dem hochw. heren Henri-cus Dücker, abt von werdten, befteidtig vnd hat gelich als ein gefatzter vifitator, wie wol er hie nit vifitirt, deiß alfo ingefatzt, das man des abents in dem Reffen-ber die betrachtung vom anderen tag fol letzen, vnd des morgens, als das 2. zeichen geleubt ift, fol von der obberften das Veni fancte fpiritus angefangen werden, welch das conuent mit andacht sol bitten, vnd die obberste sol die collect Deus qui corda fidelium lesen, dann sol der inhalt der betrachtung kürtzlich gelesen werden von der sengerschen oder obberkeit selber. Die betrachtung, so man biß noch geleißen, seint in der Fasten auß R. P. Joannis Busaei, die ander zeit auß Christiani Mayer.

Bl. 29a—30a.

Anno 1652 hat die Ehrw. fraw Anna M. B[eckers] geordineirdt, das ein Jeder sich sol befleißen, im Reffender mit dem lesen nachfolgende ordnungh zu halten. Erstlich am son= vnd festlichen fyrtagen wirdt gelesen die Epistell, das H. Euangelium vnd gleich darauff die Sermon vber das H. Euangelium. Es sey dan das auff einen sontag Ein fest eines Heiligen fallen wurde, so wirdt nach dem sontags Euangelium auch Ein Epistel oder lection vnd Euangelium wegen des Hei-ligen gelesen, darauff das Leben des heiligen, vnd darnach ein Sermon vom heiligen. wan aber kein zu finden, list man vom sontagh. Es ist in acht zu nehmen, das an den festlichen fyrtagen die Epistel vnd Euangelium gemeinlich mit dem officium des Chors soll gleichen. | Kompt aber auff einen sontagh ein fest eines heiligen, von welchem das officium auff dem Chor gehalten worden, sonsten aber kein fyrtag ist, wirdt das leben des heiligen gleich nach dem Sontaghs Euangelium gelesen. Ahm sontag des abendts soll zum ersten geleßen werden auß dem kleinen Legendenbuch das leben eines heiligen auß dem H. Jhar, vnd die betrachtungh des anderen daghs. ist noch zeit vberig, leset man fort vom sontag. Zu gedencken, wan am sontag zu mittag das leben eines Heiligen gelesen worden, darff man abendts nit auß dem kleinen Legendenbuch lesen[1]), wie auch an sonderlichen hochzeitlichen festagen nit. Item täglich solle zu mittag gelesen werden Erstlich die Heiligen auß dem kleinen legenden buch, auß den Ceremonien, vnd fort auß einem geistlich buch. Zu ge-dencken, wan ihm von einem Heiligen 12 letzen oder Commemoration gehalten wird, soll man das leben des Heiligen lesen, da es am besten vnd längsten beschrieben ist. || Item täglich sol man des abens lesen wie auch am sontagh. Ein Jeder solle sonderlich fleißigh sorgfeltig sein, das an den hochzeitlichen vnd besonderen festagen von dem fest gelesen werde, auch in den hochzeitlichen octauen, vnd sonsten zu besonderen heiligen Zeiten sich das lesen in etwan mit dem officium des Chors vergleiche. Item Ein Jeder sol sorgfältig sein, das in der fasten in den tagen der quatertemperen vnd in den sonderlichen vigilien der Heiligen, von welchen in dem mißall ein meß zu singen stehet, die epistel oder lection vnd das Euangelium zu lesen nit versaumpt werde, welches jeder Zeit im anfangh gelesen muß werden.

Bey dieser ordenung sollen wir vns halten, biß ein ander die besser ist ge-ordinet wirdt.

Bl. 20a.

Anno 1652 hat die Ehrw. fraw Anna Maria Beckers ingesatz, das alle sampt in die vigilgen sollen komen, so man helt vor vns mitbrutter zu St. mertten vnd mitsusteren zu St. Agata.

---

1) Handschr. zu lesen.

Bl. 25 a.

Anno 1653 ist St. Nilolaus auff einen Samstag lomen vnd vnser L. frawen tag auff den montag. do haben wir des freytags als neimlich St. Nilolaus abent gefast vor vns L. fraw.

Bl. 43 a.

Item Anno 1653 hat die Ehrw. fraw A[nna] M[aria] verliehen, das man des weindters als es vigilien auff dem Chor ist vnd boester ist also das man bey leirtzen must arbeyden, so sol man nach der vigilien auff dem Chor bleissen vnd bitten, vnd als es zu sehr lalt ist, mach man in de stuff oder Cell ghan.

Bl. 38 a.

Item Anno 1654 hat fraw Anna Maria befollen, das die susteren vnd Conuerscinen nit sollen verssummen in der fasten alle in die Letaney zu lomen, es weir dan große notsach des Closters. dan doch der Ehrw. frawen sagen vnd vrlaub heischen. nach der missen sollen sey also lang auff dem Chor bleissen, biß sey ihr vesper mit andacht gebet haben.

Bl. 15 a.

Item als das Conuent [am allerseelentag] auff den Chor lompt, gant sey stan vor das gestoils vm die greffer. dan weidt vnd raucht der pater dieselbe auch. man sol nu in das gestols gan stan, ist gebotten vm der veilheit weillen Anno 1654 [1]).

Bl. 12 a—13 b.

Anno 1664 im Endt des Jahrs ist Ein schredlicher Cometstern gesehen worden, hat noch etliche tagh im newen jahr Anno 1665 gestanden. worauff alßbald Ein schredliche sterbt erfolgt im Cölnischen vnd Jülischen landt, vnd Ein großer Kriegh in Engel. vnd hollandt.

Anno 1671 seind die Franzosen durchs Cölsche land mit frundschafft passiert, haben viele Städt in holland wie im gleichen Mastricht eingenohmen vnd sehr gleud= lich prosperirdt. aber Anno 1672 seind die Keyserschen vnuersehens eingefallen vnd haben oben ahm meissen Thurn bey Andernach Eine bruck auffgeschlagen. weßwegen die Franzosen in aller Eill sich auß holland hiehin begeben, vnd zu beyden seiten hinauffgezogen, vnd die Keyserschen alborten zurud geschlagen. Wegen dieser gesahr seind wir den 8. Xbris nacher Collen gesahren in vnsere behaußung vor leißkirchen, seind alda plieben biß den 22. Mertz Anno 1673, seind do mit frewden heimgezogen. Aber in der fasten ist Eine schredliche Erdtbiessungh alhie gewesen, also schredlich, das dieJenige, so gestanden vnd gesessen haben, seind von Einer seiten zur andern

---

1) Man sol nu — Anno 1654 scheint nachträglich beigefügt.

gefallen, die gegangen haben, sich müssen auff die Erdt setzen. Das Tagwerck hat so schrecklich | getragt, alß wan man mit Kahren vnd wagen hät daruber gefahren. vns her Pater Placibus hat ahm Teisch gesessen vnd geschreben. wan er sich nit hette gehalten, so wehr er zur Erden gefallen. Das saluators biltgen ist auffm Chor vom Altar herabgefallen, es hat Ein groß schrecken verursacht. es seind viele schorrigstein Eingefallen, auch Ein stuck mauren von Rulandtseck, das sonsten nit hat könen darnider gerissen werden.

Item den 23. 8bris Selbigen Jahrs ist noch Eine erdtbieffung gewesen, aber nit so groß alß die vorige. warauff wir dan ahm 29. 8bris mit großem hertzenleid wider müssen weichen. warauff Bonn belägerdt von den Keyserschen 2c. Was eß vnß Closter gekostet, das sind man in den Jahr büchern. Eß seind dißmal nit mehr hie plieben dan 3. oder 4. leyschwestern bey vnserm vieh. in dieser großen gefahr hat vnsere wollEhrw. Fraw vnserm hochw. Hern Jacobus Schorn vrlaub geheischen, das alle wochen 2 von vns mögten nach St. marien ablaß gehen vnd alborten com-municiren[1]) vnd der mutter gobtes vnser Closter sampt den Kindern vnd viehe wolte bewahren. welches die H. Junffer sehr trew vnd mutterlich gebahn. dan in der belegerung der Stat Bonn im auff oder abzug keiner herkommen, der Rein ist von Vndel biß Miehlem zu so schwartz voll mit soldaten vnd schiff gewesen, das es nit außzusprechen. aber durch || Vorbitt der H. mutter gottes ist vnser Closter beschutz worden. die haußleut haben allenthalben auff vnser Closter sich retirirt, vnd Einen · saluaguardi drauff genohmen. das Closter hat ihme Speiß vnd brand gegeben, die Haußleut haben ihm gelt gegeben. Dieser saluaguard ist Ein Fromer vnd Adlicher Junger gesell gewesen. Den 18. Jan. Anno 1674 ist vnsere wollEhrw. Fraw nach dem werdt gefahren, ahm 4. Febr. ist Sr. Christin auch dahin gefahren, vnd seind sey mit den Srn. in großer forcht alda plieben. den 18. Jan. ist P. Maternus von geheisch vnsers hochw. hern mit nachm werdt gefahren, vnd von der Zeit ahn vns Capelan verplieben, dan vns hochw. her wolte nit gestatten, das vnsere wollw. Fraw mit den andern ahm Son- vnd Heiligen tagen nacher Miehlem in die Kirch solten gehen. Ahm 18. Mey ist Sr. Vrsula Vollers zu Collen gestorben vnd nach St. Merten begraben worden. Nach dieser begrebnuß 2c.[2]).

Ahm 12. Julii seind wir alle wider beysamen gewesen, vnd angefangen, bey Tag vnd nacht vnsern dienst gottes zu halten. seind aber in stetter forcht vnd sorg gewesen wegen der auff vnd abreisenden Soldaten. dißmal ist vnser bormiter ge-bund worden. |

Anno 1675 den 23. Mäy seind die Lothringer oder Hönster seit herab kommen ahm Nachmittag vmb 3 vhren. vmb 5 vhren seind ihrer 9 vffs Closter kommen, warunder Monsieur Baron de Mersche, welcher commando vber Ein regiment zu pferdt gehat, gewesen. Dieser war ein feiner Her, versprach vns alle hülff vnd trew, warauff vnsere wollw. Fraw ihn den 24. dito mit 10 dienern zu gast geladen. den 25. dito ist dieser Her mit dem obersten Duueny, so commando vber 3 regi-menter gehat, hie gewesen vnd mit Trompettern vnd das Magnificat in der vesper geblasen. Item den 28. dito seind 15 lothringer ahn vnser Müllen gewesen, mit

---

welchen der Müller sich ritterlich gekämpfft vnd vberwunden mit steinen. den 31. dito seind die Lotringer auffgezogen vnd zu Bon ober die bruck ins Colnische land gezogen, haben zu Godesberg 2 haußmänner todt geschossen, haben Gerst vnd weitzen ober all abgeschnitten vnd vor die pferdt verfodert. den 1. vnd 2. junii auff den H. pfingstabendt vnd tag haben die haußleut von Mielhem, bacheim, lanstorff, oberwinter, werdt, Kurrichoffen, Gimerstorff, liessem[1]), vnd schier das gantze ländtgen auff vnser Closter gefluht ||.

Bl. 8a—9b.

Anno 1672 den 8. Xbris haben wir von forcht vnd angst wegen der Keyserlicher vnd Brandenburgischer völcker müssen außweichen nacher Collen in vnsere behaußung, dan selbige mit den Frantzosen[2]) oben bey Andernach ahm weissen Thurn Eine schlagt wolten halten, welches doch durch gottes gnad nit geschehen. aber durch den auff vnd abzugh der völcker ist das ober vnd vnder landt schier gantz verderbt worden. vnsere halffen vnd höff seind schier gantz verdorben, allein vnser l. Her vnd die h. Junffer Maria haben vnser Closter verwahrt mit vnser wollw. Fraw, Sr. Francisca mit 10 leyschwestern, vnd vnserm Ehrw. Hern P. Placido Engelhart sampt dem wollw. Hern Pastorn von Miehlem Reinero wollerscheim, welche dan bey tagh vnd nacht in großer sorg vnd forcht wegen der auff vnd abreisenden Fransosen zu wasser vnd landt gelebt. in der h. Christnacht haben die Fransosen den wollw. Hern Pastorn zu Mielheim in der Pastoreyen geholt auff die bruck ins hauß alda, hat er die h. meß gedahn. wie ihm dozumalen | zu muth gewesen, kan ich nit wissen, Ein Jeder kans bey sich bedencken. wegen des gefluehten gudts haben Sie die kirch nit auffgedahn. auff neu jahrs Tagh seind abermalen etliche schiff ahm Abendt zu Mielheim angefahren, vnd alda ein großes schrecken vnder den leuthen gemacht, welche sich in aller eil zur wehr gestelt, warüber ein junger gesell erschossen worden, welchem der Her Pastor den letzte ölung noch gegeben, dan er in aller eil vom werth nacher Mielheim gelauffen in der nacht vnd ihnen gefunden, wie ihme die birnen vorm Kopff gehangen.

Anno 1673 den 22. Mertz seind wir allzumal mit frewden wider heimgezogen in vnser Closter, godt gebe, das wir niemalen wider barauß mogen kommen. Ahm abendt der Mutter godtes haben wir vns zur vesper Eingestalt vnd alles nach gutter ordnung gedahn. || Die abgesatzte H. tagh seind biß Anno 1672 von vnß gefeirt worden gleichs den andern gebodtenen feirtagen. aber vnß hochw. Her Jacobus hat vnß befohlen, das wir vns nach den gebodtenen fiertagen sollen halten, vnd ahn den andern vnsere gewonliche arbeit verrichten sollen. Anno 1672 haben wir von Päbstlicher Heiligkeit bekommen vollcomenen ablaß ahn den Festagen St. Mauri, St. Blacidi vnd omnium SS. Monachorum ordinis nostri. ahn diesen festagen communiciren wir, ahn abendt der festen pleiben wir nach der vesper auffm Chor, ahm morgen auch, aber ahm nachmidtag gehen wir zur arbeit, vnd betten die vigilien[1]). nach der vesper pleiben wir auffm Chor. wir lesen im

---

1) Handschr. lless.
2) Handschr. Frantz.
3) Handschr. vigilien.

reffenter gein Epiftel vnd Euangelium mehr, alß ahn den gebodtenen fiertagen, außgenohmen St. Anthoniüs Tag, welcher von alters her in vnferm Clofter ift gefeirt worden. |

Anno 1678 den 29. 8bris feind wir alle wider auff Collen in vnfere behaufung gefahren wegen der Stathen vnd Hollender, welche mit aller gewalt vnd Eill hinauff feind gezogen, vnd fich mit den Keyferlichen völdern coniungirten, vnd vor Bonn fich begeben. felbige haben ahn vielen örtheren graufam gehandelet, die Kirchen vnd Clöfter geplundert, die h. hoftien mit fueffen zertretten, dem Clofter Bramweiler vber die 3000 Rthlr. fchadens gedahn. aber der l. gott hat durch vorbitt der hochgebenedeiten Jungffern Mariä vnfer Clofter befchützet, alfo das Sie alda keine gewalt gebraucht, aber vnfere hoeff vnd halbleuth feind gantz verdorben vnd alles quidt worden.

Anno 1673 den 28. 8bris ift der Churfürft mit feinem hoffvold nacher Collen in St. Panthaleon geflühet. Item den 4. 9bris ift Bonn von den Keyferlichen, Spanifchen, hollendern vnd lottringern belagert worden. den 12. dito haben die Bonifche accordirt. Item den 13. dito haben fie fich ergeben. Item den 16. dito haben die völder fich Einquatiert, vnd die vbrige ahm 17. dito langs Collen marfchierdt. ‖

Bl. 11 a—11 b.

Anno 1674 den 18. May ift Sor. Vrfula Vollers zu Cöllen geftorben vnd nach St. Martin begraben worden. Die leich außzutragen 1 g. 18 alb. Dem Hern Paftorn vor Ein lezmiß 1 g. Drey par lerz außzuftechen vnd zu tragen 2 g. 6 alb. Item das Creuz zu leißtkirchen vnd St. Brigidae ieder 10 alb. Item zwey Chor priefter 6 g. Item beyden Hern Paftoribus mitzugeben, ieder 16 alb. Item den lungbruderen die leich zu tragen 3 g. 6 alb. Item das leuten zur begräbnuß 1 g. Item die Toben bahr 12 alb. Alleß zu beftellen wie auch den rewen anzukundigen 3 g. 6 alb. Item das leuten im filzengraben 18 alb. Item für offer fetmentget 1 g. 12 alb. Item den Toben gräbern 3 g. 6 alb. Item zu St. Merten 2 ftundt zu leuten 36 alb. Item dem Steinmezer das grab zuzumachen 16 alb. Item die Toben lath 6 g. 16 alb. Drindgelt 8 alb. | Item den Hern zu St. Martin vor ein portion 14 ℔ fifch ad 4 g. 16 alb. Item drey viertel weins ad 6 g. Item noch 7 ℔ fifch ad 2 g. 8 alb. vnd 1 g. wed vor vnß Conuent. Conradus Kaull der offerman hat alles verricht ahn ftatt des gapffelbodts, fonften hett man dem gapffelbodten auch noch befondere prefentz geben müffen. den offerman mag man für Einen Gapffelbodten brauchen. All dieienige fo verwandtfchafft in vnferm Clofter gehabt feind zum rewen gelaben worden. Nach diefer begräbnuß feind vnfere Jungferen vor vnd nach heimgezogen, dweilen ihrer mehr krand würden. aber eß ift Niemandt mehr geftorben. ach wolte Gobt, das wir Niemalen wider dorthin kämen, vnd allhie vnfern dienft gobtes bey Tagh vnd Nacht mögten auff das Eifferigfte volbringen. ‖

Bl. 19 a.

Anno 1674 ift dipe Bruderfchafft [Todtenbruderfchaft mit den Jungferen von St. Agatha] auffgekündigt worden.

Bl. 32 b.

A⁰. 1680 den 26. Xbris hat sich ein Commetstern sehen lassen, welches schweiff vom hiligsberg biß off onsern platz gangen, wahr gestalt wie ein ruth. dieser hat gestanden biß ahn den 15. Januarii [1]) Anno 1681. aber den 6., 7., 8. vnd 9. Jan. ist er sehr schrecklich vnd fewrig gesehen worden. darnach hat er täglich abgenohmen. dieser stern hat vnß sehr erschreckt. was er bedeuth wissen wir nit. allein vmb zu versänfftigen den Zorn gottes haben wir 7 wochen ahm donnerstag das Venerabile außgesatzt, vnd die miß dauon, wan gein duplexfest gewesen, gesungen. In diese miß, seind wir alle Eingangen. off die miß haben wir gesungen Media vita, die Collecten pro peccatis. diese miß haben wir in der fasten gehalten, haben sie alle aufm orgel gespilt. ||

Bl. 21 b.

Anno 1681 haben wir Capitularen in gegenwarbt onser wollw. Fr. beschlossen, vor schwester vnd bruder kein meß zu singen. dan dweilen wir stettig fest im Chor haben vnd dem Einen eins mögte geschehen, dem Anderen aber nit könte geschehen wegen gegenwertigen fests willen, so sol ein gleichheit darin gehalten werden.

Wan die Commendation off die Miß gesungen wird, ohn die 3 Anniuersaria so wir järlich halten, soll de Sengerey allezeit auff den rechten Chor gehen in der missen.

Der Pateren Eltern, Sr. vnd bruderen Tod wird gehalten, wie die vnserige gehalten werden. dan Sie auch allerley gutts vnd boß in geistlichen vnd zeitlichen sachen mit vnß müssen außstehen. aber den Capelanen thunt wirs nicht, alß allein off ihr begehren, das ist ein werck der liebten. ||

Bl. 20 b.

Anno 1683 den 29. Augusti haben wir daß 10stünbige gebett gehalten wegen des Türden, so Wien belägerbt gehabt. dan vnß Churfürst mit offentlichen briessen lassen außgehen Ein 3tägig fasten vnd darauff eine sacramentalische Procession mit außletzung der sönderlicher heilthumbskasten auff die straßen als St. Seuerin, St. Albin, St. Eliphii, St. Engelberti ꝛc. Wir haben off die Prim auch Tertz gehalten. nach der Sert haben wir miß geluth, darnach Asperges, darnach Domine labia gesungen, darauff die 7 bußpsalmen gelesen, darnach die litaney gesungen, seind nicht vmbgangen, sondern ahn platz vnser heilthumbskasten vßletzung vnd sacramentalischer Procession haben wir die 7 bußpsalmen gehalten. biß ist die 3te wirdung des Commetsterns de A⁰. 1681.

A⁰. 1684 vom May biß in den Aug. ist solch drügten gewesen, das alle Kreuterey ist verburet, alle Sommerfruchten verdorben. die Bester haben May müssen essen, vnd deß wenig gnug. die wiesen vnd bongarten haben außgesehen wie ein Stoppelfelt. gleich wie des kalten winters keiner erlebt, also hat auch keiner solche drugten erlebt. biß ist die 4te wirdung des Commetsterns de A⁰. 1681. ||

---

1) So die Handschr., die Chronik unter Nr. V hat: 24. bis 25. Januar.

Bl. 44b, 45a, 46b.

(Von einer im Schreiben nicht sehr erfahrenen Hand.)

Anno 1714 den 19. November haben mir Ein schreiben vom Prelad von
Deutz bekomen, in welchem Vns angezeigt worbt, daß er, welcher dazumahl ge-
weßner Visitator, mit dem hochw. Her Presibent [1]) selbst haben wollen visitiren.
welches im Convent also bald angesagt ist worbten, so haben glich einen Expresen
auff Deutz geschickt, vmb rückstandt der anstellung begert wegen der beyden vorfal-
lenden festagen St. Maria aufsopferung vnb St. Clemens. haben also den folgende
Montag, welcher den 26. November geweßen, dazu ernehnbt. vnb seind auch den
abendt vnber der vesper zeitlich hie geweßen, vnb von WolEhrw. fraw vnb der
Kellerin empfangen worbten. Vnb hatt der Presibent [2]) ein ober anber orbnung [3])
gefragt, warauff Vns gesagt, daß Vns des Morgens vor Prim solten vmb machen.
Vnb noch der letzten ist gleich mit der kleiner Klocken 2 mahl ein wenig geleudt
worbten, ‖ warauff wir alle gleich zum Capitelhauß gangen, vnb seinb die Hern
mit Würbtiger [4]) vnb Kellerin noch komen. sie haben auff Chor gefragt, ob kein
anber eingang ins Capitelhauß wer als ober den dormiter, warober sie nit ger
seinb gangen. auff dem Capitelhauß hatt der Presibent [5]) ein kleine Vermahnung
gethan. alwo zwey stühl mit Küßen gestanbten Vnb 2 Küßen auff der Erben gelegen, warauff die Hern geknehet, Vnb haben noch der Vermahnung den pfalmen
Ad te Domine leuaui gebett. Darnoch hatt der Presibent [6]) selbsten die Meeß geleßen,
welche mir all zu Ehren deß H-geist gehort haben. es ist Nichst barin vnb auch barauff
gesungen worbten. barnoch seinb sie auff die scheiff gangen vnb hatt WolEhrw.
fraw hinen den braevein [7]) geben. hatt also die Jüngst von den Profeßen geruffen
all noch der orbtnung, welche Hern doch dem Capitel gleich die Nahmen mit den
Ambt haben gefort [8]). barnoch laßen sie | ein ieber komen. noch den sie alle ange-
hort, kommen sie wiber zu Capitel auff die Terz. mir machen Vns auch morgens
vmb. alsban thut der Presibent ein kleine Vermahnung, wie er die clösterliche [9])
orbnung funbt in Vbertrettung der Regel. Darauff knehen sie sich niber vnb betten
daß Confiteor [10]), wir alle mit ihnen. barnoch steht der Presibent auff, mir all
bleiben knehen, vnb gibt die Absolution vnb segen, Vnb gehen still hin weg mit
WolEhrwürdiger fraw vnb der Kellerin. sie seinb auch auff 2 Cellen gangen vmb zu
sehen, wie armüth gehalten wird, Vnb haben keine Presenten wollen nehmen. nur
der Her secretary [11]). dem hochw. Hern Presibenten vn Prelad hatt würbige fraw
ein Kan fleiren Waßer presentirt, welches sie angenohmen haben Vnb ihnen recht
lieb geweßen. den Knechte hatt man 2 Haller vnb ein schürztucht [12]) geben. ‖

---

1) Handschr. Presedent.
2) Handschr. Presetent.
3) Handschr. orbtung, auch später.
4) So die Handschr.
5) Handschr. Preset.
6) Handschr. Preseten, so fortan immer.
7) So die Handschr., Frühstück?
8) So die Handschr., gefordert?
9) Handschr. clöftliche.
10) Handschr. convitor.
11) So die Handschr.
12) So die Handschr., Schürztuch.

Beilage.

Bl. 115a—118a.

Zur höchster ehren gottes vnd zu vermehrungh der andacht raw vnd geistlicher disciplin hat vnsere L. Ehrw. Fraw Anna Maria Beckers dieße nachgesetzte puncten eingesetzt zu halten Anno 1651 im eirsten Jair ihrer Election.

Eirstlich sol man die abgesetzte feirbag gleich den andern gebottenen feirbagen gleicher handt fieren, vnd auch selbige mit der großer Klocken leutten, außgenohmen wan einige von wegen noetfachen an selbigen gehindert wurden durch die gehorsambeit, die sollen sich der gehorsambeit [fleißigen][1] vnd selbige gott aufopferen.

Item im gleichen sol man auch das fest der H. Vrsule gleich dem gebottenen feirbag feiren vnd auch mit der großer Klocken | leutten, vrsachen halben weillen wir im Steifft Collen, da sy patronin ist vnd gefeirt wirt, liegen, vnd auch zu selbiger Statt vnsere Zuflucht haben in Kreigs gefahr vnd vm vnsers Closters noettige sachen daselbst zu defendieren vnd bewharen vnder ihrem schutz vnd schirm.

Item des H. martires Sebastiani fest vnd auch des H. Anthonii fest sol man auch fieren vnd darby ferialiter leutten, das wir durch vorbit des H. Sebastiani vor der gifftigen pestilentz beschützet vnd durch vorbit des H. Anthonii wir vnd vnsere beisten von allem vngemach beschützet werden.

Item im reuenter sol man mit dem leßen allezeit dieße ordtenungh halten wans gein Euangelium ist, sonst hat selbiges sampt der Epistel seinen vorgang. dan sol man eirst leßen auß dem kleinen Heiligenbuch den Sentenz sambt dem Heiligen, wel || cher den dag felt, darnach auß dem buch der andachten vor philagia, wan selbige fallen, darnach was forderst zu leßen. des abents sol man zueirst leßen die gedechtnuß der Heiligen auß vnserm H. ordten selbigen dags fallent.

Item es sollen alle die, so ihre rastbag halten, des morgens ehe das die prim auß ist, nit hinabgehen, sondter auff der Cellen bleiben vnd sich da vnden nit laßen sehen.

Item sy sollen allezeit vnder den gezeitten auff der Cellen arbeitten, außgenohmen die solche arbeit haben, da die obrigkeit von weiß, das sy auff der Cellen nit Kan verrichtet werden. des abents sullen sy zur sommer Zeit vnd auch zur winters Zeit vnder der Compleit auff dem Chor alle zusamen kommen vnd ihre vesper vnd andere gebet bitten, | darnach ihr examen mit den andern halten, oder wan sy kranck oder wermens noettig, hinweg vnd sich bald zur raw begeben, das man zu 4 vhren kan auffkommen.

Item damit man zur Zeit der bicht mehrer raw vnd andacht muege haben, hat vnsere L. Ehrw. Fraw verordtenet, das man alle freybag solle sein Cel Kheren vnd waser in seine Krochen schoepffen mit dießer ordtenung. so balt noch der letzen solle die pryerschen die schel treden vnd ban selbst ihre Cellen Kheren. wan solches

---

[1] So ist wohl zu ergänzen.

geſcheen vnd ſy ihre ſachen verrichtet, ſolle ſy wibberumb die ſchel treden, vnd ban ſol ein Jeder ſich eyllen auff das werd. wans aber in der wechen ein feſt feil, ſol man es ben bag vor der bicht thun oder auch wol ein wochen laſſen vbergeben. welcher zu geſaßter Zeit durch gehorſamheit nit || gehindert wirt vnd auß ſeinem eygenen ſeinn ſein werd nit thut, ſol es auch darnoch nit thun oder ſein peniten darfur nehmen. wer aber durch gehorſamheit gehindert wirt, mach es des andern bags thun.

Jtem des Saberſtags wan man bicht, ſol man ſich in aller Stille auff dem werdhauß byeinander halten vnd nirgent hervmb gehen auſſer der gehorſamheit. es ſollen alleʒelt 2 im bicht Stul vnd eine darfur ſein. wan ban eine darauß Rompt, ſol ſy balt ein andere auff dem werdhauß roeffen, vnd ban wibber auff ben Chor gehen vnd ihre penitenʒ mit anbacht bitten, vnd ban balt auff das werd geben. Jtem als man Communicirt hat, ſol man ben bag ohn groſſe noeth nit vrlaub heiſchen ʒu ſprechen [1]).

Jtem man ſolle Rein Obſt, Epffel, beiren, nuß vnd alle ſolches nit auff die Cellen tragen vnd auch | in dem reuenter auff ben finſtern vnd bretteren nit ver- wahren. vnd wan im reuenter in das gemein etwas geben wirt, ſo ſol man ſein genugten ba von nehmen, vnbt das vberige auff dem Tiſch liegen laſſen, vmb auff ʒu nhemen, vnd nit mit ſich tragen.

Jtem vnſerm H. vatter Benedicto ʒu ehren ſolle man alle goebeſtags die letaney vom ſelbigem vnſerm H. vatter auff dem werdhauß ins gemein leßen.

Jtem vmb redtlicher vrſachen willen hat vnſere L. Chrw. Fraw auffgehaben das verbott, das man vnder der ſingender myſſen, auch vnder der betrachtungh vnd examen gein buch ſolt brauchen, ſolt boch beſſelben vrlaubs nit mißbrauchen, ſonder ſo balt der preiſter geſungen, die bucher auß ben Henbten legen vnd ʒur Stunbt antworten. ||

Auf einem loſe beilliegenden Blatte ſteht noch:

Jtem die Rouitien oder Jungſten ſollen die bucher nit ʒuthun, als man allein ſingt, ſonder wan man ʒuſamen ſingt, ſol man ſy Stillichen ʒu thun ohn getoeß vnd gerucht.

Jtem vnder den hymnen vnd pſalmen ſol man ſich nit ehe auff das geſtuhl lehnen, biß das der eirſte verß halb auß iſt.

Jtem vnder vnßer lieben Frawen geʒeit buckt man ſich ſo, das der lengſte finger an die Rnie reicht. vnder vnſers lieben Hern geʒeitten alſo, das die pulß biß auff die Rnie ruht. in dem reuenter buckt man ſich wie in den Hern geʒeitten. im pretioſa [2]) wie vnßer L. Frawen geʒeit.

---

1) Dieſer leßte Saß iſt im Texte nachträglich beigefügt.
2) Wohl das Pretioſa in conspectu Domini in der Prim.

IV.

Chronik.

Bl. 3a—6b.

Es ist vor 100 Vnd etlichen Jahren bey der Ehrw. fraw Gertrudis Buchell in dießem Gotteshauß Vnser L. frawen vnd St. Clemens auff dem Ruhlant werdt In guttem gebrauch geweßen, daß wir alle festen vnser Lieben frawen den Abent DaVor gefast vnd ahm mittag allein gemüß neßen, auch den abent in der Collation [1] Keinen wein gedrunden. Dieße fast ist eingesaz von der Ehrw. Edeler Gaistlicher frawen Gertraudt Buchell, abtißin dießes gotteshauß [2], auß folgenden Vr=sachen eingewilligt vnd guttwillig ahngenohmen.

Es hat hierumb allenthalben voller | Kriegs Vold gelegen, aber die obg. Ehrw. fraw hat das Closter nicht willen oder konen verlaßen auß großem Ver=trawen zu der Mutter Gottes. so ist es geschehen, das daß obg. Kriegs Vold in einer nacht mit großem Tumult Vnd gewalt alles zu Verderben Vnd zu Rauben ist auffs wert gefallen, auß welchem Vnvorsehnen auffruhr ein großer schreden bei den Jungfrawen entstanden. Vnd obg. fraw Gertraudt, eine gar gott andechtige Jungfraw, daß Closter nicht wollen Verlaßen, noch sich auff die flucht begeben, hat ihre Zuflucht genohmen zu der Heiligsten Mutter gottes, sich zum Chor geeplt, alda sie biß auff ihr angesicht der mutter Gottes mit großem wainen Vnd mit lautem betten Vnd veillen seufftzen || zu fuß gefallen, ihre mütterliche Hilff Vnd trewen beystandt hertzlich in allsolchen großen nötten angeroffen Vnd gebitten. Vnder dießem wirdt es gantz hell Vnd leicht. in dißem schreden seindt 4 Jungfrawen, als nembleich Jungfraw Scholastica Haß, Jungfraw Catharina Holtorp Vnd ihre leibleiche schwester Eleysabet Holtorp Vnd Jungfraw Dorothea Liußberg, von der Leibstat bürdig, Vom Chor in den Pesch gangen, haben da ge=sehen, wie sich die Lufft geoffenet, darauß eine große Klarheit glantzet mit veillen herauß gehenden strällen, die sich vber das gantze Closter mit großem glantz außge=breydet, Vnd ist gantz hell worden wie der Dagh. von dießem | großem Leicht ist daß wuetendte KriegsVold also erschroden, das sie Vndereinander gesagt: Vnser bleiben ist hie lenger nicht, seindt als bald abgewichen Vnd haben die flucht ge=nohmen ohn einige beschedigungh Vnd schaden des Closters. Vnd zur Dandbarkeit solcher erlößungh gegen die mutter gottes haben sie dieße fast eingesetz vor sich vnd ihre nachomlingen [3].

1) Handschr. oolation.
2) Ursprünglich stand hier noch: mit bewilligung des gantzen Convents vor ihnen vnd ihren nachkomlingen also fast vnd stets zu ewigen Zeiten zu halben ist. Die Stelle ist durchgestrichen, vnd unten am Rande von der Hand der Hülf bemerkt: ich hab diß auffgethan, deweill meine Elisten vnglich davon sprachen. die andacht zu dem fasten ist gudt.
3) Eine gleichzeitige Hand fügte hier bei: wen die wie wir hoffen.

Item hat die Ehrw. fraw Sebilla Beilefelt, als hartzogenbusch belegert gewesen, eingesatz, daß der Conuent alle abents noch der Completen im Chor solte lesen die Lettaney Vom nahmen Jesus. so hat Vns der Hochw. Herr Presifent von Silgenstatt im Jahr 1649 [1]) in seiner visitation ‖ dauon befreyt. aber nach 4 oder 5 Jahren hat Vnsere iesige regerende Ehrw. fraw Anna Maria Becerers Vom Conuent begehrt, daß diese Letaney widerumb abens gelesen würt vor allerley Rohtsachen des Closters Ohn einige scholt deren, die nicht im Chor sindt. Auch solt se in hochen festen Vnd andern Verhinderunghen außgelasen werden.

Item es ist vor Langen Jahren, Vngefehr 1600 [2]), bey der Ehrw. frawen Christina de wibbigh Vnser bester Hoff zu Awenheim Vor einen geringen Pacht Erblich vnd Ewigh außgethan | einem Colnischen burger genandt Gerhart Linders Vnd seiner Ehelicher Haußfrawen Sebilla brochs sambt deroselben Erben, können daran nicht wider kommen biß ins 9. glit, hengt auch am Spirischen gericht, dabin die vorgemelte Eiselsteinische Pechter Vns Citirt. aber obg. Gerhardt Linders treibt die sach in Vnseren namen, das wir nichts damit zu thun haben, wie die darüber gemachte spegell Vnd brieff anweißen. zu dem Ent hat obg. fraw Cristina ingesat alle morgen auff die Prim vor den Capitell zu bitten drey Pater noster [3]) ‖ zu ehren des süsen namen Jesu. es ist kein Kleines daran gelegen, es würde Vns heim kommen, wan der Sentens wider Vns würde gehen.

Aber Vnsere iet regerende fraw Anna Maria Becers hat im anfang ihrer regerungh mit raht des gantzen Conuents den obg. hoff Auwenheim verkaufft an der Erben ein des obg. Gerhart Linders, als nemblich Doctor Hans Michaell Hermani, Vnd se hat Vns dargegen widerumb Versehen mit Vnserm Benger hoff, welchen se darauff gegolden. nicht langh nach dissen obg. Kauff [4]) hat der obg. | Doctor die proceß gewohnnen. Do hat Vnsere Ehrw. fraw Anna Maria Anno 1658 im augusty die 3 obg. Pater noster, so gebettet worden Vmb die geriechsts sach zu gewinen, opgenohmen. Vnd hat glich widerumb Vom Conuent begehrt, daß se wie bißhero geschehen, diese 3 obg. Pater noster zu selbiger Zeit wie Vorhin gebet würden vor allerley anliegen des Closters, doch Ohn einige schult derieniger, so nicht gegenwerbig auff dem Chor sindt, se zu bitten oder zu vnderlasen.

Bl. 12 a—26 a.

Es ist auch Von alters her im guten gebruch gewesen, daß am Heilgen mengbeldag ein ieder der Mutter Gottes einen rosentrantz bett zu ehren des letzten betrübten abscheidens Von ihrem Lieben Kindt. Wie auch ein guter löblicher gebruch, daß ahm heilgen Osterabent 3 Rosentrentz gebett werden, wie man beschrieben findt. Vnd auff Hagelfier 3 Rosentrentz der H. Mutter Gottes zu Ehren, wie

---

1) Im Jahr 1649 ist beigeschrieben.
2) Vngefehr 1600 ist über der Linie beigeschrieben.
3) Unten am Rande hat die Hand der Hülß beigefügt: Meine Elsten haben mir vnder diesem handell sehr betrüblich vertrawt vnd gebeten, wir solten deßglichen nimmer mehr zulasen. dan sey vnd ihre vorige Elsten heten bey dergilchen sachen, wie selbige sey auch gebiden heten, erfarren nach dem handell, daß sey bedrochen worden.
4) Die Hülß fügte nebenan bei: im selben Jahr.

die bettböchlein außweißen. wie auch das gebett, so wir bitten im Aduent Vor daß gaiftliche Häußgen, nemblich | 3 langer Vigilien 3 × 7 psalmen mit der Letaneyen Vnd 3 rosenkrenß. Item daß gebett, so wir bitten zu den 4 hochzeiten: Chriftagh, Osterbagh, Pfingstagh Vnd Allerheiligen fest, iedermahl die 7 boßsalmen mit der Letaneyen, Vnd einen Rosenkranß Vor die woltheter die noch im Leben sindt, Vnd ein langß Vigilien Vor die abgestorbenen Obrichkeiten Vnd stifter disses Closters, St. Gregorys [gebett] [1]), Pater noster mit der Commendation Vor alle abgestorbene Chriftgläubigen. Diese Vorgeschribene gebetter sindt im löblichen gebrauch gewesen Von der Erster reformerung her. ||

Die Venien, die auff den Carfrybag in anbittungh deß H. Crüß genohmen werden mit 3 Pater noster, in jeglicher Venien 1 Pater noster, Vnd die venien, die wir am H. Chriftabent Vnd am abent Vnser L. frawen Verkündigungh iede mit einem andechtigen Vatter Vnser im Capittel nimen, dieße obg. sindt wir nach außweißungh Vnser Ceremonien [2]) schuldig. Aber die drey Venien, die wir nehmen am H. Carfrybaghs nachts mit außgestreckten armen, in ieder Venien ein Vatter Vnser wegen der dreyfaltiger Verlaügnungh Petri, diese Venien nehmen wir auß guter | löblicher gewohnheit, wie es Vor langen Jahren im brauch gewesen.

Die Disciplinen, die wir in der fasten Vnd aduent 3 mahl in der wochen nehmen, Vnd auch im Capittel am Carfrybagh nehmen, sindt wir nach außweißungh der Ceremonien schuldigh. Aber die 3 Disciplinen, die wir nehmen an aller Chrift= gläubiger Seelen bagh, eine am abent, die ander im Capittel, die britte wibber deß abents, da Von melden die Ceremonien nichts, Sondern Kompt her Von langen guten gebruch in dem Capittel. Spricht man Kein schult [3]). ||

Daß wir alle sambstagh die Miß Von der Mutter Gottes dupliciter singen Vnd Leuden, ist bey frawen Sibilla Beylefelt eingesezt worden [4]). Aber die Sambstagh binnen den Octauen Vnd die semiduplex festen singen Vnd Leuden wir semiduplex. Item die Heilgen, dauon die Miß dupliciter gesungen Vnd geleut werden, sindt diese folgenden: 1) Von St. Apollinaris, ist Vor Langen Jahren im brauch gewesen, Vmb daß sein H. Haubt ein Nacht Vor Veillen Jahren in Vnser Kirchgen geraft. auch Vmb der Kranken willen. 2) Item Von St. Gereon [5]) wegen deß | heiligbumß, So in die altair gelacht, do dieselbige Vor dem schweben Kregh bey frawen Chriftina Enzenbergh consecrert. 3) Item Von St. Seruatio wegen deß febers. 4) Item Von St. Rocho wegen der Pest, ist bey pater Schorn ingesez. 5) Item Von St. Leonarbo wegen der Lamer. 6) Item Von St. Quirino wegen der Kranckheit. Diese Mißen sindt langß Zeiten in gutem brauch geweßen.

Item von alters her Singen wir alle Jahrs nach dem ahrn ein duplex Miß Von der HH. Dreyfaltigkeit zur banckfagungh Vnd brennen 3 Kerzen auff dem altair. || Item es werden alle binstagh 3 Kerzen gebrandt [6]) in St. Annen Ehren

---

1) Das Wort gebett fehlt in der Handschr.
2) Handschr. Cermonien, so immer.
3) So die Handschr.
4) Hier ist von gleichzeitiger Hand im Texte beigefügt: als die St.[abt] Herzoge-bosch belegert, ist boch vbergangen an die Hollenber. se war ein Jungfer.
5) Handschr. Girion.
6) Handschr. gebarndt.

Bor daß Closter, Vnd ist langh Jahren also im brauch gewesen. Wie auch auff der zehn Tausent Martirer dagh 10 wachskerzen[1]) Vnder der Mißen gebrandt werden. Auch Von Langem altem brauch her brenen alle Summis festen maioribus et minoribus 2 wachskerzen im Chor auff dem altar. Was sonsten Von Kerzen gebrandt werden, so woll in den festen, als auch etlichen Heiligen zu Ehren, dieweill das Von einer ieder obrickeit Kan geentert werden nach ihrem belieben Vnd also in Keinen | stedem brauch, ist es auch nicht angezeygenet.

Das Tenebre, So wir durch das ganze Jahr alle freydagh im Chor lesen mit 5 pater noster Vnd einen glauben, Vnd in der fasten alle freydagh singen, ist So langh zeit im brauch gewesen, daß nemandt Von Vns gedenck, wie es ingesez. aber bey fraw Gertraudt Hillessem Regerungh ist von ihr ingesez, das man ihr Lebdagh in der fasten allein daß Tenebre soll singen. Vnd wan man das Tenebre Singt, soll eine wachslerz auff dem altar brennen. Dieses haben die nachRömlinge also langh gehalden biß an fraw Beilesell, die hets abbracht.

Alle diese Vorige Vnd folgende abgebrachte sachgen habe ich von meinen ersten Jahren wider auffbracht funden[2]). ||

Auch haben wir alle freydagh Vnder der Hochmißen ein Wachslerz gebrandt zu Ehren deß bitteren Leidens Jesu Christi Vnd im aduent zu den 7. O vnder der Vesper vom ꝟ. ahn[3]), ist auch abkommen bey fraw Beilesell. wie es aber auff: kommen, ist So langh, daß es nemandt Von Vns gedenk.

Item auff St. Clemens fest wie auch St. Nicolai brendt man in der Completen ein wachslerz.

Item auff allerseelen dagh brenen wir in der Vigilien Vnd Miß 53 Kerzen Vor die Seelen Vnser L. Mittschwestern, die in Vorigem Vnd Trurischen Krieg oben, in frembten Landen, Vnd in St. Nicolai Capell Vber Rein begraben sint[4]).

Item nach dem Annal Cappittell halden wir auch ein langh Vigilien vnd Singen die Commendation. Klept mit der großer Klocken. Auch singen wir die Commendation | vor vnsere Eltern, wan se gestorben, Vnd Vor die Herrn zu St. Merten mit einer kurter Vigilien Vnd dan fort wie der brieff außweist[5]).

Item wan Vnsere Ehrw. frawen Sterben, dan helt man Vor dieselben 2 Drißigste Vnd 2 Jahrgezeit. sonsten ist man nicht mehr schuldig dan 3 psälter vnd 3 disci: plinen. Vnd das zweyde drißigste list man auch nicht mehr die Commendation am grab, allein daß Erste Drißigste. ||

Wan Vnsere mitschwestern Verscheid sindt in ein ander Closter Vnd da ster: ben, dan dhut man alles Vor se nach den Ceremonien, als wan se bey Vns gestorben wehren, Ohne daß man die Commendation das drißigste nit am grab list, dieweill sey bey Vns kein grab haben. Ohne das Vorgeschribene halden wir Kein

---

1) Handschr. Waschlerz, so immer.
2) Dieser Saz: Alle diese Vorige u. s. w., ist von der Hand der Hülß beigeschrieben.
3) Vom ꝟ. ahn ist über der Zeile beigefügt.
4) Vor die Seelen Vnser L. Mittschwestern — sint ist von der Hand der Hülß theils im Text, theils unten am Rande beigefügt.
5) Hier folgte: Die Commendation singt man auch vor die Jungfern St. Agatha, halden wir eine kurze Vigilien vnd lesen die Commendation vnd daß Ander wie im Cerimonienbuch verzeignet ist. Die Stelle ist durch einen Querstrich getilgt. wahrscheinlich, weil die Bruderschaft mit St. Agatha inzwischen gelöst war.

langh Vigilien ¹) Vnd singen auch die Commendation nicht, die Obrichkeit befehlen es dan auß sonder Orsachen.

Anno 1650 Vngesehr im July hat der hochw. Herr President Leonardus Colchon, Abten zu Silgenstat, alhe visitirt, hat daßmahl ingesat, das ²) | wir alle morgens gleich Vor der Preimen sollen lesen die Mutter Gottes Letaney Vmb ein Seeliges Ent. auch hat er nachmahls Von Vnser ietziger Ehrw. fraw Anna M. Beders begert, das einmahl in der wochen auff dem wirckhauß die Letaney Von Vnserm allerheiligsten Vatter Benedicto gelesen würdt Vor Vnser gantzen Orden, doch Ohne schult ³).

Anno 1650 den 12. Dagh Mey am festagh der HH. martirer Nerii Achillei Vnd Pancratii ist Vnsere Keirch wibber geweihet worden, welche im schwedischen Kregh ist entweihet worden, wie ich von meinen L. mitschwestern Verstanden habe. Do ist Veill ⁴) || guts auff die Kerch Verborgen, die do mit Dannen borden ront Vnder den balden bekleit war. als die schwedische soldaten das durch ein ritz gesehen, sindt sey VnVorsichtigh durchgebrochen, Vnd auff die bort getreden, Vnd also durch in die Kirch gefallen, dauon einer dot gefallen. Diese Letzte weyhungh ist geschehen durch den hochw. H. H. Gregorium Paulum Strauium weybischoffen in Collen wie folgt: Am 11. Dagh Mey ist Ehrhochw. des abents vmb 6 Ohren Vnder der Completen auffs wert kommen, Vnd alßbalt hat man mit allen Klocken geleut. Vnd wir haben die Complet mit dem fraw Loff außgesungen. Vnder diesem ist der weybischoff | mit 3 prestern Vnd seinem Secretario in die Kirch kommen. Vnd wir haben Oben im Chor nach Vollendungh des fraw Loffs strack gesungen den ♪. Audi Israell, welcher ist der 10. am Sondagh Letare. denselben hat der Conuent außgesungen mit dem Vers Vnd repetition ⁵). Darnach hat die Cantrix angefangen den Antiphon Veni sancte, darauff der Pater gesungen et ne, Saluum fac seruum, Dominus vobiscum mit einer Collecten. Item nach Vnser gewönlicher Vnd schuldiger Metten haben 4 oder 5 Vorr dem Conuent des Morgens Vmb 4 Ohren zusamen auff dem Chor gelesen noch eine Metten Von 12 Letzen Von den 11,000 Jungfern, wie wir die halben auff ihr || fest. Dieß hat also müßen geschehen Vor der weyungh wegen der reliquien Von der 11tausent ⁶) Jungfern, welche in die 3 Altaren sindt ingelacht. Diese Reliquien hat der weybischoff von Collen mitbracht ⁷).

Item des Morgens Vmb 8 Ohren ist daß ambt angefangen mit großer solemnitet, Vnd ist alles durch die prester geschehen, was mit singen Vnd Lesen darzu

---

1) Handschr. Velgilien, so öfters.

2) Unten hat die gleichzeitige Hand am Rande beigeschrieben: Dieß President hat V. Ehrw. fraw 16 Jahr erlaubnuß geben, daß wir 2 mahl im Jahr auß auffs wehrt mögen gehen.

3) Die gleichzeitige Hand fügt im Texte bei: Daß Gott wolle bequeme Personen zum Orden führen.

4) Hier ist von der Hand der Hülß beigefügt: in diesem 1650 jahr bin ich Gertraut Hülß im Novitiat gewesen.

5) Handschr. repitition.

6) Handschr. 11000tausend.

7) Ein Zeichen an dieser Stelle zeigt, daß eine Beifügung von der Hand der Hülß am Ende der ersten Seite des vorhergehenden Blattes hieher gehört. Sie lautet: Wir haben morgens die Preim Vnd alle gezeiten nach einander außgehalten.

erforbert. Der Conuent hat ganz nichts darzu gethan, sonder wir sindt im Chor still verpliben, biß die weyungh vollendet. Im Vmbgang ist der anfangh gemacht, Vnd derselb ist daß erste geweihet, darnach die Kirch, darnach die Altaren. Der hohe altar ist geweyht in die Ehr der | aller H. Mutter Gottes, der HH. Apostellen Petri Vnd Pauli, des H. Johannis baptista [1]) Vnd des H. Jeronimy. Der altar zur rechten handt ist geweyht in die Ehr St. Michaelis, des H. martiris St. Clementis, des H. Dionysii Vnd seiner H. gesellen, des H. Vatters Joseph Vnd der H. Mutter Anna. Der altar zur Linder handt ist geweyhet in die Ehr Vnsers aller H. Vatters Benedicti, des H. Martiris Placidi Vnd seiner gesellen, des H. Mauri Vnd St. Scholastica. Nach dem alles vollendet, hat der Conuent die Miß gesungen Summum Terribilis, wie im graduale [2]) von der Kirchwey verzeygent. Auff die Miß hat der Conuent gesungen das Te Deum laudamus, Vnd die Orgell einen Vers gespilt. || man hat mit allen Klocken geleut, biß daß gesang außgesungen; damit ist es vollendt gewesen. Der weybischoff hat Vns denselben Dagh geben 100 Dag ablaß, Vnd sollen alle Jahr auff denselben Dagh haben 40 Dag ablaß. Item dieses ist nicht gewesen eine rechte Kirchwey, sonder ein renouation, reconsiliation Vnd Consecration, glich wie wir nach der Tauff, wan wir widder in sünden gefallen, durch daß Sacrament der bicht Vnd boeß mit Gott widder versöndt werden. Darumb soll daß fest der Kirchwey alle Jahr gehalden werden auff den Dagh, do die Kirch vor 200 Jahren ist geweyht worden, nemblich den ersten Sondag | nach der Colnischer Gottestracht, wie beschriben stehet in Vnserem Martirilogio, daß es Ewig also soll gehalden werden. Den altar auff Vnserem Chor hat der weybischoff nicht willen weyhen Vmb der Clausur willen, ist aber Vor Zeitten geweyht gewesen in die Ehr St. Michaelis Vnd der H. Jungfreren Girtrudis, Vnd ist geweihet auf St. Anthonii Paduan Dagh. derhalben man auff seinen Dagh meß auff dem altar gelesen dem Heiligen zu Ehren.

Etliche geschribene puncten dieses bucheleins hat meiner Elsten mitschwestern ein in einem || alden regifter beschriben funden, daß geschriben von der Ehrw. frawen Bela, erster Reformatrix dißes Closters, bey welcher Riegierung ein groß Theill des Closters ist abgebrandt. Vnd seindt daßselbemahl auch verbrandt alle Register, hauptzettelen [3]) Vnd alle schreiberey, also daß se nit konnen wissen wo ihr gütter gelegen, Veill weniger die fohren vnd Vorgeloßen, sonderen haben es wider müßen schreiben auß dem mundt der haußleudt. waß dieselben gesagt haben, sie müßen glauben. ist also daß Closter Veiller gütter beraubt, dessen sich obg. fraw Bela in demselben boch sehr schmertzleich beklagt [4]). | Dieß boch ist auch mit Veillen andern alten Rollen im schwedenKregh Verrottenirt [5]).

Anno 1651 im Januaryo ist daß waßer so hoch gewesen, daß es durch daß gantze Closter in allen Vnderen gemacheren ein man hoch gestanden. Vnd haben Vns in den obergemacheren erhalden, auffm Sieghauß haben wir gekocht, auffm

<hr/>

1) Handschr. pabtista.
2) Handschr. grabale.
3) Handschr. heubtZettelen.
4) Die Hand der Hälß fügt hier bei: Dißes boch ist noch vorhanden.
5) Auch hier hat die Hand der Hälß nochmals beigeschriben: Dißes boch ist noch vorhanden.

7*

wirdthauß geßen, Vnd daß waßer, damit wir getocht, auff der fießhauß Trappen
Vnd Dormiters trappen geschept. Daß Venerabile hat auff dem Chor gestanden
Vnd daselbst die meß celebrirt. in großen engßten feindt wir geweßen, haben Vnßer
Leben Vnd felen gott Vnd feiner lieben [1]) || mutter befohlen. Vnßer Vehe ift noch
mit großer mühe erhalden Vnd nach Mielheim geführt. Vnßer Knecht Herman Roep
ift im Kelterhauß erdrunden auff St. Anthonii Dag. Den großen Verderbleichen
schaden des werts gibt der augenschein, dan an Honnefer feit hat das waßer eine
breyden Graben ins Werth geßet [2]).

Im felben Jahr darnach, nembleich den 3. Aprillis, ift Vnfere veilgeliebte
Ehrw. fraw Vnd gaistliche Mutter Gertrudt Coten. noch langwiriger Krandheit
Vnd noch 8 Jahren ihrer löbleicher regirung im 44. Jahr ihres alters Selig in
den Herren entschlaffen. Requiescant in pace.

Darauff ift im felben Jahr Vngefehr 8 Dag darnach erwölt Vnd angeßet
Vnfere Jetzund noch regierende Ehrw. | fraw Anna Maria Beders, zu der
Zeit Kellersche. Gott gebe ihr gnad Vnd segen, daß fie zu gottes hochßter ehren,
der feelen heill Vnd des Closters nut langh Jahren woll Vnd lobleich regiere.

Anno 1652 den 18. Auguſty ift Vns Veilgeliebter hochw. Herr Vnd gaistlicher
Vatter Henricus Libler felig in den Herren entschlaffen. fo ift darnach noch
wienig Dagen Erwelt Vnd ein Zeit lang darnach auch confirmirt Vußer jet noch
Riegierender Hochw. Herr Vnd gaiſtl. Vatter Jacobus Schorn. Der gütigfte
gott gebe ihm noch lange Jahren zu leben, Vnd weißheit, feinen gottlichen willen
in allem zu Erkennen Vnd zu vollenbrengen. Amen. ||

Anno 1654 den 17. 9brls hat der Hochw. Herr Prefident [3]) von Werden Vnd
Abt zu Werdten Vnd der Her von St. Pantaleon alhie vifitirt, hat daßmahl eingeßet
das Kleppen Morgens Vor primen. auch hat domahlen Vnßer Conuent daß Ro-
mische Breuiary abngenohmen, haben es aber nicht eher tönen anfangen biß Anno
1655 den 20. 9brls, die Erste Vesper von der Mutter gottes ihrer prefentierung
gefungen. Allein 4 geweilden von den Elteſten haben daß alt breuier behalten,
dieweill dieselbe nicht mehr zu Chor tonnen gehen, Vnd wegen des schwachen gefichts.

Anno 1657 den montag noch hagelfeir feindt noch hagenbuſch geschidt Vnfere
Liebe mitschweſteren Barbara Olbertz Vnd ihre Leibleiche schweſter Sophia |
Olberts, Vmb die Jungferen daselbst zu Vnderweißen die Ordenungh des Romi-
schen Breuiary, den Cantum Vnd was darzu nöttig. Ob fie widder bey Vns
tomen, daß wirt die Zeit geben.

Anno 1659 hat der hochw. Herr Prefident Vnfere Liebe schweſteren zu hagen-

---

1) Hier fügt die Hand der Hülß unten am Rande Folgendes bei: Unfer alter
hochw. H. Heinricus Lipler hat biß Elent allhie mit vns aufgeſtanden.
Vnfer H. P. Abamus Grutraht mufte auff der Scheiben durch ein Logh
truffen, vmb auff Vnferm Chor Miß zu halben. Dann auf dem Seitenrande
noch: Von diefem 1. wafer wehre woll veill zu Schreiben, es wahre do bey
Minfchen gedenck folch wafer nit geweſen.

2) Die Worte: an Honnefer — gefet hat die Hülß unten am Rande beigeſchrieben und durch ein Zeichen hieher verwiefen.

'3) Urfprünglich war nach Prefident eine Lüde, wohl für den Namen; fie wurde aus-
gefüllt mit den Worten: von Werben vnd, dann zwifchen den Zeilen beigeſchrieben: vnd
der Her von St. Pantaleon.

busch Sr. Barbara zur meisterschen, Sr. Sophia zur priorschen gesaß. Darnach Vber ein Jahr ober 6 ist Sr. Barbara wider komen, Sr. Sophia aber ist ein Jahr ober 3 barnach widberkomen.

Anno 1658 ist also ein harter Vnd langer winter geweßen, Vnd es hat ein großer schne gelegen. Dießes wetter ist mit einem solchen Vplauffe des wabers Vnd großer gewalt des Eys abgangen, das wir Vns in den obergemecheren haben müßen ‖ Verhalben in allem wie vor 7 Jahren. Vnser Vehe ist Vbergefahren [1] Vnd hin Vnd wieder gestelt. die Bäum groß Vnd klein seindt meistentheil neder geworffen, welches schreclich war anzusehen. aber den Donnerstbagh vor Eschbagh nembleich den [28. Februar] [2] haben wir alle communicirt Vnd Vns dem güttigsten gott besohlen. denselben morgen ist Vnsere bungarts mehr ahn Etlichen Orden eingesallen, daß Eys recht zu auff Vnßer Closter gedrungen, das wabser noch in vollem aufflauffen, das es noch mehr als ein fuß hocher gestanden als Vor 7 Jahren. Vnser Ehrw. fraw in großen Engsten wiste nicht wo sie mit Vns hein solt, dan alle wegh waren voll wabers. durffte es auch nicht Länger mit | Vns wagen, dan es stundte zu besorgen, daß das Closter solte mangell leiden. so seindt wir alle zusamen Kranden Vnd gesunden Oben auff der scheiffen durch ein fenster eine Leyder aff ins schieff gestiegen, seindt doch glücklich nach Melheim komen. da seindt wir bey Conrabus Geller Oder Vnßerem schreiber alle zusamen bey ein= ander in einem gemach geweßen nacht Vnd Dag biß auff den Sambstagh, an wel= chem sich das wabser gesencht. Deßselben nachmittags hat Vnßere Ehrw. fraw Vns wider geholt, welche auff dem wert mit 3 ober 4 schwestern war bleiben. so seintt wir durch bieselbe fenster wider auffgestiegen, von welcher wir auch waren affgestie= gen, haben bo in den obergemachern mit gebult müßen warden, biß ‖ sich daß wabser ganß verlohren. aber haben bo Vnßer Closter Vnd das wert erbarmleich Verberbt funden. nu Gott der geschlagen Kan auch wieder heilen.

Anno 1618 hat die Ehrw. fraw Sibilla Beilefelt angefangen, baß die LeySchwesteren graw Oberrod gedragen nach den Ceremonien [3]. Anno 1667 ober 1668 hat Vnsere Ehrw. fraw Anna Maria Bederers den Ley Schwestern widerumb schwarbe Ober Rock geben zu dragen.

Waß daß Tenebre anlangt Vnd daß gebett darauff, den ablaß zu gewinnen, haben die Jungferen angefangen, die albie geweßen, Vns Closter zu reformiren, deren 2 von St. Agatha geweßen, Nemblich Jungfer Catrina Grewell, | die wider zu ihrem Closter kommen Vnd alba gestorben, Vnd Jungfer Cristina Paffendorff, die albie gestorben. auch 2 Jungferen von Hagenbusch, Nemblich Jungfer Guda Von bem Camp, die albie 30 Jahr Preyersche geweßen, Vnd

---

1) Anfänglich stand ba: ist mit großer gefahr durch baß Eyß vbergefahren; diese Worte wurden durchgestrichen und unten am Rande an ihrer statt nach bem Worte Vehe beigefügt: hatten wir in baß Schanßen hauß gefuhrt, in meinungh es ba wegen ber höche alba zu erhalben, haben es aber barauß mit großer gesahr ber Menschen vnb Vehe durch ben bungarbt durchs Eyß vnb wabser wibber herauß müßen suhren vnb oberfahren. Die Stelle ist aber bann bie Kreuz unb Quere durchgestrichen.

2) In ber Hanbschr. ist eine Lücke für bas Datum.

3) Hanbschr. Sermonien.

Jungfer Aleydis Raßcop [1]), die alhie Schulmeisterschen geweßen Vnd alhie ge=
storben. waß dieße Jungfern Vor geistliche Vbungen in ihren Clösteren gehabt,
haben sey alhie eingeführt, als daß geistliche Häußgen im Advent, Vnd andere ge=
bebter, die wir in der Karwochgen Vnd die festen bebten.

A°. 1680 den 21. Mey hat der hochw. Her. President Egidys Romanus,
Abt zu St. Pantalion, Vnd Vnser hochw. H. H. Johannes Sl.[otanus] alhie Visi=
tation gehalden, Vnd haben befohlen zu halden, nemblich das 1. zeigen Von der
Vesper soll nicht Langer sein als ½ Viertel Stunden, das zweyb ‖ 3 Miserere
Langh, Vnd daß zusamen Leuben Vor daß dritte zeigen nicht Langer als 3
Pater noster.

A°. 1683 Im September hat der hochw. Herr President Egidius Romanus,
Abt zu Sanct Pantalion in Collen, Vnd der hochw. Herr zum Lagh [2]) alhie visi=
tirt, haben dißmahl die Karta von A°. 1680 gelaßen Vnd Keine Newe gemacht.

V.

Chronik.

Bl. 63 a—63 b.

A°. Vngefehr 1480 ist Keiser Maximilianus der I. alhie auffm werth
geweßen. hat Vnser Closter mit einer trefflicher vnd Schrifftlicher Beschützung be=
gabet, | in welcher stehet geschrieben: wan wir nun angesehen vnd wargenohmen
haben der Ehrsamen Vnser L. andechtigen Abbisen vnd Convent des Gobteshauß zu
Rol. Werth Erbar geistliches weeßen vnd den löblichen Gobtesbienst, den se bäglich
in gemeltem Gobteshauß vollembrengen. Item auch stehet darinen: Vnd in An=
sehen des Schabens, den se von dem burgundischen Kriegh gelieben. Diß
wirt villicht der Brandt sein, von welchem meine Eltesten pflegten zu sagen, daß
Vnser Closter solte schier 2 mahl zum theill abgebrandt sein. Der L. Gott wolle
Vns ferners Vor Brandt behübten.

Bl. 50 a—65 b.   28 b—33 b.   66 a—73 a.

Anno 1481 In dem festagh des heiligen Johannis Ewangelisten vor der La=
tinischen Porhen, welcher gefallen ist auff den ersten Sondagh nach der Octauen
deß Osterfest, hat der aller Ehrwürdigster Vnd gnabentrichster Cölnischer Curfürst
Hermanus [3]) in eigener Personen mit großer mühe Vnd arbeyt Vns Closter Vnd
Kirch wider Consecrirt, Consiliert Vnd geweihet, Vnd hat befohlen, daß der Dagh
der Reconsecrungh vorthin, so Langh daß Closter stehet, soll gehalden werden

----

1) So deutlich die Handschr.
2) Nach Herr war eine Lücke für den Namen, die man ausfüllte mit den Worten:
zum Lagh, so daß die Handschrift hat: Herr zum Lagh zum Lagh.
3) So die Handschr.

ahm erften Sonbagh nach ber Octauen beß Ofterfeft. Vnb hat benfelben Dagh be=
gabet mit fönberlichen ablaß, welchen ber Hochw. H. Arnolbus ¹) Vnbell, wey=
bifchoff beß gemelten Erzbifchoffs in feinen Pontificalen, mit Lebenbiger Stimmen
hat außgeroeffen, Vnb auß Macht, bie ihm Verliehen, noch fo viell barzu gethan.
am anbern Tagh hat ber Vorgemelter Erzbifchoff auß | angebohrner gübtigfeit mit
Hilff Vnb Beyftanbt gemelten weybifchoffs Reconfecrirt Vnb reconfiliert brei altair
Vnfer Kirchen, Vnb benienigen, bie in bem Tagh ber Kirchweyungh bie Kirch Vnb
einen ieben Altair befuchen mit 3 Pater nofter, hat er verlehen 40 Tagh ablaß.
Diefe Weihungh ift gefchen in bem Erften Jahr feines Bifchtumbs, Vnb ift bie
erfte weyungh Vnfers Clofters, Von ber wir eigentlich wißen, baß fey gefchehen ift
in bem Jahr Vnb Tagh Vnb von ben Perfonen, wie Oben gemelt, wie man Clarer
Wißentfchafft finbt in Vnferem Capittells Buch. waß bie allererfte weyungh Vnfers
Clofters Vnb Kirchen anlangt, wannehr biefelbe gefchehen, fönnen wir nichts
Schreibens ober Wiffenfchafft von haben, barumb baß in ber Regerungh ber Ehrw.
fraw Bela von Brincken, ber erfter Reformerifchen biefes Clofters ²), in einer
Vnvorfehener Kriegs Vber || fallungh alle Schrifften biefes Clofters Verbranbt Vnb
Verfommen fint, wie fey fich beßen beuerlich Beflagt, alfo baß fey aus ben Munben
ber Haußleut Neuwe Regifter haben müßen Schreiben. wie folches abgangen, ift
woll zu gebencken. wibberumb fint im Schweben Kriegh auff bem Hauß im Pefch
geweßen alte Rollen Vnb Böcher, babey ein alt Martirologium ³) Vnb feelenboch
geweßen. im VnVorfehenen Vberfall ber Schweben Verfommen.

Anno 1611 An bem feftagh bes Heiligen Seuerini hat ber Hochw. H. Dheo=
borus Ripham, Colnifcher weybifchoff, auff Anhalben Vnfer Ehrw. fraw Cri=
ftina ⁴) Enzenbergh Vns Clofter Vnb Kirch Sampt 5 Altair Vnb einen auff bem
Chor, welche im Trodifchen Vnb Schenfen Kriegh ganz entweyhet, wiber confecrirt
Vnb geweyet, Vnb Befohlen, ben Tagh ber Kirchwey allezeit zu halben auff St.
Seuerins Tagh, welches ge= | fchehen biß A°. 16[50, in welchem Jahr ich Sr.
Gerbrubis Hülß Rouiz bin] ⁵) geweßen.

Anno 1618 ift im Cölnifchen Lanbt ein Comet Stern gefehen worben, welchen
wir etliche Tagh nacheinanber am Morgen fröhe gefehen, als wan er oben Breit=
bach geftanben. als wir ihn gefehen, haben wir feine Wirdungh nit gewift, fonber
allein geförcht, baß er nicht veil gubts würt bebeubten, wie wir leiber erfahren, ob=
woll nicht alsbalt, fonbern nach etlichen Jahren. wollen berohalben Vnfere L.
Mitfchweftern, bie nach Vns fommen, auß einem Schwefterlichen herzen gebetten
Vnb gewarnet haben zu ihrem Vortheill, wan iemanbt ben Tagh würt leben, baß
ein fölcher ungewöhnlicher Stern würt erfcheinen, baß fey ban willen gebencken ber
Wort beß Propheten Dauits: dedisti metuentibus te significationem vt || fugiant
a facie ⁶) arcus, Vnb alles, was fey allein emberren fönnen, an fichere Örter Vnb

---

1) Corr., bie Hanbfchr. hat irrig Hienricus, wohl Verwechfelung mit feinem Vorgänger
Henricus von Rübenach.
2) Die Hülß fügt hier unten am Ranbe bei: fo viell vnfere Eiften wißten, alle
albe fchrifften fint verfommen vnb verbranbt.
3) Hanbfchr. martiro.
4) Criftina ift über ber Zeile beigefchrieben.
5) Die in Parenthefe gefezten Worte find rabirt, aber noch zu entziffern. Vgl. S. 98, Anm. 4.
6) Hanbfchr. facie.

Stebt [1]) stellen, da sey wissen, daß sey sicher Vnd Verwart sint. Dan es ist nit ohn, daß nicht auff sölche Zeigen der Vngewönlicher Sternen großer Kriegh Vnd Blutvergießungh folgt, wie wir Leider in Vnsern Jungen Jahren erfahren, Vnd Von Vnser Ehrw. fraw Sibilla Beilefelt, die in demselben Jahr an daß Ab-bissen ambt war kommen, Verstanden, die Vns mit großer Betrübnuß sacht, daß sey in ihren Jungen Tagen auch derglichen Sternen gesehen, darauff auch ein großer Kriegh Vnd Blutvergießungh gefolgt ist, nit alßbalt, sonder nach etlichen Jahren.

Was der Stern, den wir gesehen, bedeutet, haben wir gnugh erfahren. Dan 2 Jahr darnach, nemblich A°. 1620, haben die Staten nahe bey der Stadt Bonn ein Schantz in den Rein gebauet, die se genendt die Paffen Mütz. Darauff sey großen Willmuth triben, beschloßen den gantzen Reinstrom, also daß Niemandt auff noch aff kont | kommen ohn ihren erlaubnuß. alle Vmbligenden flecken Vnd Dörffer sampt etlichen beyliegenden Clösteren benauten sey sehr, Vnserem Vnd dem Marien-forster Closter drewten se zu besuchen, wie sey deren etliche besuct haten. Als sölches Vnserm gnädigsten Herrn dem Cölnischen Curfürsten Ferdinando Vor-kommen, haben wir auff sein befelch ahm 27. September dißes Jahrs 1620 auß Vnserm Closter müßen weichen, sint zu Schiff biß oben Bonn gefahren Vnd aldar außgangen, Vnd mit 5 oder 6 Vnsers Curfürsten Kautzen [2]) durch Bonn langhs die Cantzeley gefahren biß Collen auff die Breytstraß. aldar wir in der großen Lantzkronnen bey Johan Olbertz Vnser 3 Mittschwesteren älteren gewesen mit Vnser Haußhaldungh, deweil wir nit ein eigenes Hauß hatten, da wir inkehren könten. auff anhalden Vnser Ehrw. fraw Sibilla Bilefelt [3]) sint die Patres der Societet Jesu alle wochen ein oder zwey mahle || bey Vns kommen Vnd Pre-digh gehalden, haben auch Beicht gehört, Vnd Vns durch sich selbst Vnd ihre Jungferen gelehrt recht Betrachten Vnd Exercitien halben. Von der Zeit ahn haben wir beß abents examen nach der Completen auff dem Chor gehalden, Vnd Vns auch daß Mittägle examen Vnd andre gaistliche Vbung gelehret. Die Herrn im Benedictiner Seminario, die domahlen in der Klockergaßen nahe Bey Vns wohnten, Versahen Vns täglich mit der H. Meß Vnd Communion, wie offt wir es begerten.

Als binnen der Zeit Vnser gnädigster Herr Vnd Curfürst mit den Staten ein accort gemacht, seinen Clösteren weiders gein Beschwerlichkeit anzuthun, sint wir auff sein Befelch in seinem eigenen Schiff Sambt den Marienforster Jungfern A°. 1621 ahm 8. Tagh Junii wider mit großer freuden auß Cöllen gefahrn, mit freuden singent zu Chor den psalmen In exitu Israhel. Als wir nahe bey der schantz waren, ist der | Pater von Marienforst Vnd Vns Capellan Her Johan-nes Kochs (dieweil Vns Pater Arnoldus Houius wegen Kranckheit zu Cöllen must bleiffen) mit etlichen Vornehmen weltlichen Personen, die bey Vns auff dem Schiff Vnd Vnserm fürsten bediendt wahren, nach der Schantz gefahren Vmb er-laubnuß. den sey strack bekommen haben, mit ihn auff daß Schiff bracht den Gu-bernator Sampt Andern der Vornehmster, welche alle Jungferen beyder Clöster begerten zu sehen, wolten auch einen Lobgesangh gesungen haben Gott dem Herrn zu Dancksagungh, daß wir wider zu Vnserm Closter kommen. darauff der Pater

---

1) Handschr. ent; die nämliche Hand schrieb darüber: Stebt.
2) So die Handschr., soll wohl Karutschen heißen.
3) Handschr. Billefelt.

von Marienforst [1]) ben Hymnum Te Deum laudamus angefangen, Vnd wir alle-
famen außgefungen, fo langh fint fey mit Vns hoher gefahren. als fey bo woll
genugh tractirt waren, haben fey zu allen Jungfern beider Clöſter gefacht, daß wir
nun fort ‖ hin Gott dem Herrn fleißigh follen bienen, Vnd daß wir Vns ihrenthalben nicht follen förchten, fonder wollgemuht fein, es foll Vns ihrenthalben fein
Leit widerfahren. darnach fint fey nach ihrer Schanzen gefahren, Vnd wir biß
Blittersdorff. albar fint die Märlenforſter Jungferen Von Vns außgangen, Vnd
mit ihrem gudt auff Kahren Vnd Waggen nach ihrem Cloſter gefahren, Vnd wir
in deß fürſten Schiff biß an Vnfer Werth. fint berowegen in guter raw bliben,
Vnd wegen der Schanzen den geringſten Vberlaſt nicht gehabt. was aber daß
fliehen Vnd Packen auff Vns ab geloſtet, dan domahlen nichts im Cloſter blieben,
wein, frucht Vnd alles, daß weißen die Böcher auß. Dicienigen, die bey den gütern
blieben, haben fich iebes mahl weltlich müßen kleiden vmb der Staten willen, daß
fey nicht gewar wurden, daß es Cloſters güter wehren. was | darauff gangen, daß
wir mit Vnfrem gudt bey den frembten geweßen, iſt allein Godt befandt Vnd
denienigen, die Alles Vnderhenden gehabt.

Von der Zeit hat Vnfere Ehrw. fraw Sibilla Bilefelt alle Mittelen erbacht,
daß wir in der Stadt Cöllen ein eigene Behaußungh mögten bekommen, da wir in
der Zeit der Nöth Vnfer Zuflucht zu hetten. derohalben hat fe mit allen Practick
an daß Cloſter gegolden die 2 heußer vor Leißkirchen, Vnd in kurter Zeit bezahlt.
Gott fey Lob. Nach dießer Vnrauhe hat Vnfere Ehrw. fraw S. B. mit Be-
williungh des Conuents befohlen, alle wochen am Sampſtagh die H. Meß zu fingen
dominicaliter von der Motter Gottes, welche etliche Jahr alfo gefungen worden.
darnoch haben wir fey bupliciter gefungen, daß die Mutter Gottes ihr Hauß will
Bewahren vor allen Vbell.

Als die ſchanz [2]) vom Graffen Heinrich von dem Bergh Vnnd ‖ feinem
Volck eingenohmen Vnd die Staten abgezogen, Vnd wir wegen ihrer Verheiſchungh
Vermeinten, nu ganz frey Vnd ſicher zu fein Vnd in friedt Vnd raw zu leben,
Vnd wein, früchten Vnd alles wider im Cloſter war, iſt der Kriegh noch erſt an-
gangen. Vnd iſt Anno 1630 [3]) daß Schwedifche Kriegsvolck in daß Cöl-
nifche Landt eingefallen, Vnd haben So gotloß Vnd tirannifch mit den Haußleuden
gehandelt, nit wie Menfchen, fonder wie wübende Teuffelen oder Teuffels Kinder,
Vnd fölche Betrübnuß Jammer Vnd ellendt verorfacht, daß nit kann befchrieben
werden. Dan fey fint ganz VnVorfehens Vnd mit großer Vielheit eingefallen Vnd
haben in Dörffern, flecken Vnd kleinen Stetten, die Sey mit Sturm einbekommen,
die Menfchen, die fich meinten in den Kierchen zu erhalten, alfo ermordt Vnd zer-
hauwen, daß daß geblued Vber die Kirchen Durppell außgelauffen. Die Schwanger
weiber, welche hofften, daß | fey wegen ihrer fruchten Solten verfchönt werden, haben
fey Mitten Voneinander gehauwen, die frawen, fo ihre Kinder auffgepackt Vnd daruon
gelauffen, haben fey nachgerendt Vnd die hent abgehauwen, die Menner haben fey
in die Keller Vnnd Löcher der Erben getriben Vnd darin ermordt Vnd zerſtochen,

---

1) Handſchr. Marienforts.
2) Unten am Rande iſt von der Hülſ beigefügt: A°. 1622 iſt die Paſſen-Mäß
abgebrochgen.
3) So die Handſchr., lies 1631.

haben gantze Kirchen Vnd Clöſter abgebrendt. was hat können entlauffen, hat ſein Zuflucht zu der Stabt Collen gehabt, welche domahlen iſt geweßen ein Mutter Vnd Schoeß der Armen, Vnd iſt alſo erfült geweßen mit Armen, Verjagten, Verwund: ten Vnd Kranden, daß es wunder geweßen iſt zu ſehen [1]). Vnd iſt ſölch Jamer, elendt Vnd Betrüb tewre Zeit ſönderlich in dem OberLandt geweßen, daß die Leut Vor Honger ſint geſtorben. auß großem Honger haben ſey die Toden gräber eröffenet, wo ſey allein gewiſt, daß friſche Toden ſint begraben, Vnd haben die Corper ge: nohmen, gekocht Vnd geßen. es iſt Schir Vnmenſchlich Vnd ‖ Vnglaublich, iſt aber wahrhafftig, Vnd iſt im Schwediſchen Kriegh geſchehen, alſo daß geſagt wart, daß deßglichen nemahlen gehört mehr worden Von der Zeit der Belegerungh der Stadt Jeruſalem. es iſt nit muglich zu beſchreiben alles, waß ſich von dem Jahr 1630 biß ins Jahr Anno 1633 zugetragen Jm Cölniſchen Landt Vnd hoher.

Waß Vns Vnd Vnſer Cloſter anlangt, hat dieſer Kriegh Vns auch genugh getroffen. Dan A⁰. 1631 ſint wir am 8. 10ᵇᵉʳ mit großer Betrübnuß hertzen Leitt, dieweíl nun der Kriegh Vberall gingh Vnd täglich mehr Vnd mehr zunahm, auß Vnſerm Cloſter geweichen, erſtlich 26 Perſonen nach Cöllen gefahren, haben müßen einkehren iu ein lebigh Hauß, darin nichts geweßen, Von Vnſer Obrichleit doch mit Prouiant woll Verſehen, biß A⁰. 1632. Do ſint wir ahm 18. 8ᵇᵉʳ, deweill gute Hoffnungh vorhanden, wider in Vns Cloſter gefahren. als wir aber 14 Tagh darin geweßen, haben wir mit noch größeren Schmertzen ‖ vnd Leiden auff aller HH. Abent alljuſamen müßen fliehen Vnd alles hinderlaßen. Vns Pater Vin: centius Vnd etliche Leyſchweſtern ſint allein auff dem Werth blieben, in hoff: nung, noch etwaß auß zu brengen. Vnſere Ehrw. fraw iſt bey Vns blieben. Was ſey aber außbrachten, iſt nahe bei Collen mit dem Schiff zu grundt gangen, haben ſehr winigh dauon wider bekommen.

Am 3. Nouember ſelbigen Jahres ſint die Schweden auff Vnſer Werth kom: men, Vnd daß gantz eingenomen, haben den Pater 2 mahl gefangen genomen, Vnd alſo mit ihm Vmbgangen, daß Vnſere Oberen ihn haben müſſen raſunen [2]), haben Vns Cloſter gantz außgeplundert, verwuſt Vnd Verdorben, auß Vnſer Keirchen haben ſey gemacht ein Stall der Beiſten. Die Bilder haben ſey geſtumbpelt Vnd zerhawen, Vnd etliche Sambt ſchönen taffelen Vnd ſchildereyen Verbrandt, auch die geſtülells [3]) auff dem Chor Vnd reffenter. alle ſeinſtern des gantzen Cloſters ſint Verdorben, Ohn allein auff der Ehrw. fraw Hauß ſint blieben, dieweíll der Oberſte deß Krieghs Volcks darauff Sein Wohnungh gehalt. Vnd Vber alle Gottloſicheit, die ſey betrieben, haben ſey die gräber der todten geoffenet, Vnd ‖ die gebein zer: ſtrewet. A⁰. 1633 darnach, daß ſey Vns Cloſter eingenohmen Vnd gantz Verwuſt, Vnd all Vnſere güter, wein Vnd fruchten, Vnd alles waß heymlich verborgen ge: weßen, hinwegh geführt Vnd angefangen hatteu, ſich auffs Werth zu beſchantzen, ſint ſey den 2. februwarii am feſtagh purificationis B. V. M. durch ſonderliche

***

1) Hier fügte die Hülß theils im Text, theils unten am Rande hinzu: welches ich in meiner Kindtheit geſehen. auch hat do ein Schwediſcher Oberſter Baudens [ltes Baubiſſin] Tuits ingenohmen. in einer Nacht iſt zu Collen ein groß Schrecken geweßen Vnd auff Collen geſchoßen, die Cölniſchen haben ſey am Morgen vertriben.

2) So die Handſchr., raſunen, ſich vereinigen, vgl. Wolfram im Willehalm 323, 11.

3) Zuerſt wurde geſchrieben geſtölt, dann durch geſtülells erſetzt.

Scheidungh Vnd Beyſtandt Gottes Vnd ſeiner L. Mutter in der Nacht von Vnſerm
Volck Vberfallen Vnd geſchlagen. etliche haben ſey mit ihren Weibern in den Rein
gejagt [1]), den Oberſten Vnd noch mehr Volcks mit nach Bonn gefangen geführt,
Von den Vnſeren iſt nit ein einiger gelezt.

A°. 1634 den 18. Auguſty ſind wir Von Collen nach Bonn Vnd da etliche
Zeit verblieben, darnach nach Vnſerm Cloſter gefahren [2]) Vnd darinen blieben biß
A°. 1642. do ſint wir wegen forcht der heſſeſcher Völcker, die hierumb her lagen
Vnd daß gemeine Volck ſehr benawten, den 25. Januarii wider nach Collen gefahren Vnd aldar vor Leyßkirchen blieben bis A°. 1644. Do ſint wir vor Vnd
nach 3 Vnd 3 Perſonen | nach dem Werth gefahren, biß zu anfangh Junii. Do
ſint wir alleſambt alle wider bey einander im Cloſter geweſen, doch nit ohne forcht,
deweil daß Heßenſche Volck noch nicht auß dem Colniſchen Landt gezogen, ſondern
allenthalben noch [3]) herumb ſchwebten Vnd große Bößheit betriben, Biß A°. 1648.
do haben ſey ſich mit gantzer Macht auffgemacht Vnd laßen hören, ſich nach dießen
Orteren zu begeben. Do ſint wir gewarnet ein Weill auß Vnſerm Cloſter zu
wichen, ſey möchten es villicht machen wie die Schweden. ſint derhalben den 23.
May mit allem Vnſerm gepack nach Bonn gefahren, Vnd 14 Tagh allein da
blieben. Dan der L. Gott hat alles zu Vnſerm Beſten gewent, dan darnach hat es
ſich zimblich zu dem frieden geſcheidt. Gott ſey in Ewigkeit gelobt Vnd gebenedeit.

Item Anno 1648 iſt zu Regenspurgh der allgemeine friedt geſchloßen.

Anno 1649 [4]) iſt Vnſer gottſieliger Churfürſt Ferdinant geſtorben. ||

Anno 1651 haben wir daß erſte große waßer gelieben, wie hie Vor in dießem
Böchlein ſtehet.

A°. 1658 iſt daß 2. große waßer geweßen.

A°. 1661 iſt in Vngaren ein Schröcklicher Commet geweßen [5]).

A°. 1664 iſt der Türck in Vngeren ingefallen, hat grauſſam darin gehandelt,
Vnd Viele Stedt darinen eingenohmen. Vnßer Churfürſt Maximilianus hat
im Colniſchen Stifft laßen befehlen, alle Tagh die Letaney Von aller Heilgen mit
dem pſalmen Deus venerunt gentes Vnd mit darzu geordenirten Collecten Vor
der hochmeßen auff dem Chor zu betten. dan wir, ia die gantze Chriſtenheit iſt
in großen Engſten geweßen. Balt darnach hat V. R. Keyſer Leopolt mit Zu-
ſcheidungh Vieller Völcker von allen Chriſtlichen Kunigen Vnd fürſten in einer
ſchlagt Bey 16 oder 17 tauſent T[ürden] geſchlagen Vnd eine große victori erhalben. Doch haben die Türcken in Vngeren 2 große Stedt [6]) behalben vnd alſo mit
Unſer Keyßer frieden gemacht, 20 Jahr.

Anno 1664 haben wir Vmb die Aduentzeit Abents nach Completen Oben
Vnſen Peſchs einen großen Comedt Stern geſehen. Balt darnach haben wir des
Morgens | Auff Vnſer Vberſter Lauffen daher da die Sonn auffgehet, fern einen

---

1) Handſchr. gejagt, und darüber von der nämlichen Hand gelagt.
2) Urſprünglich ſtand da: von Collen nach vnſerem Cloſter gefahren, bann
wurden die beiden vorletzten Worte durchgeſtrichen, und das Obige theils über der Zeile, theils
unten am Rande beigefügt.
3) Handſchr. noch allenthalben noch.
4) Unrichtig; er ſtarb 1650 den 13. September.
5) Dieſe Notiz iſt von gleichzeitiger Hand hier zwiſchen den Zeilen beigeſchrieben.
6) Die gleichzeitige Hand ſchrieb darüber: eine iſt Newhauſen.

anderen E.[omet]Stern mit einem sehr langen Schwanß gesehen. ihre Wirckung wißten wir nicht biß wir se erfahren.

Anno 1667 vnd 68 hat die Pest in Hollandt, sonderlich in Amsterdam, grausam geregirt, ist algemagh als höcher vnd höher kommen, hat auch Cöllen so gar ingenohmen, daß, wan iemandt in einem hauß gestorben war, man die Lich vor die dhür setzte, biß die Lungen Brüder sey vor viellem Begrebnuß der Verstorbener könten hollen. Vnd do wir meinten, die Pest wehr nun auß dießem Landt Vnd Stifft, gehet es recht mit Vns ahn. Dan A°. 1669 sint in winigh tagen, wie im Martirologio zu sehen, fünff geweilden Junferen, 2 Conuersinen, 3 Leyschwestern vnd Vnser Pater Adam Crutzrath Vnd Vnser nachber einer, der ihm gediendt in der Krandheit, im Herrn entschlaffen. sey wurden vnder vns krand, vnd alsbald nach dem siechhauß [gebracht] [1]), vnd in 3 oder 4 Tagen todt. es ist ein große sorcht vnder Vns gewesen. ein ieder meinte, er wehre nun der erste. es ist bitterlich kalt gewesen, wir hatten werd den ganzen tag, das wir daß schuldig gebett verrichten [2]). ||

Anno 1670 ist zu Cöllen in der Cirßpels K.[irche] St. Petri ein Streit entstanden wegen zweyer Pastören. sölcher Streit hat also zugenohmen, daß es ein algemeiner Richsauffruhr worden zwischen allen Richsfürsten Vnd Vnser Churfürst Maximilianus. (dieweill er seine alte gerechtleiten Von Cöllen stard forderbt, Vnd sey ihm die nicht wolten inwilligen.) er den französischen Königh zu hülff geroffen gegen die Hollender, welche Cöllen gegen Vnsern Churfürsten beystanten. Von dießem wehr woll veill zu schreiben.

Biß A°. 1672 vmb Pfingsten Vnden im Neder Cölnischen Stifft der franz. Königh Lodowicus selbsten herauß kommen Vnd bey zweyhondert mahl tausent Man Beyeinander bracht. Vnd den Sommer wegen des truckenen Winters vnd Sommers So große Victorien gehabt, daß er in kurter Zeit in Hollandt 51 oder 52 Stedt in bekommen. es wahre eine freudt anzuhören, ich bin daßmahl an der Scheiben gewesen, wie sey in Hollandt den Catholischen glauben geeyffert [3]). Man hat die Catolische Kirchgen widerumb gereiniget vnd daß Te Deum laudamus darin gesungen (welches die Ketzer vor dem Kriegh bey nächtlicher Zeit die Engelen darinen haten hören singen). Man hat offentlich Meß darin gehalden, allerley Ordens Prester haben offentlich in ihrem habitt mögen gehen. Man hat die Rosenkrentz | offentlich mögen dragen. wa der Bischoff von Münster Bernardus genandt [4]) eine Stat inbekommen, hat er glich 2 Patres Jesuwitter darin gesetz, die Kinder auff Catolisch lehren sich segen Vnd betten. Vnser Churfürst ist selbsten dahin gezogen, Vnd hat mit seinem Hoff Volck in Deuenter gelegen. Der Königh Vnd die Bischoffen vermeinten daß ganze Hollandt inzubekommen. Aber O Godt Deine Vrtheil sint dieße Abgrundt, wer kan sey wißen oder ergrunden. Daß folgende Jahr hat es sich wegen des süchten Sommers Vnd winters ganz verstelt, also daß sey in Hollandt nichts mehr haben außrichten können.

---

1) gebracht fehlt in der Handschr.
2) Dan A°. 1669 sindt in winigh tagen — verrichten ist von gleichzeitiger Hand im Texte beigeschrieben.
3) Handschr. ge-geeyffert.
4) Bernardus genandt ist von gleichzeitiger Hand beigeschrieben.

A°. 1672 [1]) hat der Königh mit Bewilligung deß fürsten müßen [2]) die Hon=
neſſer ſeit Vielle Völcker auffgeſcheiden gegen die Brandenburgſchen, die wir zu
förchten, Vnd nach ihren Dreuwen einen inbruch ins Cölniſche landt wurden thun.
Dan ſey treweten den Cölniſchen lant, nicht einen Stein auff dem anderen zu laßen,
dieweill ſey die franzen ingelaßen Vnd mit denen woll zufrieden. Aber am lezten
hat die Billig Vbell gerochen. Wir ſint auch wegen des Durch || bruchs in großer
forcht geweßen. Do hat Vnſere wolEhrw. fraw Vns geweilden all auff das feſt
Conceptionis beatae V. Mariae Morgens nach der Communion mit Betrübnuß
nach Collen geſcheidt, hetten dißmahl woll Blieben, ſint Zu Collen plieben Biß
St. Benedictus Tagh in der faſten. Do hat Vnſere Ehrw. fraw Vns widerumb
auff geholt, haben allein mitgenohmen, waß wir nicht entrahten könten. dan wir
wahren Noch nicht ſicher.

Im ſelbigen [3]) Jahr 1673 gehet es wider an. Do ſint die Keyßerſchen oben ab
Vnd die Spaniſche Vnd Hollender Vnden auff VnVerſehens ins Cölniſche Lant ein=
gefallen (dan die franzen den Sommer die Colniſche ſeit auffgezogen, ins Trierſche
Lant eingefallen Vnd Trier ingenohmen), grauſamlich im Cölniſchen Lant gehandelt.
Daßmahl iſt Vnſere Ehrw. fraw mit Vns allen 24. 8bris [4]) Vnd mit Sack Vnd
Pack, was wir in einem großen Scheiff Vnd trauffert mit tönen nehmen, in rauhem
Witter vnd windt, da ſich die Kriegßleuth hie Vnd dort zeigten, glücklich nach
Collen gefahren. als allein der H. Pater Vnd etliche Leyſchweſtern ſint bey dem
Vehe auffm Wehrt plieben. auß forcht des fangens ſint ſey vns auch nachgefolgt. |
Aber Vber 3 oder 4 Tagh haben die Keißerſchen vnd Hollender Bonn starck belegert
Vnd vber 5 oder 6 Tagh ingenohmen. Deßgleichen haben ſey auch daß ganze Col=
niſche vnnd geulicher Lant mit allen Stetten Vnd flecken eingenohmen, vnd darin
nicht gehandelt wie freundts Volck, wiewoll der Keißer befohlen, Kirchen vnd Klöſter
nicht zu beſchedigen. Wir haben auch die 2 reißen keinen mangell an Speiß vnd
Tranck gehabt [5]). die Kollen waren allein turwer vnd ſchwerlich zu bekommen.
Vnſere Ehrw. fraw hat alle Wochen 2 von Vns (die 2. reiß) nach Marienablaß
laßen gehen, auch als 2 vnd 2 bißweillen laßen gehen, ihren Verwanten zu beſuchen.
4 oder 5 Leyſchweſtern, die auff dem Werth waren blieben mit vnſern Nachbaren,
die ſey doch in der Roht verlaßen, Vnd Vnſerm Vehe, ſagten darnach, ſey ſtönten
daß ſchrecken nicht noch einmahl auß. es iſt ihnen erſchröcklich anzuſehen geweßen,
in 8 Tagen auff beiden ſeiden Lauter Kriegß Volck auff vnd aff zu zehen, vnd
wegen deß grauſamen Schießens Tagh vnd Nacht auff Bonn. Der L. Gott Vnd
die Mutter Gottes haben Vnſer Cloſter in ihrem Schutz Vnd frey vom Kriegsvolck
behalden.

Im Sommer [6]) als wir zu Collen waren || iſt Prinß wilhelm Von den
Keyßerlichen mit ſeinen wagen an Marzillenſtein gefangen, Vnd mit ſeinen wagen

---

1) Die Handſchr. 1673; doch die Zahl 3 iſt theilweiſe ausradirt.
2) müßen iſt von gleichzeitiger Hand beigefügt.
3) So die Handſchr., lies folgenden.
4) Die Zeitangabe: 24. 8bris, iſt von derſelben Hand zwiſchen den Zellen beigeſchrieben;
muß heißen: 29. October. Vgl. Chronik unter III. oben S. 89.
5) Handſchr. gehabt.
6) Irrig; die That geſchah am 14. Februar, Nachmittags zwiſchen 4 und 5 Uhr.

zur hauen Portzen außgefurt. sein Bruder der Bischoff Von straßburgh ist nach Pareiß zum Königh gefloen. welche Beyde alle dießes wetzens (obwoll mit guder meinungh) ein anfangh wahren. sint doch noch dem Kriegh wider frey nach Collen kommen [1]).

Als sich nun daß Colnische Lant mit dem Kriegsvolck gesatz Vnd ihn Vnd auch den frantzen Contribution geben, hat es Vnsere Ehrw. fraw Vor gutt ange= sehen, Vnß widerumb nach Vnserm Closter zu begeben. sint derowegen in 3 ver= scheidenen Theillen A⁰. 1675 [2]) vmb daß Pfingstfest nach Vnserm Closter ge= fahren, haben die Zeit Viellerley auff Vnd abzugh der Krieghsleut Vnd stehen der armer Haußleut müßen außstehen.

Die Lotreinischen haben sich woll mit Vnserm Closter gehalden. Dan Vnsere Ehrw. fraw Vor ihrem auffzehen Trier [3]) inzunehmen hat etlichmahl etliche Offi= cier albie getractirt. im Auffzehen Vor der ArnsZeit haben sey Vnsere früchten gantz frey auff den felt, die allein | gezeignet wahren, müßen laßen. Der Oberste hat 2 Trommpetter gegen vnserm Werth laßen blaßen, biß daß Volck langß ge= zogen war. Darnach haben Vns die herum liegende Keyserliche Völcker bißweillen getrewet zu befuchen, auß Vrsachen, deweill die arme Haußleut mit ihrem Arm= muthlein Vor ihnen lieffen, Vnd sich auff Vnserm Werth mit ihrem Vehe Vßer Vnßer gantzen Werth in Tentten auffhilten, also daß sey in den Häußern nichts funden. Ist also Vnser Werth durch Gottes hülff Vnd Vorbitt der Mutter Gottes gantz frey plieben biß balt Vor dem Endt des Kriegs. do haben die Keyserliche sich auff die Bergische seit müßen saluren, die frantzen die Colnische seit in gehabt. was Vor eine betrubnuß wir do von den Keyßerlichen Völckern auß= gestanden, wißen wir alle gar woll. auch hat Vnsere Preyerschen Anna Schorns solches gantz weitläuffigh beschrieben. biß entlich wir alles widerumb gepackt haten ||, Vns nach Bonn zu begeben, dan sey wolten Vns auß dem Closter haben. beten wir wegen deß großen Eyß fort können kommen, wehren wir nach Bonn gezogen. dan in Doctor Beckers hauß wahr Vnser losamen[t] bestelt. Als nun Vnsere heren auß Befehl des generall Obersten Luini [4]) hatten angefangen, die Bäum an Honneffer seit abzuhawen, dan se wolten sich auff Vnser Wehrt Vor den frantzen schützen [5]), glich kompt Zeitungh Von dem einen vor, den dem anderen nach, daß der fried zwischen dem Keyser Vnd frantzen Königh zu Nimwegen geschloßen wehre, Vnd balt der allgemeine fried der gantzer Christenheit würde folgen. auch list der generall her schreiben [6]), daß man solte einhalten mit dem Baum abhawen. Vnser Churfürst Maximilianus hat Vns große Trewe in dießem Elendt er= zeigt, deßglichen Doctor Becker, Vnd H. Peter Baudo mit schreiben Vnd Lauffen. Dan der Herr Adolfus Beckerer wahr hiehin kommen, sich in seiner Synöde [7])

---

1) Hier folgte noch: vnd Printz Wilhelm ist ein Cardinall worden, doch sind diese Worte durchgestrichen.

2) Lies 1674. Vgl. Chronik unter III. oben S. 87.

3) Ueber der Zeile ist beigeschrieben: nach.

4) So die Handschr.; das Nekrologium nennt ihn Louignies, vgl. unten S. 128; der spanische General Louvigny ist gemeint.

5) Die Worte: hatten angefangen — schützen hat die nämliche Hand unten am Rande beigeschrieben und durch ein Zeichen hier eingefügt.

6) Ueber der Zeile ist beigefügt ge=, also Handschr. geschrieben.

7) Handschr. Synöde.

ein zeitlangh auff | zuhalben. es ist Vns nicht anders zu Muht geweßen, als wan der L. Vnd gühtige Gott ihn hiehin geſandt, in dießem Elendt beyzuſtehen. was wir aber Vor Vrſach gehabt, in dießem Vnſern höchſten Betrübnuß Godt den Herren zu loben Vnd zu dancken, beydt wegen des allgemeinen friedens Vnd er= lebigungh Vnſers Elents, daß iſt nicht zu beſchriben. dan wir ſint VnVerſehens worden wie getröſte Leuth. Dieße Dingh ſint geſchehen Anno 1679 Umb die feſten St. Maria Lichtmißen Vnd St. Scholaſtica [1]).

. Aº. 1674 den 1. Auguſty iſt glich Oben Vnſem Wehrt abens Vmb 7 Vhren ein erſchröcklich Donnerwetter mit hagellen, ſtebem Blixen vnd ganß Deuſter ge= weßen. wie es bey Vns Vnd in Hollandt abgangen, hat Vnſer Priorſche Anna Schorns weitläuffig beſchriben. ||

Aº. 1680 den 26. 10bris haben wir abens Vmb 5 biß 8 Vhren einen erſchröck= lichen Comet Oben dem heilichs Bergh geſehen, ſeinen ſchweiff, den Stern noch nicht, groß VnVeranderlich biß den 5. Januarii 1681. Den 6. 7. 8. Vnd 9. Januar iſt es ganß fewrigh geſehen. Darnach haben wir den Stern mit dem ſchweiff geſehen. dan hocher, dan neberer, naſölchlich etwas kleiner, biß den 4. vnd 25. Januarii. ſein ſchweiff iſt 40 grad, thut 600 Meilen langh geweßen [2]).

Item. Vnſer Churfurſt Maximilianus iſt von Aº. 1673 biß an iezige Zeit 1683 [3]) zu St. Pantalion zu Cöllen im Cloſter mit ſeiner Hoffhaltungh ge= weßen, nemblich von dem franſozen Krigh, daß er auß Hollandt iſt komen. ||

Aº. 1680 im December iſt der vorſchriben große CometStern Vber ganß Europa, Ja biß Conſtantinobel geſehen worden. .

Aº. 1681 im . . . . [4]) iſt daß waßer ſo groß geweſen, daß es Vnden im Clo= ſter in allen gemacheren geſtanden. allein die ScheibenStoff Vnd daß HerrnHauß ſint truden plieben. es iſt in einer Nacht Schir auß allen gemachern gangen, bewiell es in Hollandt Vnd Brabant durchgebrochen, Vnd Bey 6000 Menſchen ertränd. Item in ſelbigem Jahr iſt eine gifftige Krancheit Vnder dem RindVehe geweßen, Von Oberlant biß in Hollandt hinein, daß man mit forcht Botter vnd· Keeß hat genoßen. man hat den Bieſte mit ſönderlichem Silberen inſtrument die Zungen müßen cureren.

Aº. 1682 iſt auch ein großes Elent Vnder den friſchen Ochſſen geweßen, daß etlich Leuth ganße ſtangen mit fleiſch in den Rein haben müßen werben. wir haben vnſer fleiſch geſundt genoßen.

---

1) Hier folgte: Item auch hat in dießem Jahr Vngefehr im September der Türckſche Keyſer an Vnſer Keyſer begehrt noch 20 Jahr friedens zu den noch Vbrichen Jahren zuo zu ſetzen. Dieße Stelle iſt jedoch in die Quere durchge= ſtrichen; dann hat eine gleichzeitige Hand beigefügt: Aº. 1683 iſt er wider in Vngarn ingefallen mit 1½ hondert tauſend man. hat Wienn hart bele[g]e[rt].
2) Hier folgen nachſtehende Notizen: Aº. 1168 hat Biſchoff Reinolt die H. H. Drey Königh nach Cöllen bracht. Item Aº. 1374 iſt zu Collen daß waßer zu Collen Vber die große Muhren gangen. wie es do allhie ergangen, wißen wir nicht. Item Aº. 1649 iſt Vnſer Curfürſt Ferdenandt geſtorben. Hieran ſchließt ſich die oben S. 102 mitgetheilte Nachricht über die Anweſenheit Kaiſer Maximilian's I. in Rolandswerth.
3) Die Zahl 1683 iſt über der Zeile beigeſchrieben.
4) Für die Monatsangabe iſt in der Handſchr. eine Lücke gelaſſen.

A°. 1683 hat der Türcksche Keyser ein grosse macht Volcks, mehr als 200000 daß ist | Zweymal hunter Tausent Man, mit einem grossen geschütz Vnd rüstungh in Vngaren gescheidt, daselbst grausam gehandellt, die arme Leuth gefangen, getödtet vnd schir alles verhergt [1]) Vnd abgebrandt, Vnd also durchgebrochen, daß sey die Stadt Wienen mit grossem Volck vnd geschütz bey 9 Wochen belegert. Vnser frome Keyser Leopoldus ist mit seiner gantzer Hoffstadt nacher Lintz bey nächtlicher Zeit geflohen. Vnder dessen hat Vnser Keyser ein zimblich Volck, wie es geschrieben wart bey 80 oder 90 Tausent Man Versamblet, als der Königh auß Polen, Vnd Von Churfürsten Vnd andern fürsten durch Westphalen her. Vnd es ist fasten, Bedten Vnd grosse Processiones Vor diß anliegen geschehen. Biß den 31. Augustus den dingstdagh in der Schutzengeln Octaff, welche Octaff Vnser Keyser Vor etlichen Jahren davor Vom Papst befodert hat, ist die Erste Schlacht vor Wienen gehalten. die Christen haben die Türcken so behertz angefallen, daß sey die Türcken wie ein hert Schaff gejacht. Dießes hat gewehret biß auff der Mutter Gottes || geburt dagh. Dieße Victori ist so groß Vnd wunderbahr geweßen, daß sie mehr, Ja Gott allein, als den Menschen zuzuschreiben. Dan Wienen ist alsbalt von der schwer Belegerungh erlediget worden. auch ist geschrieben worden, daß in der Schlachten ein hondert Vnd setzigh Tausent — 160,000 — Türcken geweßen, die in einer Stundt also Neder gemacht Vnd flüchtigh worden, daß selbige Stunden nicht mehr zu sehen geweßen als hundter [2]) Menschen. Die Christen haben einen sölchen Voraht vor Wienen funden an Edellgestein, golt, silber, geschütz, Eysen, Leinen, Zelten Vnd allerley gudt, daß es Schier Vnglublich lautet auß den PostZeitung Vnd Schreiben, daß Vnser Schwester Quentels Bruder Von Wienen geschrieben, der es selbst gesehen. Wie es ferners mit dießem Krigh gegen den frö[ling] wirt gehen, ist dem L. Gott bekandt, dan die Christen rüsten sich trefflich.

Jtem im selben Jahr 1683 ist im Advent ein so groß Kelt Vnd Schnie eingefallen, hat gestanden biß in die fast hinein, die Honeffer Leu[ht] sint am Sondagh Quinquagesima | mit frawen Vnd Kinder Vmb nachsagens willen Von Honeff biß her Vbers Eyß gangen. auch hat ein hondertjähriger Man zu Honeff sich dessen nicht können erineren, daß es ie geschehen. Alle Vnsere Nachbaren Vnd alle Leubt, die es gesehen Vnd gehört, haben sich Vnsers Closters Vnd Werths geförcht. Vnsere Nachbaren sagten, es leg oben an Vnserem Kop so Viell Eyß wie die Borch Rulantz Ed, daß von anfangh der Kelt sich alda beyeinander Versamblet hat. Aber der liebe Godt, dem alletzeit Lob Vnd Danck gesagt sey, Vnd wir Vor dieße wolthat Schuldig sint ihm fleißiger zu dienen, hat dießes Eyßbolwerck algemach in dießer Kelt also dar gebawet. Als dießes wietter nun abgangen, hat dieße Eyßmohr alle gewalt deß Eyß auff Honeffer Seidt gezwungen Vnd getrieben, auch hat sich eine [3]) grosse Eyßscholl an der Cölnischen Seiden zwischen Vnser Werth vnd den Wegh gesatz, daß wir oben Vnsern Ehrw. Pater Vnd Knecht darüber auff die Cölnische Seit haben sehen gehen. auch als durchgebrochen Vnd woll [4]) ab || ge-

---

1) So die Handschr., verheert.
2) So die Handschr.
3) Handschr. auch ist eine hat sich.
4) Unten am Rande steht, von der nämlichen Hand, kaum leserlich: .. [Beck]ers nach den Abten St. Martin warren.

floßen. Daß Waßer Vnd Eyß ist etlich mahl etliche sueß auffgelauffen Vnd dan wider gefallen, also daß es auch nicht eins in Vnsern Keller kommen. dem L. Gott sey Vnentlichen Danck gesacht.

A°. 1684 hat der Lotreinische Vnd Beierfürst Vnd andere [1]) Christliche fürsten Vnd Hern ein groß Volck versamplet Vnd in Vngaren widderumb eine schlagt von den Türcken erhalden. darnach im selbigen Summer die Stadt Osen, die Hauptstat in Vngaren, langh belegert, aber nach langer Belegerung Vnd hinderlaßungh veill Taußent Volcks se müßen verlaßen.

A°. 1685 hat Vnser Keyser Leopoldus widderumb auß der ganzen Christenheit ein groß Volck versamplet, die nacher Vngaren gezogen. im selben Jahr haben ‖ sey den 9. Julii die Statt Neuhaußen belegert, Vnd die Türcken die Statt Gran. Do haben sich die Christen vor Newhaußen zertheilt Vnd bei der Statt Gran auff St. Hyacincti Tagh [2]) mit der hülff Gottes, wie se auch heraußgeschrieben, Godt hat widderumb mit Vns gestritten, eine herliche Schlagt gewonnen Vnd die Türcken veriagt, die Statt Gran von der Belegerungh erletight, Vnd den 18. Augusti [3]) die Statt Newhaußen mit Stürmender handt graußsam einbekommen, mit großem gelt Vnd anderen sachgen Beudt. balt darnach auch in Ober Vngaren die Statt Eperies von den rebellen mit großem pardun Vnd accort. im selben Jahr auch die große Stadt Caschau Vnd andere vielle Stedt.

Anno 1686 hat der Lotreinische Vnd Beyerfürst widderumb mit Versamleten Volck auß der ganzer Christenheidt die Königliche HauptStadt des ganzen Vngeren widderumb belegert den 19. Junii. Vnd nach ‖ Viellem grausamen Stürmen Vnd großen Bludtvergießen, Vnd auch sastagen zu waßer Vnd Brodt, so auch von Keiser Vnd Keyßerin selbst geschehen, Vnd Viellem gebedt ist Selbige Stadt Offen, ein Schlüßel zu Constantinobell Vnd Jerusalem, mit Stürmender Handt den 2. September ingenohmen, haben auch den großen Türckschen entsaz Vor der Stadt mit der Hülff Gottes geschlagen Vnd veriagt. Vnder der Belegerungh dießer Stadt Osen sint die Christen Vor der Stadt in großer gefahr wegen des entsaz Vor der Stadt Vnd grausamen Wehrens auß der Stadt geweßen [4]). Do haben sey zu Wienen, Keyßer Vnd Keyßerin, Jung und Alt, auff Maria Himmelfart Abent den ganzen dagh zu Waßer Vnd Brodt gefast biß an den Abendt [5]). Deßglichen hat Vnser Keißer an den fürsten begerdt in ihren ‖ Stifteren auch zu geschehen.

Als nun diese Stadt Osen den 2. september mit Stürmender handt Vnd brandt wie ein ander Zerstürungh Jerusalem Vbergangen, sint durch die ganze Christenheidt Danckfesten gehalden. Wir haben, wie Vnßer Churfürst ingesez, auff einen Sondagh die Miß von der H. Dreyfältigkeidt gesungen, Vnd auff die Miß die Deum laudamus gesungen Vnd gespeilt. Die 3 Verßen von den H. Engelen als der 1. tibi omnes, der 2. tibi Jerubin, der 3. Sanctus haben wir biß zum drittenmahl nach einander widder mit großer freudt Vnd Solemnitet repetirt, wie

---

1) Handschr. anderen.
2) S. Hyacinth am 16. August. Vgl. Act. SS. Boll. Aug. III, 309.
3) Es geschah am 19. August.
4) Handschr. gewesens.
5) Unten am Rande ist von der nämlichen Hand beigefügt: Vnßer Keißer hat selbst 2 Dagh gefast.

8

Vnßer Churfürst ingeſaß durch getruckten Brieff. Item daß Hochw. H. Sacrament
iſt außgeſaß mit 3 Mahl dem ✝. Defenſor. Vnßere Obrichkeibt hat Vns ingeſaß
3 Dagh | wie die Mudter Godtes Abendter zu faſten wegen Schwierigkeibt¹) deß
Dienſt Godtes. Nach dießer eroberungh der Stadt Ofen haben ſey Segedin Vnd
Fünf=Kirchen²), auch noch 4 oder 5 andre Stedt, auch Syclos, Capußwar inge=
nohmen, Vnd die Eßiger Bruck ganß verwüſtet.

Item als 1685 Newhäußel mit ſtürmender handt Vbergangen, die Stadt Gran
erlediget, Vnd die Schlagt bey Gran gewonnen, haben wir, wie die Chriſt[enheit],
auff einen Sondach die Miß Von der H.H. Dreyfeldigkeibt, darnach die Deum
laudamus geſungen Vnd geſpilt.

Item Aᵒ. 1687 im Auguſto haben die Lotrinischen Vnd Beyer fürſten widderumb
bey der Eßzicher Brücken mit Godtes hülff eine wunderliche Victorien von den
Türden erhalden, ihr ganß Leger Vnd alle ihre schenß bekommen. || Darauff haben
wir die Miß von der H.H. Dreyfältigkeit Vnd daß Te Deum laudamus [ge=
ſungen]³).

Aᵒ. 1688 iſt der Lotreinische fürſt schwer kranck geweßen. Derowegen hat der
Pabſt durch bewegliches schreiben den Beyerfürſten bewegt, das er geſagt, nun will
ich Godt zu Ehren Vnd dem H. Vadter zu Lieb mich dahin begeben. hat ſich in
eyll Vber die Saw begeben mit der arme, welches ihn ſo woll wordt als gelt ge=
toſt, weill die meiſte Vnwillig wahren. haben ſich alßbalt vor grieſchweißenborch
be[geben]⁴) Vnd ſelbige Stadt mit dem erſten Storm einbekommen, darnach noch
mehr Stedt. haben Selbiges Jahr widderumb die Deum laudamus geſungen zur
Danckſagung.

Aᵒ. 1688 iſt Cardinall graff Wilhelm von fürſt[enberg]⁵) zu einem
coabiutor deß Colnischen Lants gemacht mit VnWillen deß Pabſt Vnd Keißer
Leopoldi. Von dem Dag an iſt Vnß Curfürſt Maximilian Heinrich⁶) kranck
worden, biß er den 2. oder 3. Junii geſtorben. im July iſt er zu Collen ſehr Prechtig
begraben. glich darauff geſcheidt die Wahl, Vnd | Cardinal Wilhelm bekompt die
meiſte Stimen auß Orſach. Do die gude Keißerschen erwellen den Beyerfürſten.
Alßbalt ſcheidt der franzoſe Königh ein groß Kriegs Volck in die Palß, Cölnische
Vnd Biergische Landt. Bonn Vnd alle Stedt werden belagt. Bruell, ſinzig, ander=
nacht, Lechnig, Arweiler Vnd beynahe alle Stedt Vnd Schlößer werden abgebrandt
Vnd geſprengt. Wir ſint in großer Angſt Vnd forcht geweßen. Wir hatten nichts
ſönderlichs nach Collen geflüchtet. Alle Minschen flüchten daß ihrige ins Cloſter.
biß den 25. Mertz auff Vnser L. frawen Dagh den [2.]⁷) freydagh vor Palmbach
Vnder der hochmuſicalischer Mißen erhebt ſich in der Kirchgen ein geläuffs an, Vnd
zeigen dem Pater am Altar an, daß Veille franßzoſen, 300 ſind gezalt, auffs
Werth wulten, Vnd begerten Vnsere Schuer Vnd Kelterhauß inzunehmen. deß
anderen Morgens Vmb 3 Ohren fangen ſey an, alle Veum auff dem Kop affzu=

---

1) Handſchr Schwarigkeibt.
2) Handſchr. 5. Kirchen.
3) Das Wort geſungen fehlt in der Handſchr.
4) Handſchr. bloß be- (am Ende einer Zeile).
5) Der Name iſt in der Handſchr. abgekürzt: fürſt.
6) Handſchr. Mar. Heidrich.
7) 2. fehlt in der Handſchr.

hauen || Vnd nach Bonn zu fahren[1]). Anderhalb Hundtert, darnach als 70 oder 60 Salbaten fint auffm Werth blieben. sey haben sich selbst betöstiget, im Anfangb hat es die Ehrw. fraw müßen thun. sey hat bißweillen alt etwas gethan. Die Obersten haben mit den Herrn gespeißt, Closters Hew, stro, Hölß, alles nach Bonn gefahren Vnd Verkaufft.

Item auff St. Marcus Dagh kompt ein Oberster mit etlichen, nimbt auff dem Keller etlichen Wein, Vnd Von der Läuffen Viell haber. Vber 2 Dagh kommen Vielle franzosische Heren, begehren im nahmen des gubernators alle granaria zu eröffenen, Vnd alle gesteute früchten zu hollen, Vnd Verheischen, nichts vom Closter vnd Conuent zu begehren oder zu nehmen. Ich hab auff der scheiben mit Vor ihnen neder gelnebt. Dan Kirten sey sich Vmb Vnd sachten, sey wulten nichts waß deß Closters wehre, haben auch zimblich gelt vor daß vorige frucht Vnd[2]) Wein geben, gehen albalt hinauff, sacken 160 Malder fruchten ein[3]). Die Herrn gehen | glich auff den Dormiter, heben Kugeler[4]) auff, sehen in[5]) die Cellen, gehen alsbalt in den Vmbgangh, laßen die meiste Kisten auffschlagen, nimmen allein daß Leinen Duch Vnd Himpter, wie sey sachten Vor ihre Krancken Vnd Verwundten. geben zimlich gelt Vor ieder Kist. ich bin darbey geweßen Vnd mit empfangen. nimen auß der Küchen fleisch Vnd Wein auß dem Keller, fahren[6]) damit hinweg. Den 27. Aprill kompt ein ander Oberster mit villen Salbaten, Schlagen die vbriche[7]) Kisten auff, nimen alles Leinen gezüch, Bedt Vnd fleisch Vnd frucht Vnd Wein mit Verheischen, es soll alles bezahlt werden. Dießer Herr gehet allein mit Vnserm freundt in der Noht der Ithaliner genent[8]), wie durch den begehrt war, auff Vnsern Dormiter einmahl auff und aff sehr belebt Vnd grauitesch[9]), sicht nicht auff ein eintzige Zell. mit dießem gehet[10]) der Italiner mit nach Bonn, brengt Vns von dem Commandanten[11]) ein schreiben, darinen er besilt dem Obersten[12]), der den anderen Dagh kompt, nichts mehr mit zunehmen als die Vbriche gesteute früchten. der sönsten alles geplundert Vnd mit seinen 2 großen Schiffen hinwegh genohmen het. Vnser Closter hat doch sowoll ihn als seine Salbaten woll müßen bezegen[13]) Vnd begaben. Item den 2. Mey werden die alhie liegende franzosische Obersten Vnnd Saltaten nach Bonn geforbert, gehen auch woll mit Hüneren Vnd schinden beschenckt. Vnder dießen Dagh haben die brandeborchgische auff Hunffer Seiden den Dagh durch auff den berch Vnd Werth geschoßen, immerzu, Vnsers Closters

---

1) Handschr. nach Bonn gefahren.
2) Handschr.: D.
3) Handschr. gehen alsbalt ein hinauf, sacken 160 Malder fruchten.
4) So die Handschr., wohl so viel als Vorhänge.
5) Das Wort in ist von der nämlichen Hand über der Zeile beigefügt.
6) Darüber ist von gleichzeitiger Hand zwischen den Zeilen beigeschrieben: ist halb bezalt.
7) Das Wort vbriche ist von gleichzeitiger Hand beigefügt.
8) Das Wort genent ist über der Zeile beigefügt.
9) Unten am Rande hat die Hülß beigeschrieben und durch ein Zeichen hieher verwiesen: Wir sint alle we forchtsame Kinder Vmb Vnd nach dießem gangen was er würde anfangen.
10) Darüber von der nämlichen Hand: fehrt.
11) Handschr. Comodanten.
12) Handschr. Obersthien.
13) So die Handschr., bezechen, bewirthen.

so viell verschondt als sey gelondt. Waß wir vor schrecken dieße Dagh außgestanden, ist nicht woll zuschreiben, deweill daß Drewen daß Closter zu verbrennen biß noch gewehret. selbigen abent als dieße hinwegb gezogen sint die Brandeborgische auffs Wert kommen, haben daß Wehrt | woll bewahrt, ihrer wahr 50 einen Dagh oder drey. daß Closter muste sey speißen, daß wolte Vns zu Schwer fallen. Darumb hat die Ehrw. fraw sey widder Vber gescheid, se Sin sehr rewig Vnd friedsam auff dem Werth geweßen. Item den 21. Mey zehen die Leunenbergische nach Menß von der Schanß an Wolkenborch Vnd von der ander seiden. Da kommen den 23. Mey [1]) die franßzosen auff Honeffer seiden hinauff, Plündern alles ein Stundt langh, fangen darnach am Rein an Morgens Vmb 8 Ohren Vnd stechgen alles in Brandt, erstens Honeff, Königswindter, ober Vnd neder Dollendorff. O ein erbärmliches Vnd erschreckliches Schwauspeill anzusehen. Wir spreiten Vnsere Wesch im Pesch, die Dücher wahren ganß voll RamEschen.

Item im Juny haben die franzosen angefangen auff beyden seiden die Vnreiffe frucht abzuhawen Vnd zu verbrennen.

Den 11. Julii haben die Münsterschen die schanß zu Beul in bekommen.

Item auff St. Jacobs Dagh haben se angefangen Dagh Vnd Nacht grausam auff die Stadt || Bonn zu Schießen, also daß alle Clöster, Kirchgen Vnd Haußer verbrandt Vnd neder geworffen. Den 13. oder 14. august ist die Stadt rundtVmb belegert worden. Do haben die Saldaten hin Vnd widder selbst gedroschen Vnd die gedroschene frucht wegh genohmen. Darnach sint die Saldaten vor Bonn still blipben. Wir haben auch durch einen guden freundt am Keyserlichen Hoff einen Städtlichen beschutzbrieff erhalden, auch vom Brandeborchger, Vnd einen Lebendigen Salviguarden, einen Edelman. Daß schießen hat bißweilen 2 Dagh Vnd Nachten grausam auff die Stadt gewehret.

Item in dießer belegrungh sind wir von der beschwerlicher Krandheit der rohte rohr heimgesucht worden. Erstlich sint Vnser Knecht 2 ingefallen Vnd gestorben. Den 14. 7ber hat sich Vnsere Preyersche Anna Schorns geklagt. do sint binnen 8 Dagen mit ihr 8 geweilder Vnd 4 Süstern Vnd Bilgen [gestorben] [2]). Bilgen ist den 21., die Preyersche ist den 23. 7ber gestorben. Darnach | hat sich Schw. Francisca Vnd Vnser Pater Maternus [3]) geklagt. Vnd etliche haben die Krenck gehabt, sint wider auf [4]).

Den 26. 7ber ist Maria Odelirchen gestorben.

Den 3. October ist Schw. Mechtildis gestorben.

Den 11. 8ber ist Schw. Dorothea gestorben.

Den 13. 8ber ist Schw. Monica gestorben.

Den 21. 8ber ist Schw. Anna franccots [5]) gestorben.

Item dießer belegerung sint auff St. Jacobs Dagh Vnd Nacht zu Bon Vom grönen Walt an biß an die Steren Porß Vber den Mard alle Heußer, daß Capuciner, Mindenbröder, Jesuw.[itter], Engelthal, Oliven, ganß abgebrandt, am Hoff alles von Hiß verschmolzen in einem dubelen gewölb: bey 10,000 ℔ Zein, golt,

---

1) 23. Mey ist von gleichzeitiger Hand beigefügt.
2) Das Wort gestorben fehlt in der Handschr.
3) Handschr. Marternus.
4) Vnd etliche — wider auf ist im Texte nachträglich beigefügt.
5) So die Handschr.

silber Vnd allerley Wercker, deren etlich etliche 1000 Rthlr. zu machen gekost, mit Edelgestein verbrant [1]).

Item den 24. 7ber ist [der] [2]) Lotreinische fürst mit einem großen Volck zu Schiff ab auch vor Bonn kommen, Vnd auch grausam auff Bonn geschoßen, Biß daß die Franzosen den 10. October Vmb pardun gebetten. selbig sint den 12. oder 13. 8ber mit 7 geladener Wagen außgezogen. Do sint Bürger Vnd brandteburcker ingezogen. Aber Heußer Vnd Clöster erbarmlich niedergerißen Vnd verbrandt Vnd ihres || haußrats beraubt, außgenohmen der Capuzinißen Closter Vnd Kirch Vnd etliche andere Kirchen.

Aᵒ. 1690 im Januarÿ sint die frantzosen ins Landt gefallen, hab [3]) Vmb Bengen her Limerschdorff, birßdorff, 15 Dörffer abgebrandt. 2 Saldaten solten Vnßen Hoff Bengen anstechen, sint durch fleuten Von den Obersten zurückgeroffen. vor 10 Dagen haben se bey Vettweiß Vielle Dörffer abgebrandt.

Aᵒ. 1689 in der fasten sint die Dieb in Vnßern bungart, Stuff Vnd Weschhauß ingebrochgen, in der Stoben eine stangh Vmbgebaugt Vnd bey 12 Rthlr. an Leinen Zügh genohmen.

Item Aᵒ. 1690 auff H. Sacraments abent sint die Dieb ins Webhauß gebrochgen durch ein finster, hab 2 schöner stücker Duchs Vnd garn genohmen, So frembdten Leuhten zuhörte, Veillicht dadurch verVrsachte [4]). Zu Vnsem glück haben Vnßere Schwestern gebacken, welche die Dieb Vnden Verhindert.

Item im selben Jahr im Mertz ist der frome Lotreinische fürst sehr reumuhtig Vnd andechtig im Herrn entschlaffen. |

Aᵒ. 1690 ist im advent abents zwischen 4 Vnd 5 Ohren ein Aue Maria Langh ein Erdtbibben geweßen.

Item im selben 90. Jahr ist Belgrat Vnd andere stedt Vnd Schlößer widder an die Türcken kommen.

Item Aᵒ. 1691 haben die frantzoßen widder biß an Vnsern Hoff zu Bengen bey die 27 Dörffer abgebrandt den 7. Julii.

Im selben Jahr hat der fürst Lodwig von Baden durch eine grausame schlagt negst Godt in Vngaren Vor Vnßern Keißer von den Türcken eine treffliche Victorien erhalden den 19. augusti von nachmidtagh von 3 Ohren. Vnßere Völcker haben offt gemeindt, ihres gebeins würde nicht darvon kommen. Biß abendts Vmb 8 Ohren hat Godt die Christlichen Waffen gesegnet: die Turden geschlagen, verjagt, ihr Leger, Zelten, 148 stück bagag Vnd alles bekommen. Der Türden ist bey 22,000, zwey Vnd zwantzig Tausent, der Christen bey 7 oder 8 Tausent [5]) dodt Vnd Verwoundt. im Leger hat Printz Lodwig von Baden sonden 54 große Kasten voll Kuffer gelt, 24 Kisten mit guden Kleideren, 12 Kisten mit silber gelt. ||

Aᵒ. 1691 den 3. september ist nachmittaghs eine Companey frantzosen auff Vnd ab langs das Wehrt gangen. do ist ein Schiff kommen anzufahren mit 14

---

1) Die Stelle: Item dießer belegerung u. s. w. — verbrant ist theils im Text, theils unten am Rande nachträglich beigefügt.

2) Das Wort der fehlt in der Handschr.

3) So.

4) So frembdten Leuhten — verVrsachte hat die Hälfft unten am Rande beigefügt und durch ein Zeichen hieher verwiesen.

5) Die nämliche Hand schrieb über der Zeile bei: oder hondert.

Perſonen. Wie ſey die franzoſen geſehen, wolten ſey glich nicht anfahren. do haben ſey auff die Leut geſchoſſen, ein fraw dodt, Vnd ein Man durch ein Schulder ge-ſchoſſen, die Mansleuht an einander gebundten, daß Schiff geplundert, Heidrich[1]) den Wirdt angehalden, man ſoll ſey Vber fahren oder den Pater Vberhollen, Vnd geſagt, ſey häten brieff, daß Cloſter zu Plundtern Vnd anzuſtechen. Wir ſint glich nach dem examen widder auff dem Dormeiter geweſen. do wirt auß Schrecken ge-roffen, wir ſolten auff den Chor gehen, das Cronen[2]) bebten. do iſt P. Franciſ-cus Vber gefahren, Vnd ihr begehren gefragt Vnd gehört. hat er mit ihnen willen accordiren. ſey | geantwort, dan müſt er mit ihnen gehen nach Mont-Royal. man hat ihnen eßen Vnd Bier Vber geſcheid. do iſt Pater Franciſcus bey finſter nacht mitt den gefangenen[3]) Vnd Saldaten gangen, doch Vngebunden. Vnd Vnſer Knecht einer ein guder bekandter hat P. Franciſcum widder loßgemacht Vnd mit bracht. Vnſer WollEhrw. fraw hat ihnen ein groß gelt müßen geben. es wehre woll beßer abgangen, wan wir gethan wie Vnſere Nachbar, doch es iſt woll ge-meint, wie die Heiſterbacher Herrn Vnd zu Marienforſt. wan Vnſer Cloſter auff ober an dem Landt gelegen, hetten ſey anfangen zu Plündern. Dießer Schrecken iſt geſchehen glich Vmb die Zeit, als im Vorigen Jahr 1690 die kleine Ertbibben alhie iſt geweſen. Darumb thun alles mit geſundem raht, ſo wirt es dich darnach nicht gerewen. Wir haben nichts davon gewiſt biß an den Schrecken. Vnſere WollEhrw. hat auch nicht wollen ſagen, was ſe ihnen Vor gelt hat müßen geben, ſagt, die böcher werdens außweißen. ||

Aᵒ. 1692 den 10. Mertz iſt nach 42 Jähriger Löblicher regerungh, nach auß-geſtandener Vnderſcheidtener auffrohr Vnd Kriegh, aufflauffung, Eyßfarten Vnd großer Waßeren Vnd auch dabey Langtwirige Krandheiten deß nachmidtaghs Vmb 3 Ohren im 78. Jahr ihres Alters im Herrn Entſchlaffen Vnſere WolEhrw. fraw Vnd geiſtliche Mudter Anna Maria Beckquerers. Requieſcat in pace.

Vnd iſt glich darauff den 17. Mertz elegirt Vnd durch die Meiſte Stimmen an-geſetz zur Würdiger fraw Vnſere Vielgeliebte Schweſter Franciſca Balds, welche die meiſte Jahren nach ihrer profeſſion wie ein Spindaria[4]) geweſen Vnd 40 Jährigh.

Item Aᵒ. 1692 den 18. 7ᵇʳⁱˢ iſt des nachmittags ein Starckes Erdbeben ge-weſen ein Pater noſter langh zwiſchen 2 Vnd 3 Ohren. ſelbigen Dagh Vnder Beßperen widderumb iſt ein Ave Maria langh ein | Ertbeben geweſen.

Item den 20. 7ᵇʳⁱˢ Morgens Vmb 9 Ohren iſt widderum ein Ave Maria langh ein Starckes Ertbeben geweſen.

Item dieſe Erdtbebungh iſt durch ganz brabandt Vnd flanderen erſchrödlich geweſen, zu Antwerpen Vnd anderen Stedten ein Pater noſter langh erſchrödlich, Vnd in etlichen Stedten Vnd auff dem Landt ein Miſerere langh, Vnd erſchrödlich Viell Leuth von den Steinen verwundt Vnd Todt geſchlagen, als wan die Weldt hedt ſollen vergehen.

Item den 1. oder 2. October iſt widderumb des Morgens Vmb 3 Ohren ein ſtarckes Ertbeben geweſen ein Ave Maria langh.

---

1) So die Handſchr.
2) Corona, Roſenkranz?
3) Handſchr. gefangen.
4) So oder Pindaria; wohl von spinda, sponda, Almoſen. Vgl. Du Cange, Gloſſar.

Item den 28. dito ist des Morgens Vmb 6 ohren widderumb ein kortzes, doch starck Ertbeben geweßen. ||

A°. 1693 auff St. Johannes des Täuffers Dagh Abens Vnder Completen wirt es gantz finster. Vmb 6 ohren fangt es an zu Donneren, Blitzen Vnd Regenen erschröcklich, mit so Viellen erschröcklichen Schlegen, welches biß um 1 Ohr in die Nacht gewehret, das wir offt gemeint, wir würden mit Vnserm Closter Vergehen. es ist mit ein Erdbiben geweßen. der gütige Godt hat dißmahl gnädig Vnd barmhertzig Vns Vbersehen, Vnd in dem Schröcken Vns bewahrt. Den folgenden Dagh Vnd darnach haben wir groß Elendt Von anderen Orderen gehördt. es ist ein Woldenbroch geweßen. zu Mehlem ist es gantz Verwüst geweßen, 6 Menschen ertrunken. Der Aumerhoff von dem bach gantz Vberhauffen geworffen, in dem Hoff allein 6 Menschen, die fraw, etliche Kinder Vnd Verwandten jämerlich ertrunken. Der Schadt des Closters Marienforst wirt auff 2000 Rthlr. geschetzt. die Herrn haben selbst glichs den | Armen durchs Waßer gangen, ihr Vehe Vnd Schaff schir auß dem Waßer zu dragen. 400 Rthlr. schaden an bäumen, 15 Morgen Lantz, 6 davon mit dem grondt hinwegh getrieben. Man nicht daß Waßer Von dem bach Vnd Weyer Erstlich die fondamente binen Vnd baußen den Moren [1] außfreßen, darnach 150 söß Moren Vberhauffen geworffen, da es Lofft bekommen, dan wehre ihres gebeins mit dem Closter nicht darvon kommen. dabey die große gefahr, Vnd noch mehr Schaden. alle ihre gemüßgarden sind mit dem grondt hinwech gebrieben, 4 Morgen mit Schönen Weiß gantz verweßert.

Dem Herrn zu Gudenawe sint alle Weyer auß Vnd Vbergelauffen.

Alle Wegh sint so gar Verdorben Vnd ingefallen, daß kein Schiff noch Kahren können fahren, de Menschen Schwerlich reytzen wegen deß Lets.

Von Vndellbach, Heymezen, von der Eyfell, Vnd wo die bachen Vnd Weyer geweßen, deßglichen gehört. Die Leuth haben die beisten in den Oberen gemachern erhalden. ||

Dieße Widteren sint auch durch brabandt Vnd Oberlandt, wa die Erdbiben, geweßen. Den 21. augusti ist widerumb Vmb selbige Zeit ein sölches Widter geweßen biß 9 oder 10 Ohren des Nachts. in selbigen Jahr sint im august Vnd 7ber auch zu Wirtzborch Vnd Breßlau sölche Schreckliche Widtern geweßen, Vnd Hackellstein gefallen wie gantz Eyer.

Item auch sint in dießer Zeit gröne Vnd allerley farben Heupschrecken auß Vngeren biß in die Paltz kommen glich wie Schwartze Wolcken, haben die Sonn verdunckelt. wa sey Nedergefallen, haben sey der Erden alles glich auff freßen.

Anno 1697 den 11. September hat Vnser Keyser, Leopoldus durch den Hertzogh Eugenius von Zavoien in Vngeren bey dem Stedtlein Senta an dem Teißfluß eine herliche Victoria von den Türcken erhalden. der Türcken ist woll 40 Tausent [2] man mehr ge | weßen als Christen. Der Türcken ist bey 22, ia 30 Tusent [3] blieben Vnd in der Teiß ersoffen. Nacher haben die Türcken beklagt, daß se bey 50 Tausent [4] verlohren haben. Der Christen ist bei 500 blieben Vnd

---

1) Den Moren ist über der Zelle nachträglich beigefügt.
2) Handschr. 40,000 Tausent.
3) Handschr. 30,000 Tusent.
4) Handschr. 50,000 Tausent.

VieU verwundt. Die Christen haten gesacht, ach Stünte die Son noch 2 ftunden Still, dan mehre deß Metzelens noch viel Mehr geweßen. Der Soldan ift mit feinem winigen allein Vber der Teiß plieben Vnd zugefehen, fich wie Vnfinig angeftelt, geweint Vnd geroffen: Broder nit böbte! [1] Deß Soldans Celt, die 400,000 florin gefchetz, Vnd alle Celten, bagag, Canzelley, Vnd daß ganße Leger, Viell Dußent Ochfen, Viell Dufent beladene Camel, Viell Dufent Wagen mit 4 pferden befpandt ober 4 böffel, Vielle Kebzweiber, Vnd Vielle ander fachen.

NB. Die gefangene Türden haben frey auß bekent, Es habe der Chriften Godt ihnen die Nechfte Nacht vor der Schlacht [2] dieße Erfchröckliche NiederLag angezeigt, Maffen zwifchen 11 Vnd 12 Vhr Vmb Mibternacht 24 weiße Männer mit guldenen Reichsfähnlein Vber des großSoldans Vnd großVeizeirs Zelten gefchwebet, So dan in der Lufft gegen der Chriften Leger entweichen Vnd Von bar fich wibber gegen den Himmell Vnd durch die Wolcken erhoben, welches dan von den Türden für ein entfetlich Zeigen gehalden worden, daß fey Lieber abgelaßen Vnd zurückgangen, wan fey nur gelönbt hetten. Godt fey Ewig Lob Vnd Danck.

Auff dieße erfrewliche Victorie Von den Türden ift im felben Jahr 1697 im Mondt October von allen Königen Vnd fürften der ganßen Chriftenheit, in Hollant im Haag zu Rißwick der friedt mit dem franjofen König mit großer frewden der ganßer Chriftenheit gefchloßen Vnd Vnberfchrieben. (Zum Letzten ift der friedt auch vom Keyfer ben 29. october Vnberfchrieben, auß Vrfachen, der Keißer hette die Stadt Etraßborch Vnd daß ganße Elfas gern wider gehabt). Wegen biefer Victorie Vnd frieden ift die ganße Chriftenheit erfrewet worden. dan Von allen Lauben Vnd Steben hört man, daß das Te Deum laubamus gefungen, die Stuck gelöft, frewdenfuer gemacht. Der Liebe Godt feye in Ewigkeit gebanct, Vnd Verliehe der Chriftenheit ferners fein gnab Vnd fegen Amen, daß biefer friedt noch lang gehalten wirt. ||

Aº. 1698 .... [3] ift der Türd durch die Neberlagh im Jahr 1697 Vnd den allgemeinen frieden der Chriftenheit bemütig worden Vnd geneigt zum frieden. hat berowegen in dießem Jahr 1698 Mitt Vnferm Keyfer Leopolbus, ben Polener, ben Venetianerer Vnd anberer Herren 25 Jahr friebt gemacht, Vnd hat ben Chriften müßen alle Stebt Vnd Lanbt laßen, die fey von dem Jahr 1684 [4] gewonnen hatten. Der Liebe Godt wolle der L. Chriftenheit in künfftigen Jahren ferners zu feinem höchften Lobt beyftehen.

Bl. 35a.

(Von einer im Schreiben wenig erfahrenen Hanb.)

1707 ben 4. Augufti [5] auff Mariä Nives an Einem freytag deß abens zweyfchen 8 ober 9 ohren ift der fürft Von facken hier auff dem Rolanswerbt ihn Vnfer Kirchen geweßen. barnacher ift Er Vnben ihn baß fprechauß gangen. da ift Vnfere würdige Fraw J. [6] Preiorin Vnd Kellerfche geweffen, welche mit dem fürften

---

1) Urfprünglich ftanb ba ein Frembwort in lateinifchen Buchftaben, bann hieß es weiter: baß ift, brober nit böbte.
2) Hanbfchr. vor ber fchlagt Schlacht ihnen.
3) Hier ift in ber Hanbfchr. eine Lücke für bas Datum.
4) Hanbfchr. von bem Jahr 1684 Jahr.
5) Lies: 5. Auguft; er war nämlich ein Freitag unb an ihm bas Feft Mariä Schnee.
6) Juftina? Vgl. S. 67.

lang gefprochen haben Von Klofterfachen. Er hätte gern dem Convent die Bene-
diction¹) geben. weillen es aber fo fpath geweffen, fo feindt wir nit bey ihn Kommen.
fo bald der fürft auff daß werdt Kommen, haben wir mit allen Kloden geleutet.
ihm 9 ohren ift der fürft wieder ihn die Jach gangen, darinen Er die Nach ge-
fchlaffen. des Morgens Vmb 4 ohre ift Er wieder hinweg gefarren.

Beilage.

Altarweihe in Hohenbudberg

durch den

Prinzen Christian Auguft von Sachfen-Zeitz, Bifchof von Raab.

1701. October 3.

Die Urfunde befindet fich auf einem Pergamentftreifen von etwa 5″ Breite und
3″ Höhe. Herr Weihbifchof Dr. Baudri nahm fie vor etlichen Jahren aus
dem Altare, als diefer von Neuem geweiht wurde.

MDCCI die 3. Mensis Octobris Ego Christia'nus Augustus Episcopus
Jaurinensis Dux Saxoniæ etc. | consecravi Altare hoc in honorem Salvatoris
Domi'ni nostri Jesu Christi et SS. Apostolorum et S. | Josephi, et Reliquias
SS. Martyrum e Societate | S. Vrsulæ et undecim Millium Virginum et alio rum
quorum nomina Scripta Sunt in Coelis in eo | inclusi, et Singulis Christi fide-
libus hodie unum | et in die Anniversario Consecrationis hujusmodi | ipsum
visitantibus quadraginta Dies de vera Indul gentia in forma Ecclesiæ Consveta
concessi. |

CHRISTIANUS AUGUSTUS Dux Saxoniæ

Episcopus jaurinensis.   (L. S.)

VI.

Verzeichniß der Aebte von Groß St. Martin in Köln.

Vgl. die Verzeichniffe bei Keffel, Antiquitates Monasterii S. Martini maioris Coloniensis,
Colon. 1863, S. 109 ff.

Bl. 27a--28a.

Monasterium nostrum S. Martini aedificatum a quodam Daniæ Duce
Anno reparatae salutis 989, quo Anno etiam coepit aedificare Ecclesiam
nostram quidam Episcopus Coloniensis Warinus nomine.

Monasterium vero S. Panthalionis prius nostro aedificatum est A°. 954.

Monasterium Tuitiense exstructum A°. 1012.

---

1) Handfchr. beneicion.

Nomina Abbatum Monasterii S. Martini maioris in Colonia.

1) R. D. Mimbrinus. 963.   2) Kylianus Ab.   3) Helias Ab. 1035.   4) Maiolus Ab.   5) Felanus Ab.   6) Wolffardus Ab.   7) Heckzelinus Ab. | 8) Isaac Ab.   9) Arnoldus Ab.   10) Gerardus Ab.   11) Albanus Ab.   12) Wilhelmus Ab.   13) Piligrinus Ab.   14) Adalardus Ab.   15) Godeschalcus Ab. 16) Euerhelmus Ab.   17) Griduinus Ab.   18) Rudulphus Ab.   19) Simon Ab. 20) Bruno Ab.   21) Ludulphus Ab.   22) Hermanus Ab.   23) Bruno Ab. 24) Joannes Ab.   25) Hermanus Ab.   26) Hermanus Ab.   27) Franco Ab. sedit annis duobus, vixit 1297. ‖ 28) Arnoldus Ab. sedit annis 46.   29) Joannis Ab.   30) Theodoricus Ab. de coruo. sed. 49.   31) Constantinus Ab. sed. 11 an.   32) Jacobus Wacheudorff. assumpsit obseruantiam. obiit 1454. 33) Adamus Meyer Ab. sed. 44 an.   34) Henricus de Lippia sed. 6 an.   35) Joannis de S. Trudonis sed. 2 an.   36) Gerhardus a Löen Ab. sed. 41 a. 37) Joannis a Warsloe.   38) Balthasar a Tungris pietatis et eruditione insignis. 1552.   39) Gerhardus a Loen. 1570.   40) Paulus Prosmanus 13 a. 1585. 41) Balthasar a Bree 1621.   42) Henricus Leblerus 1652. 31 a.   43) Jacobus Schorn Ab. 1674. 22. |

VII.

Auszüge

aus dem

Nekrologium des Klosters Rolandswerth.

Das Nekrologium ist um 1700 geschrieben; einzelne Nachträge von anderer Hand habe ich durch den Druck kennbar gemacht.

Januarius.

A. kl. Jan. Circumcisio Domini. Elisabeth et Clementia Moniales.

B. IIII. non. Charissima ac deuota Soror nostra Appolonia Fyanden laica professa, quae fideliter seruiuit Monasterio nostro.

C. III. non. Charissima ac deuota Soror nostra Christina Neuss laica professa, quae fideliter seruiuit Monasterio nostro.

D. II. non. Mechtildis et Bertradis Moniales. Charissima ac deuota Soror nostra Sophia Alberti, professa Monialis nostrae Congregationis.

E. [non.] Theodoricus de Gles, qui dedit quinque solidos. Charissima ac deuota Soror nostra Gertrudis a Sancto Anthonio professa Monialis ac Seniorissa, quae officium Priorissae decem et octo annis fideliter ac laudabiliter ad impleuit.

F. [VIII. id.] Henricus Comes de Virenburgh. Charissima ac praedilecta Soror nostra Catharina Webers, professa nostrae Congregationis.

G. [VII. id.] Charissima ac deuota Soror nostra et Mater Veronica Schlitzertz, professa Monialis nostrae Congregationis. Praedilecta ac deuota Soror nostra Catharina Buschmans, Conuersa professa nostrae Congregationis.

A. [vi. id.] Johannes Sacerdos de Arweiler, qui contulit nobis sex sextaria
vini hereditarie. Charissima ac deuota Soror nostra Scholastica Rudorffs,
professa Monialis nostrae Congregationis. Praedilecta ac deuota Soror nostra
Anna Fuchs, laica professa huius Monasterii.

B. [v. id.] Henricus laicus de Mouendorff, qui contulit huic Ecclesiae omnia
sacerdotalia indumenta. Charissima Soror nostra Margaretha A Vettweiss
laica professa, quae fideliter seruiuit nostro Monasterio. Memoria Reuerendi domini Arnoldi Houii, patris ac Confessarii nostri fidelissimi, qui
Monasterio nostro triginta tres annos multum fideliter tam in spiritualibus
quam in temporalibus prefuit ac profuit, qui etiam ad cumulum [merito-
rum] ¹) suorum huic Ecclesiae dedit nouam Casulam et antependium ad
summum Altare in Ecclesia et alia plura bona.

C. [iiii. id.] Gertrudis Priorissa de Mouendorff. Mechtildis de Colonia, de qua
habemus vnam marcam hereditarie de Domo nostra in Colonia. Charissima
ac deuota Soror nostra Adelheidis Müllers, Conuersa professa huius Claustri.

D. [iii. id.] Charissima ac deuota Soror nostra Catharina Büstorffs, professa
Monialis istius Monasterii.

E. [ii. id.] Venerabilis et Religiosus pater Nicolaus Remry, professus Monachus
ac Magister Nouitiorum religiosissimus sancti Martini maioris in Colonia.

F. [idib.] Walburgis, Margaretha et Sophia Moniales, de quibus habemus
duo iugera terre arabilis site ²) in auwchem et dimidiam vrnam olei ad
camariam hereditarie. Charissima ac deuota Soror nostra Christina Loe
Coloniensis, professa Monialis istius Claustri.

G. [xviiii. kl.] Praedilecta ac deuota Soror nostra Emerentiana Hoffackers,
laica professa huius Monasterii.

A. [xviii. kl.] Memoria venerabilis Confessoris nostri Emmerici de Gratz-
wiler. Venerabilis et Religiosus pater Gerhardus Crapolius, Monasterii sancti
Martini in Colonia Prior et Pastor in Pinssheim. Charissima ac deuota
Soror nostra Gertrudis Krups, Conuersa professa huius Claustri. Charissima
ac praedilecta Soror nostra Agnes Langenbergh, Conuersa professa nostrae
Congregationis.

B. [xvii. kl.] Dominus Johannes Sacerdos de Breybach quondam Capellanus
noster, qui legauit ³) nobis perpetuis temporibus duo maldra siliginis in
molendino in Breybach. Venerabilis ac Religiosus pater ac Dominus Ada-
mus Kreitzrath, professus Monachus ad sanctum Martinum in Colonia, Confessarius noster fidelissimus, qui Monasterio nostro viginti quatuor annos
multum fideliter tam in Spiritualibus quam in temporalibus prefuit ac profuit. An der Seite ift beigeſchrieben: A⁰. 1670, das Sterbejahr anzuzeigen.

C. [xvi. kl.] Charissima Soror nostra Magdalena de Andernach, professa
Monialis huius Claustri. Charissima ac deuota Soror nostra Elisabeth a
Melhem laica professa, quae Deo ac Monasterio nostro laudabiliter et fide-
lissime seruiuit. Helena et Clementia Moniales.

---

1) So wohl zu ergänzen, vgl. S. 125.
2) Handſchr. sete.
3) Handſchr. ligauit, so faſt immer.

E. [xiiii. kl.] Charissima ac deo deuota Soror nostra Elisabeth Alberti, professa Monialis nostrae Congregationis. Adelheidis Monialis.

F. [xiii. kl.] Aleydis *Monialis*, quae dedit decem marcas. Veneranda ac praedilecta Mater Anna Holtzadel Priorissa, quod officium nempe triginta et octo annis compleuit fidelissime. Alfoldus Abbas ˙de Limmersdorff.

G. [xii. kl.] Borecta Abbatissa.

A. [xi. kl. Y]da Monialis. *Charissima ac deo deuota Soror nostra Gertrudis Hüls, professa monialis ac Seniorissa huius Monasterii, in seruitio Dei multum fidelis.* An der Seite: A⁰. 1705.

B. [x. kl.] Symon Sacerdos et Canonicus maioris Ecclesiae Coloniensis, qui legauit Conuentui tres marcas. Dominus Hieronimus Meinau, sacerdos ac monachus ad sanctum Martinum et Pastor ad Sanctam Brigidam in Colonia.

[C. viiii. kl.] Memoria Reuerendissimi domini Raymundi Apostolice sedis de latere legati, qui annum Jubilei in propria persona dedit incolis Insulae semel in vita et semel in morte Indulgentias quam plures multaque alia priuilegia [1]), quemadmodum in Bullis sigillatis specifice [2]) inuenitur.

D. [viii. kl.] Charissima ac deuota soror nostra Maria Magdalena Speiss, velata professa nostrae Congregationis. Charissima ac deo deuota soror nostra Regina Schreiberin, Monialis professa nostrae Congregationis, in seruitio dei multum fidelis.

F. [vi.] kl. Nicolaus Famulus Reuerendissimi domini Coloniensis Archiepiscopi, qui dedit nobis calicem et quadraginta florenos superiores. Reuerendissimus, Amplissimus ac Eximius Dominus Dominus Gabriel Gysen, Abbas sancti Martini in Colonia, Sacrosanctae Theologiae Doctor profundissimus.

G. v. kl. Sophia. Monialis. Charissima soror nostra Margaretha de Essen, laica professa.

A. iiii. kl. Sophia Monialis, de qua habemus duo iugera terre arabilis, et decem et nouem quartalia vini, et vnum maldrum siliginis de domo nostra in Colonia, et fecit nouum Antiffonarium scribi. Religiosus pater ac Dominus Johannes Kochs sacerdos ac Monachus ad sanctum Martinum, Sacellanus noster, qui fidelissime seruiuit nostro Monasterio tredecim annos et Confessarius noster fuit.

B. iii. kl. Hilwilgis et Benigna Moniales. Beatrix de Echtersem, de qua habemus centum aureos.

C. ii. kl. Gertrudis Monialis, quae contulit dimidium iuger [3]) vinee. Charissima ac deuota soror nostra Vrsula Bleckmans, professa Monialis ac Seniorissa huius Monasterii. Charissima ac praedilecta soror nostra Magdalena Rodorffs, Conuersa professa nostrae Congregationis.

Februarius.

D. [kl. Febr.] Anna Ohnsorg, Magistra Nouitiarum ac Seniorissa ad sanctam Agatham in Colonia.

---

1) Handschr. preuilegia.
2) Handschr. specciulce.
3) So die Handschr., öfters.

E. iiii. non. Charissima ac deuota soror nostra Christina Coten, professa Monialis et Rotularia huius Monasterii.

F. iii. non. Gobelinus Comes de Colonia et vxor eius, de quibus habemus vnam marcam hereditarie de domo nostra in Colonia. Dominus Benedictus Schwindel singularis fautor Monasterii nostri, qui fecit nobis multa bona in vita sua. *Charissima ac praedilecta Soror nostra Catharina Creuelts, Conuersa professa nostrae Congregationis.* An der Seite: 1704.

G. ii. non. Charissima soror nostra Elisabeth de Confluentia, professa donata. Memoria venerabilis domini Magistri Petri de Wesalia, qui dedit pro se et suis parentibus duas Casulas valore florenorum viginti quinque.

A. non. Angela Mater Annonis Episcopi.

B. viii. id. Memoria Haymonis Buyl de Confluentia et Dominae vxoris eius atque filiorum eorumdem, de quibus accepimus viginti duas amphoras et vnum florenum. Charissima ac deuota Soror nostra Margaretha Freckhausen, professa monialis ac Seniorissa huius Monasterii.

C. vii. id. Beatrix Monialis.

D. vi. id. Gertruda Monialis.

E. v. id. Petrus Colonus noster, qui contulit Ecclesiae nostrae juger terre arabilis.

F. iiii. id. Agnes Monialis.

G. iii. id. Charissima ac deuota soror nostra Dorothea Bonnensis laica professa, quae deo ac Monasterio nostro fidelissime seruiuit.

A. ii. id. Veneranda ac Charissima Domina Christina Diewedige Coloniensis, quae decem et octo annis laudabiliter nostro praefuit Monasterio in magna temporum anxietatis angustia propter annonae Caristiam terreque [1]) sterillitatem et nimiam aquarum abundantiam.

B. idib. Charissima soror nostra Anna Düssel, professa Monialis nostrae Congregationis.

C. xvi. kl. Henricus Pastor in Huniff. Praedilecta soror nostra Catharina de Stralen, laica [2]) professa.

D. xv. kl. Vrsula Liblers Priorissa ad sanctam Agatham in Colonia.

E. xiiii kl. Venerabilis Rex Conradus. Nicolaus Abbas. Mechtildis et Demodis Moniales. Charissima Soror nostra Christina Paffendorff, professa Monialis nostrae Congregationis. *Venerabilis ac Religiosus Pater Maurus Fresen, professus Monachus ac Senior sancti Martini maioris in Colonia.*

F. xiii. kl. Gertrudis Monialis. Godefridus Burggrauius de Drachenfels.

G. xii. kl. Charissima ac deuota Soror nostra Magdalena a Krufft, professa donata huius Claustri. Catharina Onsorg, quondam Celleraria ad sanctam Agatham in Colonia.

A. xi. kl. Memoria venerabilis et praedilectissimi Domini Ade Abbatis Monasterii sancti Martini in Colonia, qui fuit magnus zelator animarum et multorum Monasteriorum Reformator, et ad cumulum meritorum suorum fuit quasi triginta quinque annis Commissarius ac pater precordialissimus, qui

---

1) Handschr. annonis Caristia terrequae.
2) Handschr. layca, so öfter häufig.

etiam pro Monasterii nostri reformatione multa pericula, labores et sudores sustinuit ac grauitates.

B. x. kl. Gerhardus Canonicus in Bona, de quo habemus sex solidos hereditarie. Charissima Soror nostra Elisabeth de Essen, professa donata. Aleydis et Gertrudis Moniales. Veneranda Domina Sibylla Bilefeldt dilectissima Mater nostra, religiosissima zelatrix monasticae disciplinae et vigilantissima inspectrix rerum temporalium, quae vtrumque statum plurimum restaurauit; tandem deficientibus viribus anno suae aetatis septuagesimo secundo, regiminis vero vigesimo quinto, obdormiuit in Domino Coloniae in exilio, et sepulta in sancti Martini maioris Ecclesia. An der Seite: A°. 1643. Charissima ac praedilecta Soror nostra Walburgis Bathen, Conuersa professa nostrae Congregationis.

C. viiii. kl. Theodoricus Decanus sancti Petri. Godefridus Abbas.

D. viii. kl. Charissima soror nostra Catharina Geyen, professa Monialis nostrae Congregationis. Hileburgis et Fredebungis Moniales.

E. vii. kl. Gerhardus Archidiaconus et prepositus in Bona, qui dedit nobis sex solidos annuatim. Richmodis Monialis.

F. vi. kl. Catharina de Wesalia superiori, conuersa huius Claustri. Scholastica Beckers, Monialis huius monasterii. Charissima ac deuota Soror nostra Maria Langenbergh laicarum Seniorissa, quae deo ac Monasterio nostro multis annis laudabiliter et fideliter seruiuit.

G. v. kl. Dominus Johannes Baten singularis fautor Monasterii nostri, qui etiam dedit poculum argenteum et Cingulum aureum. Henricus et Anno Abbates. Mechtildis Monialis.

A. iiii. kl. Charissima soror nostra Catharina de Wesalia superiori conuersa. Charissima ac deuota soror nostra Gertrudis Huckynck Coloniensis, professa Monialis, quae officium magistrae nouitiarum ac scholarium quinquaginta annis fideliter ac laudabiliter adimpleuit. Elisabeth Abbatissa.

B. iii. kl. Elisabeth Monialis, quae dedit nobis decem marcas.

C. ii. kl. Benigna et Helwigis Moniales.

Marcius.

D. kl. Marcii. Margaretha Monialis [1]), quae dedit Conuentui sexaginta marcas. Charissima ac deuota soror nostra Anna Bell, professa Monialis nostrae Congregationis. Chunegundis Monialis.

E. vi. non. Venerabilis et Religiosus pater Leonardus Jansen, monasterii Sancti Martini in Colonia Prior et Pastor in Vettweiss. Benigna et Clara Moniales.

F. v. non. Richolffus Capellanus in Siburgh. Wilhelmus Sacerdos et Pastor.

G. iiii. non. Philippus Abbas. Jutta monialis, quae [2]) dedit huic Ecclesiae omnia sacerdotalia indumenta, dimidiam marcam in Heisteren, et Collectarium, et amplam, et marcam annuatim. Charissima ac deuota soror nostra Elisabeth a Breueraidt laica professa, quae fidelissime seruiuit nostro monasterio.

---

1) Handschr. Moniales.
2) Handschr. qui, so öfters.

Jacobus Geich Sacerdos ac monachus ad sanctum Martinum in Colonia et Pastor in Rützheim. Maria Lommessem veneranda Domina ad sanctam Agatham.

A. III. non. Rubertus Abbas. Agatha et Aleydis Moniales. Praedilecta soror nostra Catharina Meyerinck, professa monialis nostrae Congregationis.

B. II. non. Dominus Conradus de Tonbergh, de quo habemus quadraginta marcas. Vda monialis.

C. non. Gertrudis Monialis.

D. VIII. id. Nicolaus Schlyssertz Colonus noster in Liessem, qui contulit nobis tredecim florenos.

E. VII. id. Charissima soror nostra Mechtildis Aspeslach, professa monialis nostrae Congregationis. Elisabeth monialis.

G. v. id. Veneranda Domina Anna Maria Becquerers Mater nostra dilectissima, disciplinae monasticae zelatrix Religiosissima, quae Monasterio nostro tam in spiritualibus quam temporalibus optime [1]) praefuit, et tandem viribus exhausta obdormiuit in domino Anno millesimo Sexcentesimo nonagesimo secundo, aetatis suae septuagesimo octauo, professionis Sexagesimo, regiminis vero quadragesimo secundo. Nebenan: A°. 1692, 10. Martii. Sie starb nämlich am 10. März, Nachmittags um 3 Uhr, vgl. Chronik unter V. oben S. 118, und wurde am folgenden Tage den 11. März beigesetzt.

A. IIII. id. Rembodo Abbas. Gerhardus Pastor.

B. III. id. Charissima soror nostra Magdalena Bonnen, laica professa. An der Seite: A°. 1695.

C. II. id. Matthias Stockem a Mastricht et Margaretha vxor eius, qui dederunt nobis antependium ante summum altare in Ecclesia.

D. idib. Veneranda ac praedilecta Domina et mater Charissima Christina Entzenbergh, quae nostro Monasterio sedecim annis praefuit et in multis profuit, atque multum laborauit in restauratione animarum et reedificatione huius loci.

F. XVL kl. Winricus Pastor in Arweiler. *Charissima ac Religiosissima Soror nostra Theresia Heittmans professa Monialis, quae Deo ac Monasterio nostro laudabiliter et fidelissime seruiuit.*

G. xv. kl. Hadwigis Monialis. Matthias Alberto et Sophia laici.

A. XIIII. kl. Venerabilis dominus pater Georgius Bruns, professus senior Monasterii sancti Martini maioris intra Coloniam et Pastor in Pinsheim.

B. XIII. kl. Veneranda ac dilecta mater nostra Regina Blanckart, quondam magistra [2]) huius Monasterii.

C. XII. kl. Veneranda et Charissima mater nostra Guda de Kamp, quae plus quam triginta annis officium Priorissae laudabiliter, fideliter ac deuota administrauit.

D. XI. kl. Memoria Joannis de Echterschem, de quo recepimus centum florenos superiores, prout scriptum reperitur in mense Junio.

E. x. kl. Sophia et Agnes moniales. Praedilecta ac deuota soror nostr

---

1) Handschr. optimae, so öfters.
2) Handschr. magistram.

Richmodis Seiben velata ~~profeßa~~ nostrae Congregationis, quae post graues languores patienter tolleratas Coloniae in exilio diem clausit extremum.

F. VIIII. kl. Dominus Godefridùs Zons pro tempore Consul in Oppido Bonnensi, qui nobis contribuit ad vexillas Ecclesiae nostrae vnum florenum aureum, et procurauit a fratribus suis Domino Petro Decano Bonnensi et Adamo ciui eiusdem Ciuitatis quinque [1]) florenos ad easdem vexillas.

G. VIII. kl. Margaretha de Bachendorff Priorissa, de qua habet Conuentus vnum maldrum auene hereditarie ad ignem nocturnum. Christina Comitissa de Drachenveltz, quae legauit bona ornamenta. Goda de Gürtzenych, de qna habemus tredecim marcas. Berta Monialis. Margareta Weidenfelt veneranda Domina ad sanctam Agatham.

A. VII. kl. Odilia Monialis, quae dedit quinque marcas.

B. VI. kl. Cunegundis de rode Priorissa, quae legauit Kamerie triginta marcas et Cellerarie viginti marcas. Reuerendus et religiosus pater Placidus Engellhardt, Sacerdos ac monachus ad sanctum Martinum in Colonia.

C. V. kl. Eckebertus Abbas in Schoynnauwen, frater sanctae Elisabeth eiusdem Monasterii. Clarissimus Dominus Adolphus Beqquerer Archiepiscopi Coloniensis Consiliarius aulicus, ordinis nostri Confrater et singularis benefactor huius Monasterii, maxime tempore belli Anno millesimo sexcentesimo septuagesimo nono, quo quidam Comes nomine Louignies illud totaliter deuastare intendit. Rebenan: A⁰. 1679, 29. Mart.

D. IIII. kl. Sophia Abbatissa. Gertrudis Monialis. *Charissima ac praedilecta Soror nostra Barbara Nelsbach Monialis professa, quae Deo ac Monasterio nostro fidelissime seruiuit.*

E. III. kl. Charissima ac deo deuota soror nostra et Mater Cunigundis Zons, Monialis professa nostrae Congregationis, in seruitio dei multum fidelis. *Charissima ac deuota Soror nostra Agatha Berns laica Professa, quae Monasterio nostro fideliter seruiuit.*

F. II. kl. Memoria venerabilis Domini Henrici de Hachenburch, de quo recepimus centum florenos, vt scriptum reperitur in mense Junio. Alueradis de Cotenforst Monialis, quae dedit sex marcas, tres solidos et amam vini. Bertolffus Abbas. Charissima ac deuota soror nostra Elisabeth a Scheuen laica professa, quae multum fideliter seruiuit nostro Monasterio. Charissima ac deuota soror nostra Margaretha Herwegs laica professa, quae deo ac monasterio nostro fideliter seruiuit. Rebenan: 1698.

Aprilis.

G. kl. April. Memoria venerabilis domini Danielis Ruhe decani sancti Andreae [2]) in Colonia, a quo habemus vnam fenestram valore trium aureorum. Margareta Monialis.

A. IIII. non. Conradus Geller singularis fautor Monasterii nostri, qui dedit nobis viginti quatuor Imperiales.

----

1) Handschr. quinquae, so öfters.
2) Handschr. Andreae.

B. III. non. Arnoldus Archiepiscopus. Religiosus pater ac dominus Petrus Schleumer Sacerdos ac Monachus ad sanctum Martinum in Colonia, sacellanus noster. Veneranda domina Gertrudis Coten mater omnium quam Charissima, quae octo annis laudabiliter rexit Monasterium nostrum.

C. II. non. Joannes Moesgen Frater noster, qni legauit nobis vnam carratem vini, Kamerie perpetue triginta libras[1]) olei. Mabilia monialis. Charissima ac deuota Soror nostra Anna Oesten laica professa, quae deo ac monasterio nostro fideliter seruiuit.

D. non. Charissima Soror nostra Margareta Paffendorp, professa Monialis nostrae Congregationis.

F. VII. id. Sifridus coloniensis Archiepiscopus. Charissima ac deuota soror nostra Agatha Dünwalt laica professa, quae deo ac Monasterio nostro fideliter seruiuit.

G. VI. id. Vda et Elisabeth Moniales. Sophia a Buchel singularis fautrix nostra. Dominus Stephanus Wolff, sacerdos ac monachus ad sanctum Martinum in Colonia et Pastor in Flittart.

B. IIII. id. Gobilinus et Mechtildis, qui contulerunt huic Ecclesiae ducentas oues et bona mobilia quae[2]) habuerunt. Huneburgis Monialis, quae dedit conuentui quatuor marcas.

C. III. id. Agnes et Mechtildis Abbatissae.

D. II. id. Adelberto Abbas.

E. idib. Dilectus frater noster Petrus de Flittart prebendarius noster.

F. XVIII. kl. Goda Monialis de Wachtendunck, quae contulit amam vini.

G. XVII. kl. Maria vxor Petri Grasfeldt singularis fautrix huius monasterii, quae dedit nobis triginta tres Imperiales. *Virtuosa et deo devota Virgo Scholastica Falcks, iam dudum in spiritualem Matrem assumpta, quae praeter nonnulla mobilia sexcentis Daleris aestimata, duo millia Imperialium nobis legauit, erga quae nos ad hebdomadarium Sacrum de Sanctissimo Venerabili pro animae eius [salute][3]) obligauimus. In vim testamenti Conventus annue habere debet triginta Imperiales, et quaelibet professa annue duo pondo Saccari, et vnum pondo de optimo libo, et de residuo flores Muscati.*

A. XVI. kl. Elisabeth et Christina de Schauff Moniales. Petronilla de Langen Monialis, quae dedit nobis quinque maldra siliginis, quatuor ad cameriam et vnum ad cellerariam.

B. XV. kl. Elisabeth Monialis. Dilecta soror nostra Gertrudis Studenbeckers, Monialis professa nostrae Congregationis.

C. XIIII. kl. Elisabeth et Aleydis Moniales.

D. XIII. kl. Euerhardus Abbas. Magareta Priorissa. Jutta Monialis, quae dedit nobis decem et octo marcas. Christina Monialis, de qua habemus vnum maldrum siliginis et duos pullos. Frideswindis et Vda Moniales.

E. XII. kl. Charissima ac deuota Soror nostra Catharina Schorn Andernacensis, monialis professa nostrae Congregationis.

---

1) Handschr. libri.
2) Handschr. qui.
3) Wohl so zu ergänzen.

F. xi. kl. Henricus Abbas. Charissima ac deuota Soror nostra Anna Tunnemans Lippiana Cantrix nostra, quod officium quadraginta annos fideliter ac laudabiliter impleuit; quae post maximam tempestatem belli in ciuitate Coloniensi in pace vitam finiuit.

A. viiii. kl. Mechtildis Monialis.

B. viii. kl. Agnes Monialis, quae dedit dimidiam marcam. Sophia de Rode Monialis, quae dedit septem solidos hereditarie. Memoria Ade Koepgens famuli nostri, qui annos vndecim fideliter seruiuit Monasterio nostro, a quo recepimus ducentos et sedecim florenos et sedecim albos pro memoria sua in anniuersario suo seruanda cum Missis vigiliis et Commendatione.

D. vi. kl. Tilmanus ordinis predicatorum confessor noster. Godefridus Diewidige ab Camen et vxor eius Judith Lauffstatt Colonienses ciues, filii et filiae eorum, qui singulares amici fuerunt huius Monasterii, et dederunt antependium ante altare in choro virginum valore quindecim florenorum Coloniensium, et sindonem sericum quo vtuntur virgines communicantes.

F. iiii. kl. Sapientia Monialis, quae dedit omni anno conuentui amam vini.

G. iii. kl. Christianus Abbas. Henricus miles, qui dedit nobis duas marcas ad propinandum annuatim.

A. ii. kl. Christina et Petronella Moniales.

Maius.

B. kl. Mai. Dominus Jacobus Buchel Canonicus et cantor Bonnensis, qui fidelissime seruiuit nostro Monasterio multo tempore. Charissima ac deuota soror nostra Magdalena Fischers professa monialis, quae officium magistrae nouitiarum ac scholarium viginti quinque annis fideliter ac laudabiliter adimpleuit, ac propter magnam tempestatem belli fugam capiens in ciuitate Coloniensi diem clausit extremum. An der Seite: A⁰. 1642.

C. vi. non. Godefridus sanctae Mariae in gradibus Capellanus, qui contulit capellae sancti Nicolai perpetuum luminare nocturnum. Mechtildis Abbatissa, quae dedit sacristiae cruselinum argenteum. Henricus Abbas. Berta Monialis.

D. v. non. Venerandissimus dominus dominus Henricus Spichernagel presidens vnionis bursfeldensis, Abbas sancti Pantaleonis in Colonia.

E. iiii. non. Godestu Monialis.

F. iii. non. Mechtildis Monialis. Dilecta soror nostra Magareta Confluentina, laica professa.

G. ii. non. Margareta de Merchen, quae legauit conuentui vineam in Bruch. Anniuersarium clari et spectabilis domini Joannis Godefridi Beckerer Consulis multis annis ciuitatis Bonnensis et virtuosae Mariae Gambröch coniugum, quorum memoriam habebimus cum Missa summa in die anniuersarii vigiliis et commendatione et tribus priuatis Missis per annum ob preclaram dotem filiae suae Annae Mariae Beckerers, dum hic faceret professionem, datam, scilicet quatuor millium imperialium, quorum duo millia praerogata sunt Ciuitati Bonnensi, alia duo Ciuitati Lintzensi. pro solatio Conuentus habebit quaelibet professa duo pundo de optimo libo et vnum de vuis passis.

A. non. Elisabeth Priorissa.

B. viii. id. Mechtildis de Hugelhonen, quae legauit pro sacristia tres casulas. Gertrudis Gabachs velata professa et Rotularia ad sanctam Agatham.

C. vii. id. Petrissa Monialis, quae fecit parare capellam sanctae Gertrudis. Charissima soror nostra Elisabeth Buchel, professa Monialis nostrae Congregationis. Venerandus et predilectus pater Petrus Bart professus ad sanctum Martinum, qui multum fidelis fuit Monasterio nostro.

E. v. id. Charissima ac praedilecta soror nostra Eua Gemont, professa Monialis huius Monasterii.

F. iiii. id. Elisabeth Monialis. Joannes Buchel Canonicus et scholasticus Bonnensis, a quo recepimus quatuor amas vini et fialam argenteam.

G. iii. id. Pie memorie Venerandae dominae Aleidis de Toniberg quondam Abbatissae, quae legauit nobis duas [1]) domos et vineas secundum quod iacent ibidem, et dimidiam amam vini perpetue, et amphoram [2]) argenteam pro sacristia, et fialam [3]) argenteam, et duas carratas vini semel, et quatuor marcas perpetui census, et multa alia bona.

A. ii. id. Petrissa Monialis, de qua habemus hereditarie sex modios siliginis et viginti marcas ad puteum. Praedilecta ac deuota soror Christina Werdena, laica professa.

B. idib. Sophia et Richmodis Moniales.

C. xvii. kl. Lodowicus, qui legauit nobis curiam in Bachem.

D. xvi. kl. Hildegundis et Hadwigis Moniales.

E. xv. kl. Hadwigis et Emburgis Moniales. Dilecta soror nostra Jutta hospitalaria nostra super renum. Catharina Müllers Charissima soror nostra et laicarum Seniorissa, quae deo ac Monasterio nostro multis annis laudabiliter et fideliter seruiuit.

F. xiiii. kl. Charissima ac deuota soror nostra Vrsula Völlers, professa monialis huius Claustri, Jubilaria ac seniorissa, quae tempore belli in Ciuitate Coloniensi diem clausit extremum. An der Seite: A°. 1674.

G. xiii. kl. Lifmodis Monialis, quae construi fecit altare in Choro Dominarum et dotauit idem. Hildegundis et Aleidis moniales. Charissima ac praedilecta soror nostra Catharina A Holtrop Priorissa, quod officium triginta duobus annis charitatiue ac fideliter adimpleuit.

A. xii. kl. Aleidis et Mechtildis Moniales.

C. x. kl. Hermanus Prepositus. Dominus Petrus Bart Capellanus noster.

D. viiii. kl. Elisabeth Monialis.

E. viii. kl. Christina Monialis.

F. vii. kl. Joannes Wessel pater Confessoris nostri.

G. vi. kl. Charissima ac deuota soror nostra Catharina Kroepp, professa Monialis nostrae Congregationis.

---

1) Handschr. duos.
2) Handschr. anforam.
3) Handschr. fialem.

A. v. kl. Joannes Abbas. Charissima ac deuota soror nostra Catharina a Melhem laica professa, quae deo ac Monasterio nostro laudabiliter et fidelissime seruiuit, ac propter magnam tempestatem belli fugam capiens Confluentie diem clausit extremum.

B. iiii. kl. Brunonis coloniensis Archiepiscopi. Gertrudis et Niocta moniales.

C. iii. kl. Titza Monialis, quae legavit [1]) ad sacristiam decem et octo marcas et quinque solidos, vnum scrinium pro reliquiis sanctorum, vnum pater noster de corallis et vnam amam vini. Item eadem legauit viginti quatuor marcas et duas amas vini. Charissima ac deuota soror nostra Catharina Prüm professa Monialis nostrae Congregationis, quae post graues languores multos annos patienter tolleratas in Bello suecico in ciuitate Coloniensi diem clausit extremum.

D. ii. kl. Hadwigis et Agnes Moniales. Charissima ac deuota soror nostra Vrsula Engelskirchen Monialis professa, quae officium Priorissae tribus annis laudabiliter ac fideliter adimpleuit. Rebenan: A°. 1692.

Junius.

E. kl. Jun. Mechtildis et Sophia Moniales. Dominus Henricus Delfft Confessor noster. Venerandus dominus Thomas Lacensium Abbas, primum confessarius fidelissimus, deinde noster Abbas dignissimus, qui et plurimum nostri causa exhausit laboris.

F. iiii. non. Sophia Monialis, quae legauit [2]) Ecclesiae nostrae vineam, de qua disposuit ad propinandum conuentui tribus temporibus, scilicet in annuntiatione Domini, in festo sancti Andreae et in anniuersario suo. Veneranda ac praedilecta mater Sophia Büll Confluentina Priorissa, quod officium nempe viginti quinque annis laudabiliter ac fidelissime adimpleuit.

[G. iii. non.] Joannes de Aich, qui dedit octo florenos ad hospitale. Reuerendissimus et serenissimus Dominus dominus Maximilianus Henricus Coloniensis Archiepiscopus. Rebenan: A°. 1688.

[A. ii. non.] Charissima ac deuota soror nostra Elisabeth Ackermans, laica professa. Rebenan: A°. 1689.

[B. non.] Blitildis Monialis. Charissima ac deuota soror nostra Agatha Linckers a Kempen laica professa, quae ab ineunte aetate deo ac nobis fidelissime seruiuit, et in initio Belli in ciuitate Coloniensi diem clausit extremum.

[C. viii. id.] Peregrinus et Lutfridus Abbates. Venerabilis et religiosus dominus Antonius Abbas Werdenensis, Commissarius et visitator noster multo tempore.

[D. vii. id.] Gertrudis Monialis, quae dedit amam vini. Godeschalckus Abbas.

[E. vi. id.] Haldemarus laicus, qui contulit huic Ecclesiae omnia sacerdotalia indumenta et quatuor marcas. Memoria Adolffi Specht de Brauwiler famuli nostri fidelissimi, qui ob remedium animae sue dedit nobis novem marcas. Charissima soror nostra Joanna Hassel, professa Monialis istius Congregationis.

---

1) Handschr. qui ligauit.
2) Handschr. qui ligauit.

[F. v. id. M]emoria Venerabilis domini Henrici de Hagenburch Scholastici Bonnensis, ex parte cuius recepimus centum florenos superiores, quos locauimus seu expendimus modo supradicto, quinquaginta in Melehem etiam pro decem marcis [1]) perpetui census, et quinquaginta in Königsswinterem etiam pro decem marcis, pro sua memoria quater in anno; et si predicta pecunia centum florenorum nobis redderentur a praedictis villis, promisimus bona fide iterum locare seu expendere censu perpetuo. Charissima soror nostra Barbara, laica professa istius Congregationis.

[G. IIII. id. M]emoria Joannis de Echterschen, a quo recepimus centum florenos, et obligauimus littera Conuentus sigillo sigillata [2]) emere quinque florenos hereditarie pro memoria sua quater in anno seruanda cum Missis vigiliis et Commendationibus. Item dimidium, scilicet quinquaginta de centum, locauimus, expendimus seu dedimus sculteto, scabinis [3]) seu popularibus Melehem, qui soluant nobis annuatim decem marcas Colonienses hereditarie. Item aliud dimidium, scilicet quinquaginta, sculteto et ciuibus popularibus Köningsswinteren, qui soluant nobis etiam hereditarie decem marcas. Et si praedicta pecunia redimeretur cum summa capitali, promisimus bona fide iterum locare seu expendere pro quinque florenis hereditariis, et si negligentes fuerimus in praedicta locatione quinque florenorum seu obseruatione Memoriae, potest tunc pro tempore Pastor in Huniff praedictam pecuniam a nobis extorquere etiam iudiciarie [4]), provt in littera capitali tenetur, et memoriam per se celebrare.

[A. III. id. M]argareta de Hanrode Monialis, quae dedit conuentui dimidiam amam vini super vineam suam et duos solidos. Memoria Nicasii Haggeney, qui locauit nobis centum aureos. Charissima soror nostra Elisabeth Ruitz, Monialis professa huius Monasterii.

[B. II. id. M]echtildis et Beatrix Moniales. Memoria domini Nicolai Cellarii ad sanctum Martinum, fautoris nostri magni.

[C. idib. G]ertrudis et Gertrudis Moniales, qui dederunt nobis quatuor marcas. Memoria domini Balthasar A Brehe Abbatis ad sanctum Martinum in Colonia, qui fuit Commissarius ac visitator noster precordialissimus. Reuerendus et religiosus pater Petrus Kemmerich, sacerdos sancti Martini et pastor in Flittart. Nebenan: A⁰. 1695.

[D. XVIII. kl. W]alburgis, Rigitza Moniales. Charissima ac praedilecta soror nostra Margareta Speiss, professa Monialis huius Claustri. An der Seite: A⁰. 1631.

[E. XVII. kl. C]harissima soror nostra Anna Krantz Monialis. Elisabeth Monialis.

[F. XVI. kl. M]emoria Reuerendi domini domini Martini Nennigen Abbatis

---

1) Handschr. marcas.
2) Handschr. sigillato.
3) Handschr. scabinus.
4) Handschr. extorqueri etiam iudicarie.

sancti Mauritii et sociorum eius [in] [1]) Tholeia, compraesidentis ac visitatoris Congregationis bursfeldensis.

[A. XIIII. kl.] Elisabeth Monialis. Joannes miles, qui dedit nobis vineam in Wollensdorff. Religiosus pater ac dominus Nicolaus a Bree senior ad sanctum Martinum in Colonia, qui vltra triginta annis Confessarius noster fuit.

[B. XIII. kl.] Lutgardis abbatissa. Martinus Holl, confrater nostrae Congregationis. An der Seite: A⁰. 1639. *Reuerendus et Religiosus pater Engelbertus Kemmerich, Sacerdos sancti Martini et Pastor ad sanctam Brigidam in Colonia.*

[C. XII. kl.] Memoria Casii Hackeney et Catharinae vxoris eius et heredum de Colonia, qui dederunt casulam cum suis correquisitis.

[D. XI. kl.] Hadwigis Monialis. Charissima soror nostra Maria Webers laica professa, quae deo ac Monasterio nostro fideliter seruiuit. An der Seite: A⁰. 1689.

[E. X. kl.] Deuota virgo Elisabeth a Colonia, quae dedit nobis Crucifixum argenteum, quod est in tabernaculo in Ecclesia.

[F. VIIII. kl. C]harissima soror nostra Sophia Sydenfadem, laica professa.

[G. VIII. kl. A]dmodum *Reuerendus et pereruditus Pater Pater Maternus Sutorius ex Vettweiss aetatis Sexagesimo primo, ad Sanctum Martinum professus, Monasterii huius per viginti Septem annos Confessarius vigilantissimus, et quondam Sacellanus per tres annos Fidelissimus, in cuius Memoriam de relicto eius peculio post Obitum eius pretiosam Casulam, duas Dalmaticas, Pluuiale, aliaque ad ea Requisita consensu Reuerendissimi nostri Praelati accepimus.* An der Seite: A⁰. 1703.

[A. VII. kl.] Charissima ac praedilecta soror nostra Magdalena Grass a Melhem, monialis professa huius Claustri. *Charissima Soror nostra Clara Fianden, Laica professa.*

[B. VI. kl. M]emoria Reuerendi ac Venerabilis domini domini Gerhardi Foller Abbatis Monasterii Tuitiensis, singularis fautoris nostri, qui nobis multa bona fecit, et obligauimus nos pro memoria sua seruanda cum Missis vigiliis et Commendatione. Eodem die seruatur in vno sacro memoria Reuerendae Dominae ac Matris nostrae charissimae Christinae Entzenberg.

[C. V. kl. J]oannes Abbas. Mechtildis et Allehardis Moniales.

[D. IIII. kl. V]olmarus sacerdos, qui contulit huic Ecclesiae omnia sacerdotalia indumenta. Joannes canonicus Ecclesiae sanctae Mariae in Capitolio Coloniae [2]), qui legauit huic Ecclesiae quatuor iurnales vinearum et decem marcas et duas scalas argenteas. Charissima ac deuota soror nostra Hildegundis Isser, professa Monialis nostrae Congregationis.

[E. III. kl.] Gertrudis famula nostra fidelis in hospitali nostro, de qua habemus sedecim florenos. Memoria venerabilis domini Ditmari Prepositi sancti Cuniberti in Colonia, qui dedit Monasterio nostro quindecim florenos superiores.

---

1) in fehlt in der Handschr.
2) Handschr. Colonii.

[F. ii. kl. Per]egrinus Decanus. Dauid et Joannis Ciuiburgensis in Swollis, qui dedit nobis pro remedio animae suae octo florenos aureos. Charissima soror nostra Margareta Reusch, Conuersa professa nostrae Congregationis.

Julius.

[G. kl. Jul. Y]da et Lutgardis Moniales. Religiosus pater ac dominus Mathias a Vettweiss sacellanus noster, qui multo tempore fidelissime seruiuit nostro Monasterio. Praedilecta et deuota soror nostra Elisabeth Werdena, laica professa.

[A. vi. non. M]emoria venerabilis Confessoris nostri Henrici Delfft, qui multum fidelis extitit loco isto [1]). Waltherus Abbas. Fredericus Monialis [2]).

[B. v. non. E]uerbarmus et Reinemarus Abbates.

[C. iiii. non.] Christina Monialis. Rutgerus Burchgrauius in Drachenveltz et vxor eius, de quibus habemus dimidiam vrnam olei. Wyngarius, qui contulit nobis dona in Blittersdorff.

[D. iii. non.] Charissima ac praedilecta soror nostra Margareta de A., professa monialis nostrae Congregationis.

[E. ii. non.] Agnes Monialis.

[F. non. D]emodis Monialis, de qua habemus hereditarie amam vini et fialam argenteam.

[G. viii. id. H]enricus Episcopus.

[A. vii. id.] Demodis et Margareta moniales. Venerandus dominus Andreas Stockem sacerdos ac monachus ad sanctum Martinum et Pastor in Pynsem, qui fuit singularis fautor noster. Memoria Theodorici Linckers et Annae vxoris eius ac filiorum eorumdem, a quibus recepimus octo florenos.

[C. v. id.] Maria Lynen professa monialis huius Claustri et Veneranda Domina in Hagenbusch. An der Seite: A°. 1676.

[E. iii. id. H]adwigis Abbatissa in capitolio Coloniae [3]), quae contulit huic Ecclesiae sex solidos legales singulis annis. Catharina Bate vxor Joannis Adolphi, quae ob remedium animae suae nobis contulit nouam casulam cum suis correquisitis, ac velum calicis, atque procurauit a sorore sua Margareta Bate antependium ante altare in Ecclesia et Cussinas serico consutas.

[F. ii. id. J]utta Monialis. Dominus Adolphus Schmitz sacerdos sancti Martini et pastor in Vettweis. An der Seite: A°. 1664.

[G. idib.] Elisabeth Monialis. Memoria Thome Libler et parentum eius, qui dederunt nobis quinquaginta quatuor florenos et tres marcas pro memoria eorum in anniuersario suo seruanda cum Missis Vigiliis et Commendatione.

[A. xvii. kl. H]ermanus Abbas. Yrmgardis Monialis, quae legauit tria maldra siliginis et sex solidos hereditarie. Charissima soror nostra Maria de Recklinckhusen Monialis professa, istius Claustri Celleraria.

1) Vgl. seine Erwähnung oben zum 1. Juni.
2) So die Handschr.
3) Handschr. Colonii.

[B. xvi. kl.] Charissima ac deuota soror nostra Anna Zons, professa Monialis nostrae Congregationis.

[C. xv. kl. A]gnes Monialis, quae dedit amam vini. Charissima ac praedilecta soror nostra Catharina Gruels, Conuersa professa nostrae Congregationis.

[D. xiii. kl.] Venerandus et religiosus pater et Dominus Gerhardus a Loen Abbas sancti Martini, Commissarius et Visitator noster, qui nobis tamquam pius dominus et benignus pater diu praefuit, et dedit nobis fenestram ad ornatum Ecclesiae valore quinque florenorum.

[E. xiii. kl. H]ermanus miles, qui contulit hereditarie tres marcas. Cathrina Diewedige, quae dedit ornamentum Beatae Mariae virginis trium florenorum.

[G. xi. kl. M]echtildis celleraria, quae legauit conuentui hereditarie vnum maldrum siliginis et dimidiam vrnam olei et ducentas marcas. Venerabilis ac Religiosus Pater Vincentius Wiltz prope Treuiros ad sanctum Matthiam Apostolum ordinis sancti patris Benedicti professus, ex natiuo Monasterio Coloniam ad sanctum Martinum maiorem missus, tandem ab eiusdem Monasterii Abbate ad hoc nostrum Monasterium pro Confessario missus, eidem muneri pie fideliterque vndecim annis praefuit, insuperque tam temporalia quam spiritualia toto tempore, maxime tamen grassante bello Suecico, non sine magno labore vitaeque discrimine adminiistrauit. An ber Seite: A°. 1666.

[A. x. kl.] Reuerendus et eximius dominus pater Jacobus Horn sacrae Theologiae Doctor, constitutus abbas Monasterii Spanheimensis, nec non pastor sanctae Brigidae. An ber Seite: A°. 1645.

[C. viii. kl. W]alburgis et Sophia moniales. Charissima ac deuota soror nostra Barbara Albertz, professa monialis huius Claustri. An ber Seite: A°. 1662. Sibylla Lommessem Celleraria ad sanctam Agatham. An ber Seite: A°. 1669.

[D. vii. kl.] Margareta Richters veneranda Domina ad sanctam Agatham. An ber Seite: A°. 1625.

[E. vi. kl. J]oannes Abbas.

[F. v. kl.] Beatrix et Alueradis moniales.

[A. iii. kl. G]eneswindis monialis.

[B. ii. kl. G]ertrudis monialis. Charissima soror nostra Elisabetha Holtrop monialis professa istius Claustri, quae officium cellerario triginta octo annis charitatiue ac fideliter adimpleuit.

Augustus.

[C. kl. Aug.] Religiosus pater ac Dominus Wilhelmus Schmidtman, sacerdos et Monachus ad sanctum Martinum in Colonia, quondam Sacellanus noster. An ber Seite: A°. 1666.

[D. iiii. non.] Christina monialis.

[F. ii. non. P]hilippus Miles de Virnenberg. Joannes frater noster in Kurichouen, qui legauit nobis dimidiam vrnam olei.

[G. non. V]da Comitissa.

[B. VII. id. A]leyndis monialis, quae legauit ducentas [1]) marcas, vnum maldrum siliginis et dimidiam vrnam olei hereditarie. Arnoldus comes.

[C. VI. id.] Agnes de Vreyshemy monialis, quae contulit dimidium [2]) iuger vinearum. Christina et Richmodis moniales. Catharina Hulssbüttgen cantrix ad sanctam Agatham.

[D. V. id. H]ekarda monialis, quae [3]) contulit vnum summerum tritici hereditarie. Helwigis monialis.

[G. II. id. P]etrus et Demodis laici, qui contulerunt nobis perpetue quindecim solidos recipiendos de pomerio siue pasculo sito retro nostram curiam in Kurichouen. Venerabilis dominus Hermanus Schmalbein vicarius Sancti Gereonis in Colonia, singularis fautor nostri Monasterii, a quo recepimus ducentos et sedecim florenos et sedecim albos. [Post] [4]) mortem constituit nos heredes omnium bonorum suorum pro memoria sua seruanda cum Missis vigiliis et Commendatione. An der Seite: A⁰. 1638.

[A. idib. B]artholomeus Groenwalt, qui dedit nobis antependium ad summum altare in Ecclesia.

[B. XVIIII. kl. J]utta monialis, quae dedit conuentui amam vini annuatim. Hermanus miles de Horne.

[C. XVIII. kl.] Werenbirge et Anna moniales. Charissima soror nostra Irmgardis Sanftleuen, professa monialis huius Congregationis.

[D. XVII. kl. R]einoldus Coloniensis [5]) Archiepiscopus. Aleidis et Cunitza moniales. Honestus Joswinus Diewidige ciuis Coloniensis, fautor nostri Monasterii, qui pro salute animae vxoris ac heredum contulit pallium sericum ad ornandum Imaginem Beatae Mariae virginis ad summum altare in Ecclesia.

[E. XVI. kl. W]alramus Coloniensis [6]) episcopus. Mechtildis Abbatissa. Margareta, quae dedit quinque quartalia vini perpetualiter, et casulam albam et tunicam. Charissima soror nostra Mechtildis Schlissertz laica professa, quae fideliter seruiuit Monasterio nostro.

[F. XV. kl.] Christina monialis. Conradus miles. Gertrudis Huckynck vidua, quae multum fideliter seruiuit nostro Monasterio. Reuerendus et amplissimus dominus dominus Henricus Liblerius, sancti Martini in Colonia Abbas et huius Monasterii Commissarius precordialissimus, qui anno aetatis suae septuagesimo septimo, regiminis vero tricesimo primo, placide obdormiuit in Domino. An der Seite: A⁰. 1652.

[A. XIII. kl. H]ermanus Prior. Yda monialis. Aleydis Wessels, mater Confessoris nostri Joannis.

[B. XII. kl. V]eneranda ac praedilecta domina et Mater nostra Bela, prima Monasterii reformatrix, quae multum laborauit in restauratione et reedificatione huius loci.

---

1) Handschr. qui ligauit ducentes.
2) Handschr. dimidiam.
3) Handschr. qui.
4) Post fehlt in der Handschr.
5) Handschr. coloniensi.
6) Handschr. coloniensi.

[C. xl. kl. Y]da et Mechtildis Abbatissae.

[D. x. kl. D]emodis monialis. Charissima ac praedilecta soror nostra Maria Kra, Conuersa professa nostrae Congregationis. An der Seite: A⁰. 1632.

[E. viiii. kl.] Aleydis monialis.

[F. viii. kl.] Cunitza et Benigna moniales. Gotzwinus Abbas. *Charissima ac Deo deuota Soror nostra Agnes Hobusch Laica professa, in seruitio Dei multum fidelis, quae* [in] ¹) *Ciuitate Coloniensi diem clausit extremum.*

[G. vii. kl.] Sophia monialis, de qua habemus tria iugera terre ²) arabilis, vnum maldrum siliginis et vnum quartale vinearum et amam vini. Matthias et Adolffus milites.

[A. vi. kl.] Sophia Priorissa de Gles, quae legauit quinquaginta marcas.

[B. v. kl.] Wernerus Prior. Wernerus miles. Gertrudis monialis.

[C. iiii. kl. E]lisabcth monialis. Gobellinus colonus noster in Wullenstatt, qui contulit ecclesiae nostrae vnum mansum terre arabilis. Memoria Demodis .famulae nostrae, quae multum fideliter laborauit multo tempore in Insula, a qua etiam recepimus viginti quinque florenos superiores.

[D. iii. kl. B]erta monialis, quae legauit conuentui viginti marcas. Henricus miles. Memoria Georgii de Loen et Christinae Buschoff vxoris eius, de quibus recepimus octo florenos.

[E. ii. kl. M]echtildis de Gles et eius filii, qui contulerunt maldrum siliginis.

September.

[F. kl. Sept. B]runo Abbas. Margareta monialis. Catharina Berge, monialis huius Monasterii.

[A. iii. non.] Helias frater, qui legauit nobis vineam vulgo Hoffstatt. Beatrix monialis.

[B. ii. non. E]lisabeth de Drachenveltz, quae legauit conuentui hereditarie decem maldros siliginis. Gertrudis et Sophia moniales.

[C. non.] Venerabilis pater Tillmannus Wiltzput sacerdos ac monachus ad sanctum Martinum in Colonia, quondam Confessarius huius loci. An der Seite: A⁰. 1641.

[D. viii. id. G]ertrudis et Aleidis moniales. Irmgardis Comitissa. Catharina de Aspeslach ³), professa monialis istius Claustri. Anthonius sacerdos et monachus sancti Martini Sacellanus noster, qui multum fidelis fuit Monasterio nostro.

[E. vii. id. G]erwicus abbas. Praedilecta ac deuota soror nostra Barbara de Loen Coloniensis, laica professa, quae nimia diligentia reformauit et ornauit Refectorium nostrum.

[F. vi. id. W]altherus pater Annonis Archiepiscopi. Adelgardis ⁴) et Lut-

---

1) So zu ergänzen.
2) Handschr. terra.
3) Handschr. asspelach.
4) Handschr. Adelgardus.

gardis moniales. Charissima et praedilecta soror nostra Benedicta Haggeney, professa monialis huius Monasterii.

[G. v. id. G]odefridus Abbas.

[A. iiii. id. C]onradus Abbas. Tillmannus pastor. Gertrudis et Elisabeth moniales. Margareta Kremers fautrix nostri Monasterii, quae pro salute suae animae contulit pallium sericum ad ornandum Imaginem Beatae Mariae Virginis ad summum altare in Choro nostro. Charissima ac deo deuota soror nostra Caecilia Rigels Laica professa, quae deo ac Monasterio nostro fideliter seruiuit. 2ln ber Geite: A⁰. 1686.

[B. iii. id. M]arcwardus et Reinerus Abbates. Godefridus Prior. Walburgis et Christina moniales. Reuerendus et religiosus pater Jacobus Romeskirchen, sacerdos sancti Martini et pastor in Vettweiss.

[C. ii. id. S]ophia laica, de qua habemus albulas et casulam auream et dimidiam amam vini in Birgile. Charissima ac deuota soror nostra Elisabeth Hellman, monialis professa nostrae Congregationis. 2ln ber Geite: A⁰. 1638. Reuerendissimus et serenissimus Dominus dominus Ferdinandus Coloniensis Archiepiscopus. Charissima ac deuota soror nostra Agnes Spitzgen, Monialis professa nostrae Congregationis. 2ln ber Geite: A⁰. 1675.

[D. idib. O]cto comes. Hermanus Abbas. Honestus dominus Joachim Greuter et vxor eius Gertrudis Bottermans, qui ob remedium animarum suarum dederunt nouum altare in Choro virginum et antependium ante altare in ecclesia.

[E. xviii. kl. A]lbanus abbas. Ponzecta Abbatissa, quae contulit duas vasas argenteas.

[F. xvii. kl. H]ildegundis monialis. Dominus Henricus Koulhass, pastor sanctae Brigidae in Colonia. 2ln ber Geite: A⁰. 1622.

[G. xvi. kl. S]ibodo miles. Duna monialis. Dominus Gerhardus Sochten sacerdos et spindarius ad sanctum Martinum. 2ln ber Geite: A⁰. 1668.

[A. xv. kl.] Charissima ac deo deuota soror nostra et Mater Caecilia Brewers, monialis professa nostrae Congregationis, in seruitio dei multum fidelis. 2ln ber Geite: A⁰. 1637.

[C. xiii. kl. E]llisabeth et maritus eius, de quibus habemus omnia bona in Blittersdorpff.

[D. xii. kl. B]onecta et Mechtildis moniales. Hildegundis, quae comparauit librum matutinalem, Collectarium et nouum psalterium, et duas ampulas argenteas. Godefridus miles.

[E. xi. kl.] Mechtildis monialis. Charissima ac deuota soror nostra Joanna Richartz, velata professa huius Claustri et ex missione reformationis Priorissa in Hagenbusch. 2ln ber Geite: A⁰. 1654.

[F. x. kl. F]redericus Abbas. Yda Abbatissa. Charissima soror Sibylla Vogts conuersa, quae fideliter seruiuit Monasterio nostro.

[G. viiii. kl.] Charissima ac deuota soror nostra Walburgis Pampis, velata professa huius Claustri. 2ln ber Geite: A⁰. 1663. *Veneranda Domina Francisca Falcks, Mater nostra Charissima, Disciplinae monasticae Ze-*

latrix Religiosissima [1]), *quae nostro Monasterio tam in Spiritualibus quam in temporalibus optime et laudabiliter praefuit, et tandem Anno Millesimo Septingentesimo quarto, Aetatis Quinquagesimo Septimo, professionis Trigesimo sexto, Regiminis Duodecimo, in Domino piissime obdormiuit.* Αn ber Ϩeite: A⁰. 1704, 22. Septembris.

[A. VIII. kl. A]leydus abbas, qui dedit viginti solidos census [2]). Charissima ac denota Soror nostra Anna Schorn Monialis professa, quae officium Priorissae viginti quinque annis multum fideliter ac vigilantissime adimpleuit. Αn ber Ϩeite: A⁰. 1689.

[B. VII. kl. B]ela Kannengiesser cum viro suo Petro de Colonia legauit nobis quindecim florenos ad structuram. Margareta et Alueradis moniales, quae dederunt agrum.

[C. VI. kl. G]oderardus Palm de Colonia, qui dedit fenestram ad summum altare in ecclesia nostra valore triginta florenorum, insuper dedit decem florenos ad structuram. Odilia et Alcidis moniales.

[D. v. kl. R]ichmodis et Petrissa moniales. Memoria venerabilis ac predilecti patris et Confessoris nostri Henrici Ottenstein, qui fidelissime seruiuit nostro Monasterio. Charissima ac deuota Soror nostra Angela Vianden laica professa, quae fideliter seruiuit Monasterio nostro. Αn ber Ϩeite: A⁰. 1674. Charissima ac deo deuota Soror nostra Maria Odekirchen, velata professa nostrae Congregationis et Rotularia huius Monasterii. Αn ber Ϩeite: A⁰. 1689.

[E. IIII. kl. H]enricus decanus in Bonna, qui dedit tredecim florenos ad structuram. Dominus Gebelinus Musch, qui fuit singularis fautor noster. Joannes Ciuiburgensis in Swollis, qui dedit octo florenos,

[F. III. kl. E]lisabeth de Freysdorff, quae dedit nobis duo iugera terre arabilis in Leyssem et casulam et cussinum serico consutum. Memoria magistri Petri Rynck, qui dedit nobis sedecim florenos. Praedilecta soror nostra Aleydis de Kempen, laica professa. Memoria domini domini Pauli Vrechen Abbatis Monasterii tuiciensis singularis fautoris nostri, qui nobis multa bona fecit in vita sua. Αn ber Ϩeite: A⁰. 1636.

[G. II. kl.] Memoria Venerabilis domini Henrici de Hagenburch et Joannis de Echtersohen, de quibus recepimus ducentos florenos. Charissima ac deuota soror nostra Helena Schorn laica professa, quae deo ac Monasterio nostro fideliter seruiuit. Αn ber Ϩeite: A⁰. 1685.

October.

[A. kl. Octob. M]argareta Buschmans, quae dedit pater noster de corallis.

[B. VI. non. C]harissima soror nostra Agatha Ottensteyn professa monialis huius Monasterii, quae tempore Belli Coloniensis in superiori Winterem vitam finiuit.

[C. v. non. D]ominus Bernardus Fettweiss Sacerdos ac Monachus ad sanctum Martinum et quondam pastor in Flittardt. An der Seite: A⁰. 1676.

[D. IIII. non. V]enerabilis Religiosus et charissimus pater et dominus Balthasar Tungerensis, Abbas sancti Martini, Commissarius et visitator noster, qui nobis tamquam pius dominus et benignus pater diu prefuit. Memoria venerandi domini Adolffi Engels pastoris in Remago, singularis fautor Monasterii nostri, qui nobis in maxima aduersitate belli multa bona fecit.

[E. III. non. M]emoria venerandi et predilecti domini et patris nostri Jacobi de Dalen, qui quasi viginti annis confessor noster extitit in Insula fidelis. Charissima ac deuota soror nostra Maria de Attendail laica professa, quae fidelissime seruiuit Monasterio nostro. Charissima ac deo deuota Soror nostra Mechtildis Dupenius, velata professa nostrae Congregationis, in seruitio dei multum fidelis.

[F. II. non.] Reuerendus et religiosus pater Benedictus Junsterstorff, sacerdos sancti Martini et pastor sanctae Brigidae.

[G. non. V]eneranda domina Gertrudis Buchell, mater omnium quam charissima, quae triginta sex annis laudabiliter rexit Monasterium nostrum.

[A. VIII. id.] Memoria Lutgeri de Werden famuli nostri, a quo recepimus viginti aureos.

[B. VII. id. C]atharina Albertz, quae ob remedium animae suae dedit nobis ducentos et sedecim florenos et sedecim albos.

[D. v. id.] Reuerendus et religiosus pater Eliphius Klein, sacerdos sancti Martini et pastor Sanctae Brigidae.

[E. IIII. id.] Agnes Buchel vidua, singularis fautrix nostra.

[F. III. id.] Veneranda ac charissima domina Gertrudis Hillessem Andernacensis, quae viginti quinque annis laudabiliter nostro prefuit monasterio in magna temporum anxietatis angustia propter annonae caristiam [1]) terreque sterilitatem et nimiam aquarum abundantiam. Postea Bellum vehemens excitatum est in diocesi Coloniensi [2]), ob quod nimium angustata et multis aduersitatibus pressa fugam capiens cum aliis sororibus nostris in superiori Winterem diem clausit extremum.

[G. II. id. C]harissima ac deuota Soror nostra Dorothea Brewers, velata professa huius Claustri. An der Seite: A⁰. 1689. Simon Abbas sancti Martini, qui legauit ecclesie nostre quinque marcas et annuatim amam vini. Charissima soror nostra Christina a Buchel monialis professa istius Claustri, quae officium cellerarie octo annis charitatiue ac fideliter adimpleuit.

[A. idib.] Charissima ac deuota Soror nostra Monica Oblaten, velata professa huius Claustri. An der Seite: A⁰. 1689.

[B. XVII. kl. V]enerabilis pater Nicolaus Peisport Numagensis, Monasterii sancti Martini in Colonia Prior ac Monachus professus.

[C. XVI. kl. C]harissima soror nostra Ursula de Orle, donata professa huius Monasterii.

---

1) Handschr. propter annonis caristia.
2) Handschr. coloniensis.

[D. xv. kl. J]oannes et Alueradis de Vreysdorff, qui oontulerunt vnum maldrum siliginis. Charissima ac deuota soror nostra Caecilia Bausch, laica professa istius Congregationis. An der Seite: A⁰. 1631.

[E. xiiii. kl. M]echtildis monialis, de qua habemus quinque modia siliginis, vnum gradale et antiffonarium.

[F. xiii. kl. L]udowicus pastor in Hunnffe, qui contulit amam vini. Charissima soror nostra Sophia Weschpoil Bonnensis, professa monialis nostrae congregationis, quae in magna tempestate Belli in superiori Winteren vitam finiuit.

[G. xii. kl. E]llisabeth Abbatissa, quae legauit nobis duas iurnales terre et amam vini hereditarie et quinque Casulas, duas mappas altarium, vnum maldrum siliginis, quatuor solidos et viginti quinque oues. Cunegundis Abbatissa in capitolio Coloniae ¹), quae dedit dimidiam amam vini.

[A. xi. kl. C]harissima ac deo deuota soror nostra Anna Franckotta, professa monialis ac Seniorissa huius Monasterii, in seruitio dei multum fidelis. An der Seite: A⁰. 1689.

[B. x. kl.] Henricus capellanus sanctae Mariae in Walstorff, de quo habemus tria maldra tritici, et contulit nobis multa bona.

[C. viiii. kl. C]harissima soror nostra Gertrudis a Heymmerschen, laica professa istius Congregationis. An der Seite: A⁰. 1622.

[D. viii. kl. C]harissima soror nostra Catharina Dursten, laica professa.

[E. vii. kl. C]larissimus Dominus Haas, donauit nobis auream catenulam cum duabus picturis pro vexillis.

[F. vi. kl. J]oannes Buchel, qui multum fideliter seruiuit Monasterio nostro. Praedilecta soror nostra Cunegundis Paffendorff, laica professa.

[G. v. kl. C]harissima ac deo deuota Soror nostra Catharina Colin, velata professa nostrae Congregationis. An der Seite: A⁰. 1694.

[A. iiii. kl. B]erta Abbatissa, quae dedit nobis bona in Winteren. Memoria Jacobi Schorn thelonarii in Andernach, qui multum fideliter seruiuit Monasterio nostro.

[B. iii kl. D]ominus Adrianus Moerss Oeconomus in Flittardt, quondam huius loci sacellanus.

[C. ii. kl. C]harissima soror nostra Maria de Bell professa monialis, quae in bello diocesis Coloniensis in ciuitate Remago obdormiuit.

November.

[D. kal. Nov. G]eorgius Hackeney singularis fautor noster, qui dedit nobis chlamidem purpureum ad ornatum Beatae Mariae Virginis, et Sibylla ²) vxor eius, de qua habemus sericum ornamentum missae.

[E. iiii. non. P]ie memorie gratiosissimus Dominus dominus Joannes Gibhardt Coloniensis Archiepiscopus.

---

1) Handschr. colony.
2) Handschr. Sibillae.

[F. III. non.] Charissima soror nostra Agnes Adenawe, quae officium cellcrarie viginti et octo annis fideliter impleuit.

|G. II. non. C]harissima soror nostra Scholastica Haess, professa monialis nostrae congregationis.

[A. non.] Reuerendissimus et Amplissimus dominus dominus Jacobus Schorn, Monasterii sancti Martini in Colonia Abbas et huius Monasterii Commissarius precordialissimus, qui, priusquam in Abbatem eligeretur, nouem annis in Insula fuit confessarius fidelissimus, et nobis tam in spiritualibus quam in temporalibus prefuit et profuit; qui anno aetatis suae septuagesimo quarto, regiminis vero vigesimo secundo, placide obdormiuit in Domino. An der Seite: A°. 1674.

[B. VIII. id. B]ela monialis, quae dedit conuentui viginti septem marcas. Charissima soror nostra Margareta Wessels, professa monialis istius Claustri, quae tempore Belli Coloniensis in ciuitate Remago diem clausit extremum.

[C. VII. id. J]oanna laica de Wilre, Reynoldus et Hermannus filii eius, de qua habemus duas casulas. Anniversarium deuotae virginis Agnetis Coten, quae pro sua suorumque parentum, fratrum et sororum Memoria singulis annis semel cum Missa, commendatione et Vigiliis seruanda dedit Monasterio nostro in Insula ducentos Daleros Imperiales in capitali.

[D. VI. id. D]ominus Theodorus Haluern sacerdos ac spindarius ad sanctum Martinum.

[E. v. id. C]harissima et praedilecta soror nostra Dorothea Liussberg, professa Monialis huius Monasterii.

[F. IIII. id. J]uliana monialis, quae nobis dedit bona in Birgele. Memoria Reuerendi domini ac patris nostri piissimi Pauli Prosemanni Tongerensis, Abbatis sancti Martini in Colonia, Commissarius ac visitator noster, qui ad quindecim annos laudabiliter ac charitatiue gubernando administrauit; atque in maxima egestate ac paupertate nostra propter nimiam tempestatem belli, cum omnes vagabundae ac multis aduersitatibus pressae ¹) ad ciuitatem Coloniensem conueniebamus, ille nobis tamquam benignus dominus ac pius pater per dies aliquot omnia necessaria ad victum dedit.

[G. III. id. G]isa monialis de Gelem, quae legauit hereditarie duos summeros siliginis. Charissima ac praedilecta soror nostra Lucia a Scheuen laica professa, quae multo tempore fidelissime seruiuit Monasterio nostro.

[B. idib.] Charissima ac deuota soror nostra Maria Piparts, conuersa professa huius Claustri. Deuota virgo Maria Valcks, quae dedit nobis quinquaginta Daleros Colonienses ²). Reuerendissimus et Amplissimus Dominus Dominus Joannes Schlotanus, Monasterii sancti Martini in Colonia Abbas et huius Monasterii Commissarius precordialissimus, qui nobis tam in spiritualibus quam in temporalibus prefuit et profuit, qui anno aetatis suae septuagesimo septimo, regiminis vero septimo decimo, placide obdormiuit in Domino.

---

1) Handschr. vagibundi unb pressi.
2) Handschr. Coloniensis.

[C. xviii. kl. D]ominus Wendelinus Gummersbach, monachus ac sacerdos ad sanctum Martinum et pastor in Flittardt.

[D. xvii. kl. J]ordanus pastor, de quo habemus tres marcas. Sophia monialis, quae dedit camerie amam vini et duos solidos hereditarie. Charissima ac deuota soror nostra Margareta Erckrait monialis professa, quae officium Priorissae viginti duobus annis multum fideliter ac vigilantissime adimpleuit.

[E. xvi. kl. M]echtildis monialis, de qua habemus totum ornamentum misse et alia quam plura. Berta monialis, quae dedit conuentui quatuor solidos annuatim. Charissima ac deuota Soror nostra Sibylla Baten, velata professa huius Monasterii.

[A. xiii. kl. G]otzwynus Abbas.

[B. xii. kl. V]da comitissa [1]), quae dedit nobis curiam in auwenhem.

[D. x. kl.] Wilhelmus de ottenburch, de quo habemus dimidiam marcam de domo nostra in Colonia. Memoria venerabilis et praecordialissimae dominae ac matris nostrae [2]) Demodis a Buchel, quae multis annis laudabiliter et prudenter nostro Monasterio seruiuit et praefuit.

[E. viiii. kl.] Charissima ac deuota Soror nostra Christina Bonnen laica professa, quae fideliter seruiuit Monasterio nostro.

[F. viii. kl. M]emoria Reuerendi domini ac patris nostri piissimi Joannis Wexelii abbatis sancti Martini maioris in Colonia, qui, priusquam in Abbatem eligeretur, nobis praesidens et confessor existens prefuit profuitque. Monasterium nostrum summa cum diligentia, prudentia ac industria ferme quadraginta annis rexit, laudabiliter, charitatiue et fideliter gubernando administrauit.

[G. vii. kl. G]erhardus Abbas.

[A. vi. kl. I]rmgardis monialis.

[B. v. kl.] Dominus Wernerus Schallenberg sacerdos ac monachus ad sanctum Martinum in Colonia et pastor in superiori Winteren, singularis fautor nostri Monasterii.

[C. iiii. kl.] Charissima ac deuota Soror nostra Vrsula de Dursten, laica professa huius Monasterii.

[E. ii. kl. F]rydeswidis et Beatrix moniales.

December.

[F. kl. Dec. M]emoria Barbarae Buyl de Confluentia cum duobus viris suis, quae ob salutem animae suae et virorum suorum cum heredibus eorum delegauit nobis quadraginta octo florenos superiores, vnum ornamentum misse ad honorem Beatae virginis Mariae et sancti Dionisii martiris, vnum pater noster de corallis valore octo florenorum superiorum, cum aliis bonis, quae nobis fecit in vita sua.

[G. iv. non. C]hristina monialis.

---

1) Hanbschr. cometissa.
2) Hanbschr. nostris.

[A. IIII. non. C]harissima ac deuota soror nostra Elisabeth Ruhe, professa monialis istius Monasterii.

[D. VIII. id. D]ominus Johannes Heckardt pastor ad sanctam Brigidam in Colonia, nec non per montense territorium decanus ruralis vigilantissimus.

[E. VII. id. R]euerendus et Religiosus pater Wilhelmus Birckman, Sacerdos sancti Martini et pastor in Rönstorff.

[F. VI. id. G]oda, Guderadis moniales.

[G. v. id. D]epositio primi Frederici Coloniensis ¹) Archiepiscopi, Fundator huius loci Anno Millesimo Centesimo vicesimo secundo, arcem Rolantzeck et templum Sancti Appolinaris ²).

[A. IIII. id. H]ermannus miles, qui legauit duas amas vini. Charissima ac deuota soror nostra Joanna Schönenthall, velata professa huius Claustri.

[B. III. id. R]egina Blanckart, quae dedit nobis octo florenos superiores. Venerabilis Religiosus ac predilectus pater et dominus Gerhardus Loen Abbas sancti Martini in Colonia, commissarius et visitator noster, qui nobis tamquam pius dominus et benignus pater diu prefuit.

[C. II. id. B]eatrix de Breitbach Monialis.

[E. XVIIII. kl. C]atharina, de Hessen quondam Monialis professa nostrae Congregationis.

[F. XVIII. kl. C]harissima ac deuota soror nostra Ahleydis Raiscop professa monialis huius Monasterii.

[G. XVII. kl. H]onestus Joannes Alberti et vxor eius Christina de Aulheim, qui nobis multa bona fecerunt in vita sua.

[B. XV. kl. R]euerendus in Christo Pater Dominus Joannes Switzerus Beatae virginis Mariae in Lacu Abbas, Monasterii nostri specialis Benefactor. Charissima ac deuota Soror nostra Anna Maria Bewers, professa Monialis istius Monasterii. Charissima Soror nostra Margareta Schmitz laica professa, quae fideliter seruiuit Monasterio nostro.

[E. XII. kl. B]enigna Priorissa, quae dedit triginta duas ³) marcas. Bartholomeus miles, qui dedit hereditarie dimidium maldrum siliginis. Charissima ac deuota soror nostra Appolonia Boegen laica professa, quae deo ac Monasterio nostro laudabiliter et fidelissime seruiuit.

(Hier ist eine Lücke, wie es scheint, von zwei Blättern; sie betrifft die Tage 22. bis 27. December.)

[E. v. kl. T]ilmannus sacerdos. Aluerat, Aleydis, Kunegundis et Aluerat laici.

[F. IIII. kl. D]ilecta soror nostra Sibylla Gruters, professa monialis huius Monasterii. An der Seite: A⁰. 1644. Venerabilis ac Religiosus pater ac dominus Martinus Glesch, professus monachus ac Magister nouitiorum religiosissimus Sancti Martini maioris in Colonia. Im Text: A⁰. 1686.

---

1) Handschr. coloniensi.
2) So die Handschr.
3) Handschr. duo.

[A. ɪɪ. kl.] Petrus et Geysa de Exwiler pater et mater domini Ade abbatis monasterii sancti Martini in Colonia, qui multa pericula sustinuit propter reformationem huius Claustri. Im Text: Aº. 1628. (Diese Jahres= angabe dürfte doch wohl auf die folgende Elisabeth Büstorf zu beziehen sein.) Charissima ac deuota soror nostra Elisabeth Büstorff, professa Monialis istius Monasterii.

Berichtigungen.

S. 3, 3. 9, lies: des am 9. October 1858 verstorbenen.
„ 18, „ 5, „ : die ältesten und vornehmsten Schwestern.